U0898876

外国语学社研究

WAIGUOYU XUESHE YANJIU

陈安杰◎著

陕西新華出版
陕西人民出版社

图书在版编目（CIP）数据

外国语学社研究 / 陈安杰著. —西安：陕西人民出版社，2023.9
ISBN 978-7-224-15117-6

Ⅰ.①外… Ⅱ.①陈… Ⅲ.①中国共产党－党史－研究 Ⅳ.①D23

中国国家版本馆CIP数据核字（2023）第196695号

责任编辑 南先锋
封面设计 周国宁
内文设计 季海民

外国语学社研究
WAIGUOYU XUESHE YANJIU

作　　者 陈安杰
出版发行 陕西人民出版社
（西安市北大街147号　邮编：710003）
印　　刷 西安市建明工贸有限责任公司
开　　本 787毫米×1092毫米　1/16
印　　张 16.75
字　　数 252千字
版　　次 2023年10月第1版
印　　次 2023年10月第1次印刷
书　　号 ISBN 978-7-224-15117-6
定　　价 86.00元

序

“知史爱党，知史爱国”。党的十八大以来，以习近平同志为核心的党中央高度重视学习党的历史，在全党开展党史学习教育。习近平总书记指出：“历史是最好的教科书。对我们共产党人来说，中国革命历史是最好的营养剂。”习近平总书记关于党史的重要论述，为党史研究工作者提供了根本遵循。

在中共正式建党前所做的大量准备工作中，创办外国语学社就是其中重要的一项。陈安杰副教授撰著的《外国语学社研究》一书，梳理和建构了关于外国语学社的基本框架，从外国语学社的诞生、选址、与相关组织的关系、同址机构、运行管理、教学工作、学员膳宿到外国语学社的师资力量以及培养的学员等不同维度进行了深入研究，在此基础上分析了外国语学社在中国青运史、工运史以及中共建党史中的历史地位。

本书是国内第一部研究外国语学社历史的专著，所以，具有一定的学术价值和实践意义。本书从建党史的角度，把外国语学社置于国际共产主义运动的大背景中进行研究，运用唯物史观论述了外国语学社在上海渔阳里街区的空间方位以及在早期党组织指导下的组织运行管理情况。本书研究的出发点就是通过对建党史细节的形象描述，讲清楚建党前发生的这一重大历史事件的来龙去脉，对全面了解外国语学社创办的缘起和发展历程，弘扬伟大建党精神具有积极意义。

本书总体框架科学、整体结构合理、论述逻辑清晰、写作文字规范、行文自然流畅，对外国语学社研究的相关问题作了辨析，详细阐述了外国语学社在党史中的历史地位。同时，本书能够将学术语言与普通读者需要结合起来，有较强的可读性。

本书对外国语学社的研究是尝试性的，外国语学社的史料还有待于进一步发掘和整理。外国语学社研究这一课题很有魅力，贯穿重大历史事件、涉及众多党史人物、以一个个可歌可泣的故事体现并诠释着伟大建党精神。如果读者在阅读这本书时能受到启迪，共同把建党史的研究推向深入，让更多的人，特别是年轻人了解建党前所发生的历史事实，这正是写作本书的初衷，也是我们共同的期许。

丁晓强

2023 年 9 月于华东师范大学

目 录

导 论

在风雨如晦的20世纪20年代，上海共产党早期组织在法租界霞飞路(今淮海中路)新渔阳里6号的石库门房子里创办了培养革命干部的学校，取名为“外国语学社”。在中国共产党创办的众多干部学校中，外国语学社算是最早的一个。它为建党早期全国各地离开家庭和学校要求进步的青年搭建了赴苏俄学习的平台，也为处于秘密状态的上海共产党早期组织提供了公开开展革命活动的场所。

1920年初，一份来自海参崴的重要电文称，俄共(布)远东地区委员会准备与中国的革命者建立经常的联系。经共产国际批准，俄共(布)中央远东局海参崴分局的领导人之一威廉斯基·西比利亚科夫提议，由远东局海参崴分局外国处组建一个代表团，成员以新闻记者身份前往中国，并指定维经斯基为负责人。这个代表团的重要使命是“同中国的革命组织建立联系”①。列宁给这个代表团下达了三项任务，其中一项就是“物色一些中国的进步青年到莫斯科东方大学学习，并选择一些进步分子到俄国游历”②。

安排进步青年到莫斯科东方劳动者共产主义大学(简称莫斯科东方大学)学习，首先要在国内对去学习的青年进行语言方面的培训，这样就亟须建立一所学校。由于上海共产党早期组织是秘密组织，也需要一个公开

---

① 俄罗斯国家社会政治历史档案馆藏档案：全宗514，目录1，卷宗4，第7页。

② [日]波多野乾一：《中国共产党历史》(日文版)第5卷，第620—621页。见《维经斯基在中国的有关资料》，中国社会科学出版社1982年版，第460页。

的场所开展革命活动。于是，维经斯基的重要助手兼翻译——杨明斋经手租借了上海法租界霞飞路新渔阳里 6 号的石库门房子。1920 年，在共产国际的帮助下，上海共产党早期组织在杨明斋所租新渔阳里 6 号的房子里创办了这所革命干部学校——外国语学社。

这是一幢两楼两底一天井的石库门房子，楼上是办公室和宿舍，楼下是教室和餐厅。来自全国各地，操着南腔北调，却志同道合的青年人在这里相聚。

在这所青砖黛瓦的石库门房子里，除了外国语学社之外，中俄通讯社、上海社会主义青年团、教育委员会也在此创建和办公，这里成为上海党团组织开展革命工作的公开活动场所。

外国语学社的教师多是上海共产党早期组织成员。此外，维经斯基的妻子库兹涅佐娃以及青年教员王元龄讲授俄语，斯托帕尼(斯托比尼)讲授世界语。

1920 年 9 月 28 日至 10 月 2 日，外国语学社连续在《民国日报》第 1 版刊登了 5 天的招生广告。后又在《民国日报》副刊《觉悟》刊登新的招生广告。尽管外国语学社公开刊登了招生启事，但学生大部分通过各地共产党早期组织推荐而来，也有一些是经人介绍的，陈独秀、毛泽东、贺民范、陈望道、俞秀松等人都曾介绍不少革命青年到外国语学社学习。外国语学社对介绍来校的外地家庭困难学员的住宿、膳食等实行免费供应。学员来自全国各地，其中来自湖南、浙江、安徽等省的学员最多。

学员的学习目标非常明确："就是要到俄国去，学习革命道理，回来搞革命，改变落后黑暗的旧中国。"①学员除了学习外国语，还要学习马列主义理论知识。更重要的是，外国语学社特别重视学员的社会实践，让学员以多种形式开展革命实践活动。

为加强对进步青年的教育和管理，上海共产党早期组织于 1921 年初在新渔阳里 6 号成立教育委员会，主要任务是选择青年团的优秀分子去苏俄

---

① 余世诚、张升善编著：《杨明斋》，中共党史资料出版社 1988 年版，第 131 页。

留学。在这期间，青年团从外国语学社中选派了30多名学员分批送到苏俄，这些学员中的多数进入莫斯科东方大学学习。当然，由于革命形势需要，也有一些学员留在国内开展革命斗争。外国语学社的学员中，很多人后来成为革命和建设的卓越领导者，包括刘少奇、任弼时、肖劲光、任作民、柯庆施等。外国语学社也走出了罗亦农、俞秀松、李启汉、汪寿华、谢文锦、王一飞、梁柏台、傅大庆、吴芳、雷晋笙、陈为人、叶天底、刘汉芝等为中国革命献出宝贵生命的先烈。

早期党团组织在外国语学社所从事的革命活动还是引起了法租界的警觉，遂于1921年4月29日被公董局①巡捕房搜查。自此，外国语学社的活动受到法租界严密监视。8月，外国语学社宣告结束办学。

外国语学社办学特色鲜明，从创办之日起，就烙下了深深的红色印记，体现了开创性、灵活性、革命性、国际性的特点。办学成效显著，做到了专职教师和兼职教师的结合，边学习边实践的结合，语言训练与马克思主义理论修养的结合。外国语学社推动了中国共产党干部教育事业的发展和干部队伍的壮大，在中国革命史上留下了光辉的篇章，对中国革命产生了深远影响。

作为培养革命干部的红色摇篮，外国语学社引起了中外学者的高度关注并展开研究。

苏联学者A. B. 班佐夫研究发现：早在1920年，俄共(布)民族事务人民委员会就开始着手研究专门的短期学校的教学大纲，打算同时培训1000名左右各个民族——包括汉族人的代表。俄共(布)中央决议将训练班更名为东方劳动者共产主义大学，为国外的东方国家，其中包括为中国秘密培训革命干部。在共产国际执委会代表维经斯基以及帮助他工作的库兹涅佐娃和杨明斋的直接参与下，1920年秋上海共产党早期组织为志愿去莫斯科学习的信仰共产主义的革命青年成立了外国语学社。

20世纪20年代中期，曾参加中国革命的苏联革命者葛萨廖夫认为，

① 公董局是旧上海法租界最高的市政组织和领导机构，相当于公共租界的工部局。

在上海成立的外国语学社聚集了优秀的革命青年，形成了上海共产党早期组织的基础。他于1926年撰写了《中国共产党简史》，谈到外国语学社的创办情况：

> 在那时极端反动的情况之下，他们曾经用不同的方法去吸收年青的革命者，他们在上海成立"外国语学校"，聚集了优秀的革命者，准备把他们分配在国内工作或以后派到苏联东方大学去学习。这个学校在一九二〇年大约有六十个学生，大多数是社会主义青年团员。其中分配在国内工作的学生，在陈独秀等人的指导下，形成了上海共产主义小组的基础。①

日本学者石川祯浩倾其10年心血，以扎实的专业功底和翔实的史料，创作完成了《中国共产党成立史》，文中特别写到外国语学社。

> 当时，赴法勤工俭学潮头已过，而新生俄国则代替法国受到部分激进青年的注目。实际上，当时不仅流传着某某机关介绍中国青年赴俄学习，还有报道说，有的青年为了去俄国而寻找各种途径。上海的外国语学社就是为了满足青年们赴俄留学的热切需要而进行预备教育的机关之一。不用说，学员中不少人相继加入了社会主义青年团，外国语学社因而成了上海共产主义小组的重要的人才来源。②

共产国际远东书记处的C. A. 达林根据1921年至1927年在中国活动的自述，写了《中国回忆录(1921—1927)》一书。书中讲道：

---

① ［苏］葛萨廖夫：《中国共产党的初期革命活动》，《党史资料》1953年第7期。引文中"苏联东方大学"实指莫斯科东方大学。苏联于1922年12月30日成立，书中直接引用的文献中"苏联"一词，涉及内容在苏联成立前，实指苏俄。

② ［日］石川祯浩：《中国共产党成立史》，袁广泉译，中国社会科学出版社2006年版，第172页。

> 中国第一个社会主义青年团组织于1920年8月底在上海成立。紧接上海之后，其他城市也建立了同样的组织，这些团组织几乎全部由学生组成。在社会主义青年团里，共产主义者居于领导地位，但仍有无政府主义者和改良主义派的社会主义者参加，不能说这些人已经有了定型的政治信仰，他们不过是一些研究社会主义的激进的青年小组。青年学生向往政治活动，反映了中国社会生活中的转折，即从虔信儒家的宗法式思想转到俄国十月革命所宣扬的新思想。这种转变反映了中国社会结构所发生的深刻变化，反映了能够为争取社会解放而斗争的新生力量的出现，也反映了身受本国剥削者，首先是大土地所有者和外国帝国主义压迫下的中国人民全民族的复兴。①

中共党史学者张静如高度评价上海共产党早期组织在中共党史中的地位，特别是由上海共产党早期组织创办的外国语学社对进步青年培养开了党培养革命干部的先河。

原中共中央党史研究室研究员李蓉认为，外国语学社是党创办的一所培养革命青年的学校。该校通过办学来掩护上海社会主义青年团的活动，更是为了培养和输送中国的革命青年到俄国留学。②

学者苏智良立足于上海的城市空间来探寻中国共产党成立的肌理。他研究发现，渔阳里街区作为近代上海的建党活动中心，被赋予了重要的时代使命。他指出，上海共产党早期党团组织为了培养革命青年到苏俄学习，储备党的后备干部，1920年9月，在共产国际的帮助下创办了外国语学社，社址选在霞飞路新渔阳里6号。③

熊月之等学者在《中共“一大”的历史空间》中提到与建党密切相关的三

---

① ［苏］C. A. 达林：《中国回忆录(1921—1927)》，侯均初等译，中国社会科学出版社1981年版，第20页。

② 李蓉：《中共一大轶事》，人民出版社2015年版，第121页。

③ 苏智良主编：《城市·空间与中共建党》，上海教育出版社2018年版，第3页。

个地方，即望志路106号(今兴业路76号)、老渔阳里2号(今南昌路100弄2号)、新渔阳里6号(今淮海中路567弄6号)，其中对新渔阳里6号是这样叙述的：

> 1920年杨明斋租赁这里作为活动场所，开设中俄通讯社，自任社长。8月22日，上海社会主义青年团在此成立。9月，外国语学社在此创办。11月21日上海机器工会在此成立，并出版《机器工人》，1921年初，中国社会主义青年团成立，于此设立团中央机关。①

此外，忻平、俞敏、丁晓强、李堿、徐光寿等学者从不同视角对外国语学社进行了研究，认为该校在发展青年团员、培养革命干部等方面作出了重要贡献。

中外学者提到的外国语学社和上海社会主义青年团都是上海共产党早期组织创建的，地址在上海霞飞路新渔阳里6号，前者为党组织的公开办学机构，后者则是秘密成立的青年团组织。党组织在这里培养那些离开了家庭和学校来上海谋求出路的进步青年，输送他们去苏俄学习。

在新时代进一步挖掘和整理外国语学社这一党创办的革命干部学校的相关史料，尤其是通过对外国语学社办学性质、培养学员等方面的深入研究，考述其在中国青运史、中国工运史和党的创建史中的历史地位，对于系统研究中国共产党在上海开展的革命活动，弘扬伟大建党精神，让红色基因融入民族血脉，根植于人民心中，凝聚磅礴向上的精神力量具有重要的学术价值和现实意义。

---

① 熊月之、高俊：《中共“一大”的历史空间》，北京师范大学出版社2013年版，第94—96页。

第一章　外国语学社的诞生

外国语学社是开展建党准备工作的重要组成部分，是正式建党之前所做的干部准备。外国语学社的建立缘于特殊的历史需要，一方面，苏俄通过帮助民族国家开展革命斗争来扩大在世界上的影响；另一方面，由于中国先进分子的觉醒，亟须建立一所青年干部学校，为中国革命培养职业革命家。在这样的时代背景下外国语学社诞生了。

一、十月革命唤醒中国先进分子

1917 年 11 月 7 日，以列宁为首的俄国布尔什维克党利用第一次世界大战期间俄国的革命形势，取得了俄国社会主义革命的胜利，开启了人类社会由资本主义向社会主义转变的时代，推动了世界无产阶级革命和民族解放运动的发展。俄国十月革命的胜利为世界范围的激进革命者，指出了社会革命的道路，提供了成功的范例，吸引了全世界的目光，对中国革命青年产生了巨大影响。正如陈独秀所作的评价："十八世纪法兰西的政治革命，二十世纪俄罗斯的社会革命，当时的人都对着他们极口痛骂；但是后来的历史家都要把他们当做人类社会变动和进化的大关键。"①

俄国是中国的近邻，十月革命的胜利对中国先进分子产生了巨大影响，给正在苦苦思索探求中国社会怎样改造、应该建立怎样一个新社会的

---

① 《陈独秀文集》第 1 卷，人民出版社 2013 年版，第 448 页。

外国语学社旧址

中国先进知识分子打开了眼界。① 毛泽东曾说："过去蕴藏在地下为外国人所看不见的伟大的俄国无产阶级和劳动人民的革命精力，在列宁、斯大林领导之下，像火山一样突然爆发出来了，中国人和全人类对俄国人都另眼相看了……十月革命帮助了全世界的也帮助了中国的先进分子，用无产阶级的宇宙观作为观察国家命运的工具，重新考虑自己的问题。走俄国人的路——这就是结论。"②董必武在总结这段历史经验时也指出："中国先进分

① 金冲及：《从辛亥革命到中国共产党的建立》，《党的文献》2011 年第 4 期。
② 《毛泽东选集》第 4 卷，人民出版社 1991 年版，第 1470—1471 页。

子鉴于中国民主革命的失败和俄国十月革命的成功，得到了一个结论，就是中国革命要想得到胜利，必须'走俄国人的路'，就是必须由无产阶级来领导，而不是由资产阶级来领导，必须遵循列宁在《社会民主党在民主革命中的两种策略》和其他著作中所阐明的革命道路。"①

1918 年元旦，在上海发行的《民国日报》对俄国十月革命的胜利专门刊发了社论，表示："吾人对于此近邻之大改革，不胜其希望也。"社论写道：

> 俄国革命之要求惟何？曰人权；曰民权。惟争人权也，故非达农民工民生活之改善不可；惟争民权也，故非革除专横之王家及贵族而建设民主政治不可。吾国之革命要求亦然也……曰建设以三民主义为基础之民主国家，使国内之各民族各阶级举为平等，而个人之法律上人格皆为尊重。换言之，求人权及民权之伸张也，求平等自由精神之实现也，求吾国之永久和平也。②

1919 年 7 月，苏俄政府发表了第一次对华宣言，郑重宣布：废除沙俄与中国签订的一切秘密条约；放弃沙俄在中国东北等地用侵略手段取得的土地，等等。1919 年 7 月 25 日由列夫·加拉罕签署的《俄罗斯苏维埃联邦社会主义共和国对中国人民和中国南北政府的宣言》，提出"苏维埃政府已放弃了沙皇政府从中国攫取的满洲和其他地区……把从中国人民那里掠夺的一切交还中国人民"③。消息传来，更是得到中国人民，尤其是广大先进分子的热烈欢迎。上海较有影响的杂志——《星期评论》立刻做出这样的反映：赞美苏俄政府的正义举动是"人类以来空前的美举"，"在历史上从来没有这样伟大的事业！"号召人们"从今以后，应该把注意点移到对俄问题

---

① 《董必武选集》，人民出版社 1985 年版，第 496 页。

② 孙洪伊：《吾人对于民国七年之希望》，《民国日报》(社论)，1918 年 1 月 1 日。

③ 孙武霞、许俊基选编：《共产国际与中国革命资料选辑》(1919—1924)，人民出版社 1985 年版，第 28—29 页。

上面。对俄问题，决不是对一国的问题，是对世界的问题”①。1920 年 9 月 27 日，苏俄再次对中国政府发表宣言，重申“俄罗斯苏维埃联邦社会主义共和国政府宣布，以前俄国政府历次同中国订立的一切条约全部无效，放弃以前夺取中国的一切领土和中国境内的俄国租界，并将沙皇政府和俄国资产阶级从中国夺得的一切，都无偿地永久归还中国”②。宣言的发表，使中国人民对苏俄有了进一步的认知，激发了中国先进分子效仿苏俄革命的热情，他们赞扬苏俄政府是“实行正义人道的骄子”，欢呼苏俄工人和农民是“世界上最可爱的人类”③。作为北京《晨报》通讯记者，瞿秋白用文学的笔触描写了十月革命后的情形：

> 俄罗斯革命后盛行的艺术上之一派，——是资产阶级文化的夜之余，无产阶级文化的晨之初；他是春阑的残花，是冬尽的新芽；凝雾外的春意暂时委屈些儿，对着那南风中的残艳，有无愧色？……固然！然而，夜阑时神昏意怠的醉荡之舞，看来已是奄然就息；那黎明后清明爽健的劳作之歌，还依稀微忽。当然仅觉着这目前沉寂凄清的“奇静”，好不惨惋。可是呢……悄悄地里偶然遥听着万重山谷外“新曲”之先声，又令人奋然振发，说：黎明来临……黎明来临！④

第一次世界大战的爆发和俄国十月革命的胜利，恰好为中国人提供了正反两方面的实例，促使先进革命青年选择马克思主义和共产主义道路，对马克思主义在中国的进一步广泛传播产生了直接的推进作用，为中国共产党的诞生奠定了坚实基础。

---

① 田子渝：《李汉俊》，河北人民出版社 1997 年版，第 60 页。

② 孙武霞、许俊基选编：《共产国际与中国革命资料选辑》（1919—1924），人民出版社 1985 年版，第 68 页。

③ 《新青年》第 7 卷第 6 号，1920 年 5 月 1 日。

④ 瞿秋白：《饿乡纪程》，太白文艺出版社 1995 年版，第 90 页。

马克思主义在中国的传播发展并为中国先进分子和人民群众所认识和接受，是一个长期、复杂的过程。早在19世纪末，一些先进的中国知识分子已经通过各种渠道了解马克思主义。但那时马克思主义在中国并没有得到正确的宣传，也没有得到人们广泛重视和接受，它仅是被看作社会主义学说的一个支脉，与其他社会主义思想并行传播，仅仅在一小部分知识分子中流传，范围很小，影响甚微。当时许多人认为，马克思主义讲求的是资本主义得到充分发展以后社会主义必将取而代之，而中国的资本主义势力极为弱小，建立社会主义将是非常遥远的事情。如1917年初，《新青年》在答读者问时还写道："社会主义理想甚高，学派亦甚复杂。惟是说之兴，中国似可缓于欧洲，因产业未兴，兼并未盛行也。"①

在认识和理解马克思主义的过程当中，也出现过一个受无政府主义和空想社会主义思潮影响的短暂阶段。尽管这一阶段不长，却几乎席卷了所有的先进分子。瞿秋白在《饿乡纪程》中写道："社会主义的讨论，常常引起我们无限的兴味，然而究竟如俄国十九世纪四十年代的青年思想似的，模糊影响，隔着纱窗看晓雾，社会主义流派，社会主义意义都是纷乱，不十分清晰的。"②

这一时期的中国青年知识分子正努力研究和辨别中国革命方向的各种主义和学说，自由主义、实用主义、民粹主义、社会达尔文主义，尤其是打着社会主义旗号的无政府主义、基尔特社会主义、工团主义、修正派社会主义以及日本的新村主义等，让人眼花缭乱。

1919年，以段祺瑞为首的安福系不顾国人反对，与日本签订了极端不利于中国的卖国条约，更让中国人愤慨的是，中国在凡尔赛会议上受到极大侮辱，这彻底激怒了中国青年知识分子，群众性的积极的革命运动从此拉开帷幕。看看周策纵的分析：

---

① 《新青年》第2卷第5号，1917年1月1日。

② 《瞿秋白文集》第1卷，人民文学出版社1985年版，第23页。

> 自19世纪西方势力开始撞击古老的中国，中国就开始了她的蜕变，她调整了脚步，走了相当远的一段路程来适应现代文明，而五四运动实是这段旅程中要事频繁、最富于决定性的一个阶段。……“五四”事件是风暴的中心，是整个五四运动的旋涡。在该事件之后的活动里，新式知识分子与新兴经济势力集团基于爱国心而形成的互相联合，开始强烈地表达自己的诉求。①

开始只有学生领导和参加的运动，随后，北京、上海等地的工人、商人等也加入进来。一旦工人阶级加入了运动的队伍，其影响将是巨大的。从这时起，工人的这种阶级觉悟表现为这个先进的阶级有成立自己政治组织的要求。据葛萨廖夫考证，“在华北、北京和天津一带地方出现了一种新组织，叫作‘十人团’，是不超过十个工人的团体”②。不难看出，工人们有成立政治组织的强烈愿望，但组织较为松散，还不具备成立先进政党的条件。

1919年7月，陈独秀和李大钊等人一起发起成立了少年中国学会，陈独秀任执行部主任，明确了学会的宗旨就是为社会的活动，以创造少年中国。提出把进步青年组织成若干个10余人的小团体，在乡村实行一边种菜、一边读书学习的新生活的设想，在此基础上又提出在城市中推行，并取名为“工读互助团”。令他们没想到的是，这一倡议很快得到广大青年的热烈响应。据参加互助团的团员俞秀松讲：“北京工读互助团成立之初由3个小组组成：第一组有13人，设在北京大学附近。第二组设在北京工业专门学校、法文专修馆、北京师范学校，有11人。这两个组基本上全是男子。第三组全是女子，也称女子工读互助团，设在北京女子高等师范学校附近，有10余人。1920年2月又增设了第四组，主要由法文专修馆的10

---

① [美]周策纵：《“五四”运动史》，陈永明等译，世界图书出版公司2016年版，第6、86页。

② [苏]葛萨廖夫：《中国共产党的成立》，《“一大”前后：中国共产党第一次代表大会前后资料选编》(一)，人民出版社1980年版，第438页。

名学生组成。他们因赴法勤工俭学有一些困难，便暂时先在国内进行工读实践。”①

俞秀松在北京互助团时给家人的信中表达了他的想法：“实验我底思想生活，想传播到全人类，使他们共同来亨(享)受这甘美、快乐、博爱、互助、自由……的新生活才算完事!”②

他在给友人的信中说，工读团发起人公推李大钊、胡适、徐彦之三人来团同他们商量工读团活动的方法，写道：“他们发起人待我们热忱，我是非常感谢的。但是我和存统两人做事急进(激进)一点，认这个‘工读互助团’不是久长之处，所以我们决计就又离开此地，到别的地方去了。”他还说：“我此后不想做一个学问家(这是我本来的意愿)，惟愿做一个举世唾弃的‘革命家’。”③

俞秀松曾任外国语学社的秘书，为外国语学社的创办做了大量的具体工作，这部分内容将在后面章节讲解。

随后，上海、天津、南京、广州等地先后成立了类似的互助团体。

互助团太过理想化，又加之经费不足，在运行中遇到了难以克服的矛盾，导致成员意见分歧，最后相继失败。对于失败的原因，俞秀松写在《“工读互助团”底实验和教训》一文后的附记是这样说的：

> 存统做好这篇文章，我拿来看一遍，大旨和我没有不同。不过他说“感情不洽不是失败的真因”一句话，似乎对于我们工读互助团的真情有点不符。我们团员感情既然不洽，所以(一)工作不尽力；(二)不肯协力商量办法；(三)消费的不当。有这三个现象，对于团体的积极和消极两方面都受很大的影响。所以团员不是自由结合，以致感情不

---

① 《俞秀松传》编委会编：《俞秀松传》，浙江人民出版社2012年版，第57页。

② 《青运史资料与研究》第3辑，中国社会科学院青少年研究所青运史研究室1983年版，第109页。

③ 任武熊：《关于俞秀松烈士》，《党史研究资料》第2辑，四川人民出版社1981年版，第76页。

洽，也是这次失败的一个大原因！

秀松附记①

另外，还有一些青年知识分子模仿美国的劳动共产村以及日本九州的新村的做法，在中国进行试验。同工读互助团的命运一样，这些中国的"新村"也都以失败而告终。

新村主义为日本武者小路实笃所创，为当时的空想社会改造思潮。显然，"工读互助团"包含了新村主义的思想。

曾参加工读互助团的施存统感触颇深，"社会没有根本改造以前，不能试验新生活，要改造社会，须从根本上谋全体的改造，枝枝节节地一部分的改造是不中用的"②。"我从此觉悟，要拿工读互助团为改造社会的手段，是不可能的……要想用和平的渐进的方法改造社会的一部分，也是一样的不可能的。"③实际上，这种工读互助团并不是马克思主义的，而是无政府主义和空想社会主义的产物，之所以能吸引革命青年，因为他们认为这是实行共产主义理想的尝试。

革命青年很快抛弃了不切实际的幻想，转而寻找改造社会可行的途径。陈独秀、李大钊、毛泽东等知识分子也在互助团失败的过程中，充分认识到空想社会主义和其他类似的改良主义思想的荒谬之处，逐步转向了马克思主义。

列宁进一步发展了马克思主义，提出帝国主义理论，宣称社会主义可以在资本主义世界的薄弱环节中建成，并取得了实践的成功。这对于资本主义信仰破灭、正在寻求新希望曙光的中国革命青年触动极大。费正清对此说：

---

① 《劳动日纪念》，《星期评论》，1920年5月1日。

② 存统：《"工读互助团"底实验和教训》，《星期评论》第48号(劳动日纪念号)，1920年5月1日。

③ 《存统复哲民》，《民国日报》副刊《觉悟》，1920年4月11日。

> 在理论方面，马列主义提出了一种自相一致、具有普遍性和“科学性”的世界历史观，这使得人们能够用西方的“科学思想”来反对帝国主义的西方，并将中国令人屈辱的落后状况解释为“资本帝国主义”（如日本和西方列强）对中国的奴役所造成的必然结果……在政治方面，列宁主义提出了新的、更为严密的关于建立政党组织的措施和夺取政权、动员群众和重建社会的方法——事实上，这是西方世界借鉴政治谋略的最新步骤。最后，对于个人来说，列宁主义指出一条为了爱国目的而勇于自律和牺牲的道路。①

因此，十月革命之后，特别是五四运动以后，马克思主义思想和共产主义理论的传播日益广泛深入，并逐步发展成为新思潮的主流。马克思列宁主义的旗帜开始在部分先进革命知识分子中逐步树立起来。随着马克思主义在中国的广泛传播及其同中国工人运动的初步结合，随着中国社会一批接受马克思主义的先进分子的出现，“由社会主义的和马克思主义的书刊哺育的知识分子是这个国家里最活跃的一股力量”②，建立新型的无产阶级革命政党的任务便被提上了议事日程。

中国接受马克思主义的第一人当属李大钊。③ 他是中国最早注意到布尔什维克的经验具有世界普遍意义，并开始积极宣传俄国共产主义的先进分子，被俄共（布）在哈尔滨的地下组织成员布尔特曼称为“十分出色的马克思主义者”④。

“注重理论联系实际，紧跟时代潮流，使李大钊同志当之无愧地成为

---

① ［美］费正清、赖肖尔编：《中国：传统与变革》，陈仲丹等译，江苏人民出版社 1992 年版，第 453 页。

② 《中国共产主义的现状》，苏俄《真理报》1922 年 7 月 30 日。

③ 张静如、王朝美等编著：《中国共产党的创立》，河北人民出版社 1981 年版，第52 页。

④ ［匈］A. A. 缪列尔：《在革命的火焰中》，伊尔库茨克 1957 年版，第 144 页。

把马克思主义运用于中国实际的先驱。”①在五四运动前后这个中国革命时代特征发生重大转变的关键时期，李大钊率先在中国扛起马克思主义大旗，并“最先承担起了把马克思主义中国化的任务，使它适应中国的实际情况”②。

埃德加·斯诺在《红色中国杂记》中记述，李大钊第一个介绍毛泽东去认真研究马克思主义。③ 毛泽东早期的马克思主义观，在很大程度上是从李大钊那里得到的，李大钊对于马克思主义的理解运用方式，“在与他的同时期的图书馆助手毛泽东那里，在毛对待马克思主义的方式上，引起了特殊的共鸣”④。

继李大钊之后，另一个倾向马克思主义的早期领导人是陈独秀，他是《新青年》杂志的主编，也曾一度在北京大学任教。

陈独秀起初对十月革命并无热情，但到1920年春，则开始自称马克思主义的信徒。“就我们所知，在共产国际的代表于1920年春到达中国之前，无论是李大钊、陈独秀，还是中国别的社会主义的拥护者，都还没有实际考虑过建立中国共产党的问题，尽管这个问题的提出迟早是不可避免的。”⑤

日本曾一度是马克思主义传入中国的主要渠道。⑥ 李大钊的“马克思主义观”深受日本社会主义者河上肇和福田德三的影响。同样，受日本社会主义者影响的还有李汉俊、李达、施存统等早期留学日本的革命青年。这

---

① 习近平：《在纪念李大钊同志诞辰120周年座谈会上的讲话》，《人民日报》2009年10月29日。

② [美]莫里斯·迈斯纳：《李大钊与中国马克思主义的起源》，中共北京市委党史研究室编译组译，中共党史资料出版社1989年版，第2—3页。

③ 杨纪元：《李大钊研究论札》，中共中央党校出版社1992年版，第161页。

④ [美]莫里斯·迈斯纳：《李大钊与中国马克思主义的起源》，中共北京市委党史研究室编译组译，中共党史资料出版社1989年版，第5—6页。

⑤ [苏]K. B. 舍维廖夫：《中国共产党成立史》，《远东问题》，1980年第4期。

⑥ 中共上海市委党史研究室：《1921—1933：中共中央在上海》，中共党史出版社2006年版，第4页。

些革命青年在日本学习研究马克思主义，归国后大多集中在上海。

1920年6月，施存统在戴季陶和日本友人宫崎滔天、宫崎龙介父子的帮助下赴日留学，寄居在宫崎龙介在东京的家中，一边在东京同文书院学习日语，一边经常与日本社会主义者堺利彦、高津正道等联络。

李汉俊从日本留学回国后，将马克思主义理论介绍给老同盟会会员董必武、詹大悲等，使他们在思想上深受马克思主义的影响。董必武回忆说："我们过去和孙中山一起搞革命，孙的路子不对头，总是靠军阀。革命发展了，孙中山掌握不住，结果叫别人搞去了。于是我们就开始研究俄国的方式。李汉俊告诉我们一些俄国的情况。告诉我们一些马克思主义。"①

李达在日本留学期间，翻译了包含马克思主义三个组成部分内容的三本书，即《唯物史观解说》（荷兰，郭泰著）、《马克思经济学说》（德国，考茨基著）、《社会问题总览》（日本，高畠素之著）。这些书在1921年5月前后，由上海中华书局出版，李大钊领导的马克思学说研究会等团体曾将这些书列为重要的学习文献。

1921年4月的一份解密档案中记录，施存统和"我国社会主义者堺利彦、高津正道、山崎今朝弥等有交往。有情况表明，他们翻译刊登其著作的该主义宣传杂志以及其他印刷物，介绍给中国内地的人"②。尽管施存统在上海加入了马克思主义研究会，并成为研究会的骨干成员，但当时他的马克思主义理论水平并非很高，对马克思主义的理解也不是很深入，在与日本社会主义者的交流，特别是阅读和研究了大量的马克思主义理论著作之后，促使施存统告别了无政府主义的思想，转变为一个马克思主义者。

与此同时，施存统还用马克思主义的唯物史观来思考和分析中国的革命问题，并把自己撰写的《唯物史观在中国底应用》《我们要怎样干社会革

---

① 《董必武谈中国共产党第一次全国代表大会和湖北共产主义小组》，《"一大"前后：中国共产党第一次代表大会前后资料选编》（二），人民出版社1980年版，第369页。

② 中共一大会址纪念馆编：《中共建党前后革命活动留日档案选编》，上海人民出版社2018年版，第89页。

命》等马克思主义理论文章寄回国内发表。①

的确，早期的革命青年对马克思主义的认识和理解都经历了一个过程。在这个过程中，日本社会主义者的马克思主义著作对革命青年转变为马克思主义者，并确立马克思主义信仰起到了一定的作用。

陈独秀和李大钊等是较早开展实际革命工作的革命者。陈独秀18岁时写的《扬子江形势论略》和在他25岁时创办的《安徽俗话报》上发表的文章，还有在《甲寅》上发表的《爱国心与自觉心》都有力证明了陈独秀对政治问题的关注，企图通过文化革命来探寻新的救亡之路。他在《新青年》上以《今日中国之政治问题》为题，纠正人们对《新青年》不谈政治的误解，“我现在所谈的政治，不是普通政治问题，更不是行政问题，乃是关系国家民族根本存亡的政治根本问题。此种根本问题，国人倘无彻底的觉悟，急谋改革，则其他政治问题，必至永远纷扰，国亡种灭而后已！国人其速醒！”②

李大钊在《庶民的胜利》中认为，德国失败是资本主义失败，劳工主义战胜，“这劳工的能力，是人人都有的，劳工的事情，是人人都可以作的，所以劳工主义的战胜，也是庶民的胜利”③。在《Bolshevism的胜利》中，他高呼：“试看将来的环球，必是赤旗的世界！”断定这个世界将是“社会主义的胜利，是Bolshevism的胜利，是赤旗的胜利，是世界劳工阶级的胜利，是二十世纪新潮流的胜利”④。沈雁冰在从事文学活动的同时，也在积极宣传俄国革命和社会主义，他于1920年2月发表的《俄国人民及苏维埃政府》的译文，介绍了俄国革命和无产阶级政权的真实情况。

1918年12月22日，陈独秀和李大钊等几个北京大学的同仁创办《每周评论》，这份周刊比起《新青年》月刊出版周期更短、与现实联系更直接，着力宣传有关工人阶级发展和成立工人阶级政治组织等问题。陈独秀在

---

① 刘建美、杨德山：《20世纪二三十年代中共东京支部始末》，《北京党史》2005年第5期。

② 《新青年》第5卷第1号，1918年7月15日。

③ 《新青年》第5卷第5号，1918年10月15日。

④ 《新青年》第5卷第5号，1918年10月15日。

《发刊词》中阐明了本刊宗旨是：主张公理，反对强权，并提出两大主义，一是不许各国拿强权来侵害他国的平等自由。二是不许各国政府拿强权来侵害百姓的平等自由。① 从某种意义上来说，是《每周评论》树立了五四爱国运动的大旗。因此，《每周评论》的创刊，标志着以往与政治隔离的纯粹的新文化运动彻底结束了，迎来的是新文化运动与现实政治斗争的紧密结合。陈独秀从1919年5月4日至6月8日，在该刊上发表了7篇文章和33篇随感录。②《每周评论》对五四运动的发展起到了舆论导向的作用。

受《每周评论》的影响，毛泽东在湖南创办《湘江评论》，在创刊号中，直接引用了陈独秀发表在《每周评论》上的一段话，“出了研究室就入监狱，出了监狱就入研究室”，告诫青年这才是最高尚最优美的生活，这也成为五四运动中青年学生的座右铭。

陈独秀为了践行“出了研究室”就不怕“入监狱”的诺言，不顾大学教授的身份，起草《北京市民宣言》。宣言是这样说的：

> 中国民族乃酷爱和平之民族，今虽备受内外不可忍受之压迫，仍本斯旨，对于政府提出最后最低之要求如左：一、对日外交，不抛弃山东省经济上之权利，并取消民国四年七年两次密约。二、免徐树铮、曹汝霖、陆宗舆、章宗祥、段芝贵、王怀庆六人官职，并驱逐出京。三、取消步军统领及警备司令两机关。四、北京保安队改由市民组织。五、市民须有绝对集会、言论自由权。我市民仍希望和平方法达此目的，倘政府不顾和平，不完全听从市民之希望，我等学生商人劳工军人等，惟有直接行动，以图根本之改造。特此宣告，敬求内外士女谅解斯旨。③

① 唐宝林：《陈独秀全传》，社会科学文献出版社2013年版，第199页。

② 刘家贺：《“南陈北李，相约建党”若干阶段的探讨》，《中共党史研究》2000年第5期。

③ 沙健孙主编：《中国共产党通史》第1卷，湖南教育出版社1996年版，第223—224页。

陈独秀还请胡适把宣言翻译为英文，用中英两种文字印发传单，并亲自到北京闹市区新世界楼顶，向楼下看电影的人群散发，不幸被捕，3个月后，在全国营救下才得以获释。实际上，这并不是他初次散发传单，此前他约李大钊等已经在群众中散发过。暗探发现传单后即进行侦查，发现“陈独秀等以印刷物品传播过激主义煽惑工人等情况，并在大沟头十八号设立印刷机关实属妨害治安”①。于是，京师警察厅密令各区署严密监视陈独秀、李大钊等。所以，当6月11日陈独秀再次约高一涵等上街分头散发传单时，自然就被捕了。②

对于陈独秀被捕之事，毛泽东深表关切，表达了深深的敬意，并亲自在《湘江评论》上写了一篇文章。文章写道：

> 我们对于陈君，认他为思想界的明星。陈君所说的话，头脑稍微清楚的听得，莫不人人各如其意中所欲出。现在的中国，可谓危险极了。不是兵力不强，财用不足的危险，也不是内乱相寻四分五裂的危险。危险在全国人民思想界空虚腐败到十二分。……他曾说：我们所以得罪于社会，无非是为着“赛因斯”（科学），和“克莫克拉西”（民主）。陈君为这两件东西得罪了社会。社会居然就把逮捕和禁锢报给他。③

除了毛泽东，最关心陈独秀的还有李大钊。陈独秀尚在狱中，李大钊就发表了《是谁夺走了我们的光明》。陈独秀出狱后，李大钊又创作了新诗《欢迎独秀出狱》：

> 你今出狱了，我们很欢喜！他们的强权和威力，终究战不胜真

① 《外右五区警察署送案表》法字第12号，北京市档案馆藏京师警察厅档案。
② 唐宝林：《陈独秀全传》，社会科学文献出版社2013年版，第206页。
③ 泽东：《陈独秀之被捕及营救》，《湘江评论》创刊号，1919年7月，第3页。

理。什么监狱什么死，都不能屈服了你；因为你拥护真理，所以真理拥护你。

你今出狱了，我们很欢喜！相别才有几十日，这里有了许多更易：从前我们的“只眼”忽然丧失，我们的报便缺了光明，减了价值；如今“只眼”的光明复启，却不见了你和我们手创的报纸！可是你不必感慨，不必叹惜，我们现在有了很多的化身，同时奋起：好像花草的种子，被风吹散在遍地。

你今出狱了，我们很欢喜！有许多的好青年，已经实行了你那句言语：“出了研究室便入监狱，出了监狱便入研究室。”他们都入了监狱，监狱便成了研究室；你便久住在监狱里，也不须愁着孤寂没有伴侣。①

陈独秀已被北京反动当局以“过激派”的罪名列入黑名单，进行严密监视，于是，他决定离开北京大学，但离开北大后具体干什么呢？实际上，他早有思考，就是“专心从事社会运动”②。

二、共产国际关注中国革命

1919年3月，在鄂木斯克秘密召开的俄共(布)第二次西伯利亚代表大会认为：“准确而及时地将苏维埃俄国和西伯利亚的革命进程通报给美国、日本、中国和其他远东国家，具有十分重要的意义。”③会上要求在远东设立俄共(布)中央委员会西伯利亚局，其任务是：“与东方及美国的共产主义

---

① 《新青年》第6卷第6号，1919年11月1日。

② 杨亮功：《早期三十年的教学生活》，传记文学出版社1980年版，第16页。

③ ［苏］佩尔西茨：《旅俄的东方国际主义者和民族解放运动的若干问题》，《共产国际与东方》，莫斯科1969年版，第64页。

者保持联络，组织同他们交换情报的工作，进行书面和口头的宣传……”①加蓬是该局的重要成员之一，他在同年6月18日的专题报告中提出，在西伯利亚局下面设立一个远东各国(包括中国)代表参加的东方局，对远东各国的革命势力建立密切联系并进行必要的援助。当时在莫斯科的威廉斯基于8月向俄共(布)中央委员会提交建议在东亚开展共产主义工作的提纲，很快获得俄共(布)中央政治局批准，他被任命为外交人民委员部远东事务全权代表。他赴任时接受了四项使命：

> 第一，俄国共产党中央政治局要求他总政策要立足于日美中三国利益发生冲突，要采取一切可能的手段来加剧这种冲突。
>
> 第二，同革命组织建立牢固的联系。
>
> 第三，通过出版铅印刊物、小册子和传单来加强鼓动工作，唤起中国广大人民群众争取摆脱外国资本家压迫的自觉行动。
>
> 第四，最重要的一点，必须积极帮助朝鲜人和中国人建立游击队组织。②

历史学者杨奎松的研究证实：

> 俄共(布)和共产国际派员前往上海推进中国革命的工作，最早可以追溯到1919年夏。当时在莫斯科的威连斯基和在西伯利亚的加蓬分别向俄共(布)中央政治局提交了关于在东亚民族中开展共产主义工作的建议书，得到批准，威连斯基并被任命为外交人民委员部远东事务全权代表，加蓬则被任命为副全权代表。……根据这一指示，威连斯

---

① ［日］石川祯浩：《中国共产党成立史》，袁广泉译，中国社会科学出版社2006年版，第72—73页。

② 中共中央党史研究室第一研究部编译：《联共(布)、共产国际与中国国民革命运动》第1卷(1920—1925)，中共党史出版社2020年版，第35—36页。

> 基当年9月即从莫斯科来到伊尔库茨克俄共(布)中央西伯利亚局，之后又于1920年2月前往海参崴俄共(布)中央远东局，担负起了具体指导俄共(布)和共产国际与中国等国革命者建立联系和开展革命宣传的工作。①

威廉斯基先去了西伯利亚，再到伊尔库茨克，后再赴海参崴，并驻留在那里。

1919年11月22日，列宁在全俄东部各民族共产党组织第二次代表大会上的报告中就明确地指出：

> 你们面临着全世界共产党人所没有遇到过的一个任务，就是你们必须以共产主义的一般理论和实践为依据，适应欧洲各国所没有的特殊条件，善于把这种理论和实践运用于主要群众是农民、需要解决的斗争任务不是反对资本而是反对中世纪残余这样的条件。这是一个困难而特殊的任务，但又是一个能收到卓著成效的任务。②

1920年1月，一份来自海参崴地下党的重要电文，就送到了俄共(布)中央委员会的桌上。电文是由设在海参崴的俄共(布)远东地区委员会的两位负责人库什纳列夫和萨赫扬诺娃共同签署的。电文称俄共(布)远东地区委员会准备与中国的革命者建立经常的联系。出于考察在中国建立共产党早期组织的可能性，以及准确选择和确定共产国际和苏俄的近邻中国的现实需要，这封信自然引起了俄共(布)中央的高度重视，立即进行了认真研究。

经共产国际批准，俄共(布)中央给远东局海参崴分局发去电报，要求

---

① 杨奎松：《从共产国际档案看中共上海发起组建立史实》，《中共党史研究》1996年第3期。

② 《列宁选集》第4卷，人民出版社2012年版，第79页。

派遣一个代表团前往中国，这个代表团的重要使命就是“同中国的革命组织建立联系”。据日本学者波多野乾一研究，列宁给维经斯基的主要任务有三项：

> 一、同中国社会主义团体联系，组织正式的中国共产党及青年团；
>
> 二、指导中国工人运动，成立各种工会；
>
> 三、物色一些中国的进步青年到莫斯科东方大学学习，并选择一些进步分子到俄国游历。①

在任务的第三项中，特别提到要培养中国的进步青年，并让这些青年接触外面的世界，扩大视野，以便更好地开展革命工作。要到莫斯科东方大学学习，需要在国内进行短暂教育，这样就亟须在国内建立一所培养革命青年干部的学校，随后，外国语学社得以创建。这一部分内容留待下面章节进行详细论述。

共产国际决定马上派以维经斯基为负责人的代表团前往中国。

据石川祯浩的考证，维经斯基一行来中国之前，已经至少有四位俄国“使者”到过中国开展活动。

第一位是布尔特曼。他是与中国的社会主义者李大钊最早进行接触的“使者”。缪勒尔著的回忆录中写道：“早在我到达以前，布尔特曼已经与天津和北京的高等院校里的进步学生建立了广泛的联系，也与李大钊教授建立了密切的个人关系。布尔特曼称李大钊是杰出的马克思主义者。”②可以断定，1919 年前后，布尔特曼已经与李大钊等中国的先进革命分子有了一定的接触。但布尔特曼是不是布尔什维克党在中国有组织的活动的一

---

① ［日］波多野乾一：《中国共产党历史》（日文版）第 5 卷，第 620—621 页。见《维经斯基在中国的有关资料》，中国社会科学出版社 1982 年版，第 460 页。

② ［美］莫里斯·迈斯纳：《李大钊与中国马克思主义的起源》，中共北京市委党史研究室编译组译，中共党史资料出版社 1989 年版，第 128 页。

环，仅凭目前所掌握的党史资料还不能说明。

第二位是波波夫。他以苏俄密使的身份于1919年受苏俄派遣来华调查中国情况。从1918年到1920年，波波夫共来过中国上海四次，计划在上海建立情报局，主要接触的是张默池等无政府主义人士，据说与在上海的孙中山也有接触。不过，关于波波夫在中国活动的资料只有警方记录，尚未发现派他来华的苏俄方面的相关文件。有一点值得注意，波波夫与维经斯基来华后在上海开展的共产主义运动有某种程度的契合。但也不能断言，波波夫就是布尔什维克党组织任命的“使者”。

第三位是阿格辽夫。据1920年3月驻沪俄国武官的情报报告：“俄国人阿格辽夫正与李仁杰(李汉俊)、吕运亨等密筹，计划发行俄汉两种文字的《劳动》杂志。”①李汉俊正是后来创建中国共产党的核心人物之一，而吕运亨就是在上海的朝鲜独立运动的著名人士。究竟阿格辽夫与后来维经斯基开展的革命工作有哪些联系，仍不得而知。

第四位是波塔波夫。他被派往中国的时间最早，俄国十月革命时已在中国接近半年了，向苏维埃政府提供了大量远东的军事情报。在上海期间，与姚作宾、戴季陶有交往，并且还与朝鲜的吕运亨一起到福建漳州拜见有“社会主义将军”之称的陈炯明。陈炯明还写了一封亲笔信通过波塔波夫送交给列宁，信中表示全面赞同布尔什维克，苏维埃方面寄予陈炯明很高的期望，以致苏俄在中国最初的合作对象就是陈炯明、孙中山等人。

波塔波夫与以上几位“使者”不同的是，他报送的大量情报在很大程度上影响了苏俄对华的工作，也为维经斯基在中国开展工作打下了基础。

随着史料的不断挖掘，又有一位俄国“使者”引起了党史研究者的注意，他就是哈哈诺夫金，也翻译为荷荷诺夫金或霍赫诺夫金。这则史料由曾经的外国语学社学员彭述之所提供，据说是1924年在莫斯科时李大钊告

---

① ［日］石川祯浩：《中国共产党成立史》，袁广泉译，中国社会科学出版社2006年版，第77页。

诉他的。[①]

据彭述之回忆，1919 年末，有一位名叫哈哈诺夫金的俄国共产党员，经北大俄文教授柏烈伟介绍到北京大学访问李大钊，见面就称呼李大钊为同志。李大钊不知客人的来意，声明说：还够不上你们的同志。客人却说，他们早已知道李大钊是一位马克思主义者，因为写了不少介绍马克思主义思想和赞扬布尔什维克主义胜利的文章，认为李大钊已经是他们的同志了。接着哈哈诺夫金说明来意，特地来访问李大钊是受了共产国际委托，希望和他商讨在中国进行组织共产党。李大钊告诉哈哈诺夫金，此事关系异常重大，必须和陈独秀商议，征求他的意见，只有陈独秀发起组织共产党，事情才能够顺利地进行。不久，李大钊收到陈独秀的回信，表示赞成组织共产党。李大钊以此告诉哈哈诺夫金。于是，哈哈诺夫金带着陈独秀和李大钊同意在中国组织共产党的消息回莫斯科去了。共产国际东方部得到哈哈诺夫金的报告后，于 1920 年春派遣维经斯基前来中国。[②]

这个鲜为人知的哈哈诺夫金在郑超麟的回忆中也有提及，他说在莫斯科东方大学学习时就认识哈哈诺夫金。这位俄国人出生在哈尔滨，汉语讲得很好，他在学校中教中国班俄文，还负责学校中一定的行政工作。郑超麟知道他去过中国，和李大钊见过面。但何时去的，具体时间不详。他的中文名叫霍乐勤，系李大钊所起。[③] 任武雄研究员的研究给出了大致的时间和地点，"1920 年初，李大钊还接见过负有一定使命的荷荷诺夫金。经过鲍立维的介绍，荷荷诺夫金来到北大图书馆办公室找李大钊，两人商讨了建党问题"[④]。从以上来看，哈哈诺夫金不是虚构的，确有其人存在。

在维经斯基之前，哈哈诺夫金来华，推动中国共产党的创建，这种可能性是存在的，但仍然需要档案文献资料的进一步印证。

---

① 李蓉：《中共一大轶事》，人民出版社 2015 年版，第 67 页。

② 《彭述之选集》第 1 卷，香港十月书屋 1983 年版，第 43—45 页。

③ 止戈：《关于南陈北李相约建党史料与有关问题的探索》，《上海革命史资料与研究》第 5 辑，上海古籍出版社 2005 年版，第 350—351 页。

④ 任武雄著，倪兴祥编：《党史研究文集》，上海古籍出版社 2004 年版，第 17 页。

值得肯定的是，包括哈哈诺夫金在内的多位俄国“使者”为维经斯基一行来华做了前期铺垫性的工作。

三、维经斯基一行秘密来华

鉴于东方国家革命问题的极端复杂性和中国革命迅速发展对于共产国际和苏俄所具有的特殊意义，考虑到马林在远东国家有过成功的工作经验，共产国际执委会在第二次代表大会刚刚结束不久，即决定派遣马林为共产国际驻中国代表，同时负责考察包括中国在内的远东各国的情况和建立联系。不过，由于出席共产国际在巴库召开的东方各民族代表大会等原因，马林未能立即启程赴华。这时，深入考察中国政治分野和共产国际应与之结盟对象的任务便交由维经斯基来承担。①

维经斯基是被学界公认为苏俄正式派往中国的第一位“使者”，他与中国的马克思主义者广泛联系，协助创办外国语学社，帮助建立中国共产党早期组织，数次出任共产国际驻中国代表，给予中国共产主义运动以巨大影响。

远东各国有计划的组织工作开始于1920年4月。当时，俄共(布)远东局海参崴分局外国处派一个小组的共产党员装扮成全俄消费合作社中央联社的工作人员来到上海，该小组组长是维经斯基。当时在中国工作的俄国共产党人有10多人。他们肩负着双重的秘密任务：与中国社会的积极分子建立定期联系，帮助他们组织共产主义小组。② 据维经斯基回忆：“东方局曾接到海参崴方面的电报，知道中国曾发生过几百万人的罢工、罢课、罢市的大革命运动，所以派我到中国来看看。”③

4月初的一天，北京王府井大街附近一幢外国公寓来了三男两女五位客人，一律持苏维埃俄罗斯共和国护照。他们以俄文报纸《生活报》记者的

---

① 杨云若、杨奎松：《共产国际和中国革命》，上海人民出版社1988年版，第29页。

② ［俄］索特尼克娃：《共产国际与中国共产主义运动的开端》，《中国共产党创建史研究》，上海人民出版社2012年版，第158页。

③ 《维经斯基在中国的有关资料》，中国社会科学出版社1982年版，第431页。

公开身份开展工作。这个代表团正是俄共(布)中央远东局海参崴分局外国处派来中国开展革命工作的，真实的目的是“同中国的革命组织建立联系”①。为首的一位文质彬彬、有学者风度、操一口流利英语的年轻人，就是代表团负责人，时年27岁的维经斯基。

初次见面，这个共产国际派来的秘密“使者”就给张国焘留下了深刻的印象，认为维经斯基是一个可以“深谈的同志”。

罗章龙的印象也颇为深刻，他回忆说：“V(维经斯基)的谈话辩才横溢，感情奔放，他的说理内容切实、新颖动人。一席话使我们在政治方面的视野与过去显然不同了。大家憧憬共产主义革命的远景，更是信心十足，一往无前了。”②

维经斯基由于其布尔什维克身份和丰富的革命生涯，因此其化名较多，曾用过的化名有魏经斯基、维京斯基、威金斯基、威经斯基、吴廷斯基、魏丁斯基、维丁斯基、乌金斯克、沃伊琴斯基、伟基斯克、符定斯克、费丁斯克、胡定斯基、胡定康、伍廷康、吴廷康等。③ 维经斯基1893年出生于俄国维切布斯克州涅韦尔市一个森林管理员家庭，由于家境贫困，小学毕业便开始独立谋生。1907年自学校毕业后，做过排字工人和事务会计等。20岁那年，为谋生前往美国，在美国开始参加政治活动，并于1915年加入美国社会党。1917年十月革命爆发后，维经斯基和成千上万的革命者一样心潮澎湃，渴望返回祖国，于1918年春踏上了回国的旅程。他在海参崴加入俄国共产党，在西伯利亚和远东地区从事斗争，后被捕、判刑，被流放到萨哈林岛(库页岛)服苦役。在流放期间，显示了出色的组织和领导才能，联合岛上的政治犯举行暴动，并一举成功而名声大振。1920年1月回到海参崴，参加了布尔什维克的活动。维经斯基并不精通汉语，还是被选拔为赴华使者，主要考虑到他曾在北美长期生活，掌握流利的英

---

① 俄罗斯国家社会政治历史档案馆藏档案：全宗514，目录1，卷宗4，第7页。

② 《维经斯基在中国的有关资料》，中国社会科学出版社1982年版，第444页。

③ 上海市作家协会编：《石库门里的红色秘密——党的诞生地·上海革命遗址系列故事》，上海人民出版社2019年版，第44页。

语，并且忠诚、勇敢，是一位可以充分信任、担当重任的革命者。

这个代表团①的成员，除了维经斯基，还有他的妻子库兹涅佐娃，25岁的苏俄红军军官马马耶夫充当了他的秘书，马马耶夫的妻子马迈耶娃也参加了代表团。另外，还有旅俄华侨、俄共(布)党员、翻译杨明斋②。他们的公开身份是记者。他们到中国的主要目的是“会见中国的马克思主义者，帮助建立中国共产党”③。

不久，俄共(布)中央远东局的负责人之一萨赫扬诺娃和党员斯托扬诺维奇(又名米诺尔)也来到北京，和他们取得联系。维经斯基等人的任务是了解中国国内的状况，与中国的进步团体、革命力量建立联系，同时考察是否有可能在上海建立共产国际东亚书记处。④

杨明斋之所以被选派为这个小组的重要成员，并非偶然，一方面，他是忠诚的俄共(布)正式党员，得到了共产国际的充分信任和赏识；另一方面，他具有一定的马克思主义理论水平，精通中俄两国语言，更为重要的，他还是旅俄华侨，对苏俄和中国的情况都比较了解，便于开展革命工作，是难得的从事与中国共产主义者建立联系的合适人选。“这些因素使他能够很好地起到翻译、参谋和向导的作用，成为维经斯基的主要助手。”⑤

杨明斋是不久之后成立的外国语学社的校长，同时还兼任俄语教员，

---

① 根据有关文件记载：俄共(布)中央远东局海参崴分局外国处“于4月派遣以下同志去中国(上海)：维经斯基作为全权代表，季托夫(毕业于东方学院)和谢列布里亚科夫(著名的朝鲜社会活动家)作为助手。三个人都是共产党员。……同时，还从哈尔滨派了一位懂法语的工人共产党员K. A. 斯托扬诺维奇同志(矿工)去天津”。日本学者石川祯浩认为共产国际代表团是由维经斯基本人以及两名助手季托夫和谢列布里亚科夫三人全权代表。

② 中共中央党史研究室：《中国共产党的九十年》新民主主义革命时期，中共党史出版社、党建读物出版社2016年版，第27页。

③ 周文琪、褚良如编著：《共产国际和中国共产党》，中共中央党校科研办公室1986年版，第3页。

④ 中共上海市委党史研究室：《中国共产党上海史(1920—1949)》，上海人民出版社1999年版，第36页。

⑤ 余世诚、张升善编著：《杨明斋》，中共党史资料出版社1988年版，第6页。

为外国语学社的创办做出了重要贡献，具体内容将在后面章节讲解。

为了方便开展革命工作，维经斯基这位苏俄首位赴华正式使者，取了一个响亮的中国名字——吴廷康。李达在自传中提到“第三国际东方局派了一个代表来到中国，他的名字是 Vitinsky. 我们替他取了一个中文名字，叫做吴廷康。他是和他的夫人同来的”①。后来，他在《向导》和《新青年》上发表文章时也曾用过署名“魏琴”或“卫金”。

维经斯基在北京首先接触到的是在北京大学任职的李大钊。此时的李大钊受俄国十月革命的影响很大，正沉迷于研究马克思主义的著作，他乐于见到这位来自十月革命故乡的使者。而促成他们见面的是李大钊的同事，北京大学的俄语、法语教师伊万诺夫和同校俄语教师柏烈伟。②

这一说法来源于达林的回忆录。达林生于 1902 年，从 1921 年起，担任共产国际远东书记处的成员之一，后来在青年共产国际执行委员会东方部工作。

1921 年至 1927 年间，达林曾参加共产国际第三、第四次代表大会，青年共产国际第二次代表大会，远东革命组织代表大会和远东青年代表大会。1922 年、1924 年、1926 年达林曾三次来中国工作，会晤过中国共产党和社会主义青年团的创始人，参加了中国社会主义青年团第一次代表大会和第一次全国劳动大会。达林还参加了这一时期中国革命的其他重要活动。

1920 年四五月间，维经斯基一行以新闻记者的身份带着李大钊的介绍信来到上海。这个时期，作为国际大都市的上海，拥有俄国侨民约 5000 人。这些侨民当中的大多数都是随着布尔什维克势力东进而逃到上海来的难民，其中出现了一些拥护布尔什维克的人。随着苏维埃政权的逐步巩固，远在上海的旧俄驻外机关被新来的新政权的官员以及支持布尔什维克

① 《李达自传（节录）》，《党史研究资料》第 2 辑，四川人民出版社 1981 年版，第 1 页。

② ［苏］C. A. 达林：《中国回忆录（1921—1927）》，侯均初等译，中国社会科学出版社 1981 年版，第26 页。

的侨民所接管。由于上海交通便利、文化氛围浓厚以及相对宽松的政治环境，维经斯基认为以上海为基地开展革命活动的条件已经具备。“魏金(维经)斯基在全俄消费合作社中央联社办事处和达尔塔通讯社安下营盘后，在同行翻译杨明斋的帮助和支持布尔什维克的上海俄国侨民的支持下，与上海各界进行了广泛接触，并以上海为根据地，收集有关北京、天津、南京、广州等中国各城市以及朝鲜、日本的情报。在和上海各界人士的交流中，陈独秀当然是主要对象。”①

维经斯基和杨明斋到达上海先会见了陈独秀。维经斯基曾向陈独秀表示中国的共产主义者和他们所建立的各地的共产主义组织能够很快地联合起来，举行党的代表大会，正式成立中国共产党，共产国际将予以支持。②

在陈独秀的引荐下维经斯基会见了《星期评论》杂志的编辑戴季陶、李汉俊和沈玄庐以及《时事新报》的主编张东荪等。戴季陶和张东荪因政见不合，不久便陆续退出了座谈会。这个时期，维经斯基还曾与上海学生联合会正副评议长耿侃、程天放以及东吴大学学生代表何世桢等人座谈，但没有谈出什么结果。③

《星期评论》是继《民国日报》后的国民党编辑的刊物。戴季陶、沈玄庐都是国民党老党员。戴季陶(1891—1949)，原名传贤，祖籍浙江吴兴(今浙江湖州)，出生于四川广汉，曾担任《民权报》《天铎报》主笔，是国民党内著名的理论家、宣传家。从其一生来看，戴季陶是一位颇为复杂的人物：辛亥时期，他是新闻界的青年才俊；五四时期，是享誉一时的青年导师；大革命时期，他却摇身一变，成为“国民党反动派的一位臭名昭著的

① ［日］石川祯浩：《中国共产党成立史》，袁广泉译，中国社会科学出版社2006年版，第96—97页。

② 周文琪、褚良如编著：《共产国际和中国共产党》，中共中央党校科研办公室1986年版，第3页。

③ 黄修荣：《共产国际与中国革命关系史》上册，中共中央党校出版社1989年版，第59页。

理论家”。[①] 沈玄庐(1883—1928)，原名沈定一，是中国近代史上一位带传奇色彩的人物。“作为地主，他却领导了抗租运动，并鼓励动员工农群众；作为年轻的知县，他却鞭笞了巡抚的父亲；作为省议员，他却怒斥省督军；作为另立山头的西山会议派的领导人之一，他却呼吁不怕牺牲，赶赴广州争夺权位；作为国民党保守派代表人物，尽管已经被剥夺权力，他却仍在伺机东山再起；作为自治实践的创办者，他的实践却因其新思路和新观念而使掌权者胆战心惊。”[②]

李汉俊刚从日本帝国大学毕业回国，便被戴季陶吸收到《星期评论》做编辑。除主编戴季陶、沈玄庐之外，最主要的撰稿人非李汉俊莫属。他的文章数量多达36篇，仅次于戴、沈二人，成为主持刊物日常运作的重要人物[③]，其地位等同于主编。

星期评论社初设于爱多亚路(今延安东路)新民里5号，1920年1月底李汉俊搬至三益里。编辑部所用的住宅得到了李汉俊胞兄李书城的支持，将李家的个人寓所供星期评论社使用。1919年6月8日，《星期评论》由戴季陶、沈玄庐、孙棣三等人正式创刊，以批判的立场，提倡新文化，宣传社会主义，激励工人运动。后来，俞秀松、施存统、陈公培也入住三益里17号；共产国际和俄共(布)的全权代表维经斯基，受陈独秀之邀来到星期评论社，与陈独秀、沈玄庐、陈公培等交谈建党事务，杨明斋参会。1920年5月，陈望道将《共产党宣言》中文译稿带至上海，就是由住在渔阳里的陈独秀和住在三益里的李汉俊校阅的。[④]

由于李汉俊精通法语，外国语学社特聘他为法语教员，关于这部分内

① 杨宏雨、肖妮：《〈星期评论〉——“五四”时期理论界的明星》，《同济大学学报》(社会科学版)2012年第5期。

② [美]萧邦奇：《血路——革命中国中的沈定一(玄庐)传奇》，周振彪译，江苏人民出版社1999年版，第244页。

③ 《杨之华的回忆》，《“一大”前后：中国共产党第一次代表大会前后资料选编》(二)，人民出版社1980年版，第25页。

④ 苏智良：《近代上海这块方圆不足一平方公里的空间，何以成为中共“初心之地”》，上观新闻，2020年1月19日。

容将在后面章节做详细讲解。

《星期评论》有时也谈社会主义和社会改革问题，在当时算是一种进步刊物。维经斯基和这几方面的人物会谈过好几次，很投机。据陈公培回忆，当时参加座谈的有维经斯基、维经斯基的翻译(杨明斋)、戴季陶、沈玄庐、陈独秀、徐谦(徐是临时碰上我的)和我，谈苏俄的情况，并极想和苏俄取得联系。①

1920 年 6 月 9 日，维经斯基在写给海参崴的报告中讲道："现在实际上我们同中国革命运动的所有领袖都建立了联系"，"当地的一位享有很高声望和有很大影响的教授(陈独秀)，现写信给各个城市的革命者，以确定会议的议题及会议的地点和时间。"②从这封信中可以看出维经斯基在来上海一个多月的时间里，开展了一些卓有成效的工作，并对组织中国的社会主义革命运动充满信心。据学者杨奎松考证："维经斯基从 1920 年 5 月到上海，到 1921 年 1 月回国，他在中国的半年多时间里，与陈独秀的接触和交往超过他认识的任何中国人，时间长达几个月。"③

维经斯基在中国的这几个月时间里，并非把全部精力都用在帮助组建共产党的工作上，而是寻机与对十月革命感兴趣的中国实力派人物进行面谈。1920 年 10 月，维经斯基访问了曾高唱保护劳工、并表示支持学生运动的"进步将军"吴佩孚。11 月中下旬，在陈独秀的引荐下，在上海会见了孙中山。1920 年底至 1921 年初，维经斯基在广州期间，与陈独秀一起拜访了陈炯明。由于陈炯明赞扬十月革命，维经斯基便打算"就近仔细观察他"④。通过几个月以来的多方接触和交谈，维经斯基对当时中国政治人物

---

① 陈公培:《回忆党的发起组和赴法勤工俭学等情况》,《"一大"前后：中国共产党第一次代表大会前后资料选编》(二)，人民出版社 1980 年版，第 564 页。

② 中共中央党史研究室第一研究部编译:《联共(布)、共产国际与中国国民革命运动》第 1 卷(1920—1925)，中共党史出版社 2020 年版，第 25 页。

③ 杨奎松:《陈独秀与共产国际——兼谈陈独秀的"右倾"问题》,《近代史研究》1999 年第 2 期。

④ 黄修荣、黄黎:《共产国际与中国共产党关系探源》上卷，人民出版社 2016 年版，第 143 页。

的面目有了一个大致的认知。他的认知显然与上海的共产党人的看法有区别，也同列宁对孙中山的了解不尽相同。① 十月革命胜利后，孙中山发去贺电，表达了中国人民对苏俄人民的友谊。列宁收到贺电后十分高兴，称之为“东方的曙光”，并复函孙中山，表示要“共同进行斗争”。② 列宁还赞扬孙中山是“充满着崇高精神和英雄气概的革命的民主主义者”③。但维经斯基和俄共（布）中央远东局都对孙中山缺乏信心，特别是优林，甚至认为“孙中山是个不切实际的梦想家”，而把吴佩孚看作是“可以合作的人”。④

据《俄共中国革命秘档》记载：

> 共产国际东方部的维廷（经）斯基从开始就对孙中山不具好感，对国民党更有微词。除了政治观点、立场之外，也许想当年中共是在维廷（经）斯基的“帮助”之下建立的，他对中共具有一份特殊的感情；主力扩大中共组织，全力发展工人运动。⑤

由于广泛接触中国实力派人物，其中包括中国共产党和中国国民党的发起人等，维经斯基便产生了这样的想法：把《新青年》《星期评论》《时事新报》结合起来，乘五四运动的高潮建立一个革命同盟，并由这几个刊物的主持人物联合起来，发起成立中国共产党或是中国社会党。马林在给共产国际执委会的报告中写道：“当维经斯基（G. Voitinsky）在上海工作时，中国共产主义者已在陈独秀——他主编《新青年》杂志多年——的领导下形成一个团体。”⑥

---

① 杨云若、杨奎松：《共产国际和中国革命》，上海人民出版社 1988 年版，第 29 页。

② 《史学译丛》，1958 年第 3 期。

③ 《列宁选集》第 2 卷，人民出版社 2012 年版，第 291—292 页。

④ 《马林在中国的有关资料》，人民出版社 1980 年版，第 23 页。

⑤ ［德］郭恒钰：《俄共中国革命秘档》（1920—1925），台湾东大图书股份有限公司 1996 年版，第 51 页。

⑥ 《马林给共产国际执委会的报告》，《共产国际与中国革命资料选辑》（1919—1924），人民出版社 1985 年版，第 168 页。

通过与上海的革命知识分子多次接触和会谈，维经斯基与陈独秀等人取得一致认识，决定发起建立早期党组织。特别是落实列宁的重要指示，“物色中国进步青年到莫斯科东方劳动者共产主义大学学习”的要求，决定先在上海创办一所青年革命干部学校。同时，维经斯基还打算在武汉开办外文学社，为此，他曾派马迈耶夫等人去武汉。但“计划未能实现，所以他们又返回了上海”①。

四、外国语学社在上海创办

1920 年初，陈独秀两次抵达上海。第一次因受章士钊所邀，于 1920 年 1 月 29 日返回上海。② 不久，他回到北京，但面临北洋政府的追捕，遂于 2 月 19 日除夕这一天抵达上海。第二次抵沪后，陈独秀长居上海 10 个月。③ 陈独秀入住老渔阳里 2 号后不久，就开始着手组建党的组织。以渔阳里街区为中心，先后组织成立了马克思主义研究会、上海共产党早期组织以及社会主义青年团。在此基础上，他决定在上海创办外国语学社，培养政治坚定、视野开阔的革命后备力量。

据伊尔库茨克的东方民族处于 1920 年 8 月 17 日所收到的维经斯基的报告记载：

> 我在这里逗留期间的工作成果是：在上海成立了革命局，由五人组成(四名中国革命者和我)，下设三个处，即出版处、情报煽动处、组织处。……除上海外，北京也成立了革命局……还计划在汉口成立“革命局”；还有在沪朝鲜独立运动志士组成的“朝鲜革命局”与中国的

---

① 董必武：《与尼姆·威尔斯的谈话》，《一大回忆录》，知识出版社 1980 年版，第 5 页。

② 熊月之：《中共“一大”为什么选在上海法租界举行——一个城市社会史的考察》，《学术月刊》2011 年第 3 期。

③ 中共上海市委党史研究室编：《伟大的起点：中国共产党是这样创立的》，上海人民出版社 2022 年版，第 137、141 页。

“革命局”互相配合进行出版工作。①

维经斯基在报告中并没有对“革命局”做出进一步的解释，也没有列出组成“革命局”的四名中国革命者的姓名，但从近年来国内外解密档案的资料来看，这里提到的上海成立的“革命局”很可能就是上海共产党早期组织，报告中提到的四名中国革命者至少包括陈独秀和李汉俊。报告对上海“革命局”下设的出版处有详细的记述：

> 现在有自己的印刷厂，印刷一些小册子。几乎从符拉迪沃斯托克寄来的所有材料（书籍除外），都已译载在报刊上。《共产党宣言》已印好。现在有十五种小册子和一些传单等着复印。顺便说一下，《共产党员是些什么人》《论俄国共产主义青年运动》《士兵的话》（由此间一位中国革命者撰写）等已经印好。……星期日，即 8 月 22 日，我们出版处将出版中文报纸《工人的话》（Рабочееслo вo）创刊号。它是周报，印刷两千份，一分钱一份，由我们出版处印刷厂承印。②

在报告中提到的“印刷厂”，据考证就是上海共产党早期组织创办的社会主义研究社。由陈望道翻译，陈独秀、李汉俊校订的中国第一个中文全译本——《共产党宣言》，就是交由社会主义研究社出版的。这也是该社出版的第一份成果，使中国人民第一次看到了这个科学社会主义伟大历史文献的全貌。③ 至于陈望道怎么会想到翻译《共产党宣言》，他曾对金冲及讲过：“从日本受到了马克思主义的影响，回来了就开始要做点什么。另外

---

① ［日］石川祯浩：《中国共产党成立史》，袁广泉译，中国社会科学出版社 2006 年版，第 100—101 页。

② ［日］石川祯浩：《中国共产党成立史》，袁广泉译，中国社会科学出版社 2006 年版，第 101 页。

③ 中共上海市委党史研究室：《中国共产党上海史（1920—1949）》，上海人民出版社 1999 年版，第 45 页。

一点，当时不仅大量宣传马克思主义的基本理论，同时也注意到怎么把它跟中国的现实结合起来，解决中国的实际问题。"①

该研究社于 1920 年 5 月在陈独秀的倡导下成立。其成员有李汉俊、陈望道、邵力子、施存统、俞秀松、李达、沈玄庐、沈雁冰、杨明斋等，社址在法租界环龙路老渔阳里 2 号。其后，上海共产党早期组织以社会主义研究社的名义，先后出版了李汉俊翻译的《马格斯资本论入门》和李达翻译的《唯物史观解说》等经典篇目，向热心读者，尤其是进步青年较为系统地宣传了马克思主义。社会主义研究社还出版过陈独秀著的《政治主义谈》小册子。

随后创办的"新青年社"，负责人是陈独秀，编辑部设在法租界环龙路老渔阳里 2 号，门市部在法租界大马路(今金陵东路)279 号。以《新青年》为依托的新青年社，成为中国共产党公开出版发行机构。1920 年 9 月在《新青年》上刊登了这样一则启事：

> 本志自八卷一号起，由编辑部同人自行组织"新青年社"，直接办理编辑、印刷、发行一切事务。凡关于投稿及交换告白杂志等事，均请与上海法界环龙路渔阳里二号新青年社编辑部接洽；凡关于发行事件，请与上海法大马路大自鸣钟对面新青年社总发行所接洽。八卷一号以前的事，仍由群益书社负责。以后凡直接在本社总发行所定购一卷以上者，在此期限内发行的特别号(例如前次的《劳动节纪念号》)概不加报价及邮费，特此预先声明，以免误会。②

从这则启事可以看出，该社的编辑部就设在老渔阳里 2 号陈独秀的寓所里。新青年社作为出版宣传机构，具体负责《新青年》的编辑、发行。

《新青年》从第 8 卷第 1 号起，正式成为上海共产党早期党组织宣传马

---

① 金冲及：《从辛亥革命到中国共产党的建立》，《党的文献》2011 年第 4 期。

② 《本志特别启事》，《新青年》第 8 卷第 1 号，1920 年 9 月 1 日。

克思主义的理论刊物。从第8卷第1号到1921年6月的第9卷第2号，发表过列宁的《民族自决》《无产阶级政治》《列宁的妇女解放论》，德国培培尔的《女子将来的地位》，李大钊的《唯物史观在现代史学上的价值》，李达的《马克思还原》等，都产生过很大影响。《新青年》还增辟了“俄罗斯研究”专栏，作为其显著特色，由外国语学社学员袁振英编辑。自第8卷第1号至第9卷第3号，连续译载当时外国书刊上介绍的有关苏俄革命理论、各项政策和实际情况的文章共35篇①，从政治、经济、文化教育等各方面较全面地介绍苏俄的情况和成就，使读者既扩大了眼界，增长了见识，又对第一个社会主义国家有了比较具体的了解，也使共产主义知识分子增强了走十月革命道路的信心。

中文报纸《工人的话》很可能就是上海共产党早期组织发行的《劳动界》周刊，因为俄共(布)中央西伯利亚局东方民族处后来根据维经斯基这封信向共产国际支委会报告中写道，上海局出版部从8月22日起定期出版中文周刊《劳动界》。②

《劳动界》于1920年8月15日创刊，8月22日是第2期的发行日期。该刊旨在向工人阶级传播马克思主义，启发工人阶级的觉悟，促进工人运动的开展，是上海共产党早期组织专门向工人阶级发行的宣传革命理论的通俗读物。李汉俊任主编，陈独秀、李达、沈玄庐等为编辑，主要撰稿人有陈望道、邵力子、袁振英、柯庆施等。该刊设国内外劳动界、演说、时事、小说、诗歌以及读者投稿等栏目，社址在法租界环龙路老渔阳里2号。这是革命知识分子创办的第一个工人刊物，成为向工人进行宣传和组织工作的重要载体。

《劳动界》周刊深受工人欢迎，发行量较大，各地效仿上海也相继创办了工人刊物，如北京创办了《劳动音》、广州创办了《劳动者》。此外，《劳

---

① 中共上海市委党史研究室：《中国共产党上海史(1920—1949)》，上海人民出版社1999年版，第46—47页。

② 中共中央党史研究室第一研究部编译：《联共(布)、共产国际与中国国民革命运动》第1卷(1920—1925)，中共党史出版社2020年版，第29页。

动界》上还发表了上海共产党早期组织帮助工商友谊会创办通俗刊物《上海伙友》的文章。陈独秀为这一期刊创刊写了发刊词，称赞店员伙友、工厂和矿山劳动者以及交通劳动者是阶级战争的三大军团。创刊前，陈独秀、俞秀松等人邀请“工商友谊会诸先生于31日在渔阳里6号‘外国语学社’开会，面商《店员周刊》进行事宜”①。

再来看对“革命局”下设“情报煽动处”的记录：

> 情报煽动处成立了华俄通讯局，现在该局为中国三十一家报纸提供消息，因为北京成立了分局，我们希望扩大它的活动范围。我们通讯局发出的材料都经一位同志之手，主要是从俄国远东的报纸以及《每日先驱报》、《曼彻斯特卫报》、《民族》周刊、《新共和》周刊、《纽约呼声报》、《苏维埃·俄罗斯》和我们一伙人提供的文章中翻译过来的东西。②

报告中记录的“华俄通讯局”指的就是在新渔阳里6号(与外国语学社在同一个地方)创办的“中俄通讯社”(1921年1月起称华俄通讯社)。报告中特别提到的“经一位同志之手”。这位同志就是该社的社长杨明斋。为扩大信息宣传，还在北京设立了分社。据曾在通讯社工作过的刘仁静回忆，“一九二〇年，我找到了一个工作，就是在北京的‘华俄通讯社’(按：应谓中俄通讯社)里，把北京报纸上的消息译成英文，再有人把它译成俄文，通过电报发回莫斯科”③。通讯社的主要任务是向共产国际报道中国革命情况，发送来自共产国际和苏俄提供的消息。通讯社在推进马克思主义的宣传，扩大中国民众对苏俄革命斗争的了解方面，发挥了重要的教育宣传作用。

---

① 《劳动界》第7期，1920年9月26日。

② ［日］石川祯浩：《中国共产党成立史》，袁广泉译，中国社会科学出版社2006年版，第102页。

③ 余世诚：《关于杨明斋生平事迹的调查》，《齐鲁学刊》1983年第4期。

但据旅英中国历史学者李丹阳考证，报告中记录的“华俄通讯局”与在新渔阳里6号(与外国语学社在同一个地方)创办的中俄通讯社不是一回事。中俄通讯社是由中国人杨明斋负责的，社址在上海，而华俄通讯社的第一任经理(或称社长)是霍·多洛夫，总部在北京。① 华俄通讯社及其分社由俄国人负责并以俄国人为主，如在北京总社工作的俄国人除了霍·多洛夫，还有潘克拉拖夫、喀尔壬斯基、伊利亚申科等，但也招收了一些中国人，如北京总社有刘仁静、阮永钊、黄平、薛撼岳、谌小岑、梁乃贤等。其中，刘仁静、阮永钊是北京大学学生，先后加入了中国共产党。为上海分社工作的中国人可能有在《上海俄文生活报》担任英文翻译的北京大学毕业生、社会主义者同盟成员袁振英，以及在外国语学社学习过、后来曾为巴兰诺夫斯基做翻译工作的中共党员李启汉。②

关于李启汉，邓中夏在《中国职工运动简史》中说，党的一大以前，沪西小沙渡劳动补习学校的主持者就是李启汉。另据上海公共租界工部局警务处的特务情报，李启汉是当时上海工人运动的主要人物。1920年12月19日，他主持了中国工人联合会的成立大会。1921年他主持了庆祝五一国际劳动节的筹备工作。敌人称他为“著名之中国布尔什维克陈独秀的跟随者”③。

《中国共产党简史》提到，一些共产主义的知识分子也开始在长辛店、上海、湖南等地到工人群众中去工作，帮助他们建立工会、十人团和劳动补习学校。④ 张国焘在《北京共产主义组织的报告》中讲道：“我们决定在长辛店创办劳动补习学校，训练两千名铁路工人。这所学校离北京不远，

① 李丹阳、刘建一：《霍·多洛夫与苏俄在华最早设立的电讯社》，《民国档案》2001年第3期。

② 李丹阳、刘建一：《“中俄通信社”与“华俄通信社”异同之考辨》，《上海革命史资料与研究》第13辑，上海古籍出版社2013年版，第300—301页。

③ 上海公共租界工部局《警务处日报》，1921年4月21日。

④ 学习杂志初级版资料室编：《中国共产党简史》，人民出版社1951年版，第2页。

有三位教员——社会主义者在那里教课。”①通过举办劳动补习学校，教育和引导工人，提高工人一般的知识水平和阶级觉悟。

维经斯基在报告中还提到了“革命局”下设的“组织处”，是这样记述的：

> 组织处忙于在学生中间做宣传工作，并派遣他们去同工人和士兵建立联系。这方面，暂时还没有取得多大成绩，但这里已经有了几个我们着手培养的发起组。这一周，我们组织处要召开十个地方工会和行会各出两名代表参加的代表会议，成立工会中央局。中央局将派一名代表参加我们的上海革命局。②

依据现有资料没有找到报告中提到的与“工会中央局”对应的组织，但有一点可以肯定，陈独秀非常重视工人团体的工作。

陈独秀深入劳工团体调查研究，加强与工人组织的联系。他在出席由上海码头工人发起的船务栈房工界联合会成立大会上，发表了《劳动者底觉悟》的精彩演讲，称颂“社会上各项人只有做工的是台柱子”。

陈独秀和一些进步知识分子联合中华工业协会、中华全国工界协进会、中华工会总会、中华工界志成会、上海电器工界联合会、上海船务栈房工界联合会、上海药业友谊联合会等 7 个社会团体，发起召开了世界劳动纪念大会。庆祝大会遭到军警镇压，几次转移地点，但最后仍在老靶子荒地上召开，有千余工人群众参加。会上高呼“劳工万岁”等口号，提出“八小时工作制”。

---

① 张国焘：《北京共产主义组织的报告》，《党史研究资料》第 3 辑，四川人民出版社 1982 年版，第 39—40 页。

② ［日］石川祯浩：《中国共产党成立史》，袁广泉译，中国社会科学出版社 2006 年版，第 103 页。

在陈独秀的指导下，上海各界 5000 多名工人在 5 月 1 日集会，举行 1920 年的五一劳动节纪念活动。这是中国革命知识分子走向工人运动的第一步。

“组织处”除了关注工会组织外，还推动了党的早期组织的创建。

马克思主义研究会是中国出现得最早的马克思主义革命团体之一，其成员基本由三部分组成：一是以李汉俊、李达为代表的留日学生；二是以陈望道、施存统为代表的杭州第一师范的师生；三是以戴季陶、邵力子为代表的国民党部分成员。不久，戴季陶和张东荪分别以信仰“三民主义”“研究系”的理由退出。

在共产国际代表维经斯基的帮助下，陈独秀等人在环龙路老渔阳里 2 号开会决定成立共产党。8 月正式成立，取名为“中国共产党”。这是中国第一个共产党组织。

上海共产党早期组织建立后，为培养更多的革命青年投身革命活动，于 1920 年 8 月 22 日，在陈独秀和杨明斋的指导下，在法租界霞飞路新渔阳里 6 号创立社会主义青年团，成员有俞秀松、李汉俊、陈望道、沈玄庐、施存统、袁振英、金家风、叶天底八人，选派时年 21 岁的俞秀松任书记。

从近年来公开的日本外务省外交史料馆所藏档案“关于要监视的中国人施存统件”中提到此人“系共产主义者，加入上海秘密组织‘共产党’‘社会主义青年团’‘社会主义大学校’”。档案记录的施存统正是旅日中国共产党早期组织的创建者，中国共产党最早的党员之一。“社会主义大学校”则是上海党团组织成立后创办的第一所培养革命干部的学校，取名“外国语学社”。1923 年施存统被日本当局逮捕，据他当时供述：

> 上海之社会主义团体，与余有关者乃共产党、社会主义青年团及社会主义大学校。此皆为秘密团体，故没有固定办事地点，与各地同志相互联络，每以各团体主任或委员住处为通信地址。……社会主义大学校为宣传主义之所谓通信学校……其团员与社会主义青年团

同……初与上海之俄国过激派代表维经斯基有关系……现有学员约六十人。①

外国语学社所在的那幢石库门房子原是戴季陶住的，他搬走后，新的承租人是杨明斋。

上海共产党早期组织和早期团组织为了培养革命青年到苏俄学习，储备党的后备干部，1920 年 9 月，在共产国际的帮助下创办了外国语学社。据当时在此学习的学员回忆：

外国语学社的牌子是挂在六号门口的墙上，是黑底白字还是白底黑字记不起了。字是用魏北(碑)体书写的。……弄堂口是有灯的，式样如何不详细了。记得弄口有一个香烟烟纸店，包打听曾在店里监视我们。弄堂底的小铁门是不通行的，我们进出都从淮海路(当时叫霞飞路)走，我们多数从后门进出。②

外国语学社是党组织创办的第一所旨在培养革命青年的学校，由杨明斋任校长、俞秀松任秘书。学社成立后，第一次从 1920 年 9 月 28 日开始连续在《民国日报》第 1 版刊登了 5 天的招生广告，这也是外国语学社最早见报的招生广告：

本学社拟分设英、法、德、俄、日本语各班，现已成立英、俄、日本语三班。除星期日外每班每日授课一小时，文法读本由华人教授，读音会话由外国人教授，除英文外，各班皆从初步教起。每人选习一班者月纳学费银二元。日内即行开课，名额无多，有志学习外语

① 李润波：《中国共产党创建初期二三事》，《北京档案》2011 年第 6 期。

② 许之桢：《关于新渔阳里六号的活动情况》，《党史资料丛刊》第 1 辑，上海人民出版社 1980 年版，第 39—40 页。

者请速向法界霞飞路新渔阳里六号本社报名。此白。①

几个月后，外国语学社又在《民国日报》副刊《觉悟》上刊登了招生启事：

> 本社添招英文、俄文、法文、日文学生各一班。有志向学者，请即至法界霞飞路渔阳里六号报名，每班报名者满念名以上即行开课。报名费一元；学费每月二元。②

学生大多是通过各地共产党早期组织推荐进来的，也有一些是经人介绍的，学员来自全国各地。

在此期间，青年团从外国语学社中选派学员送到苏俄学习，大多数进入莫斯科东方大学，在这些学员中很多人后来成为革命和建设的卓越领导者或成为著名学者，包括刘少奇、任弼时、罗亦农、许之桢、肖劲光、柯庆施、蒋光慈、曹靖华等。

---

① 《外国语学社招生广告》，《民国日报》，1920 年 9 月 28 日—10 月 2 日。

② 《外国语学社添招新班》，《民国日报》副刊《觉悟》，1921 年 5 月 20 日—7 月 15 日。

第二章　外国语学社的选址

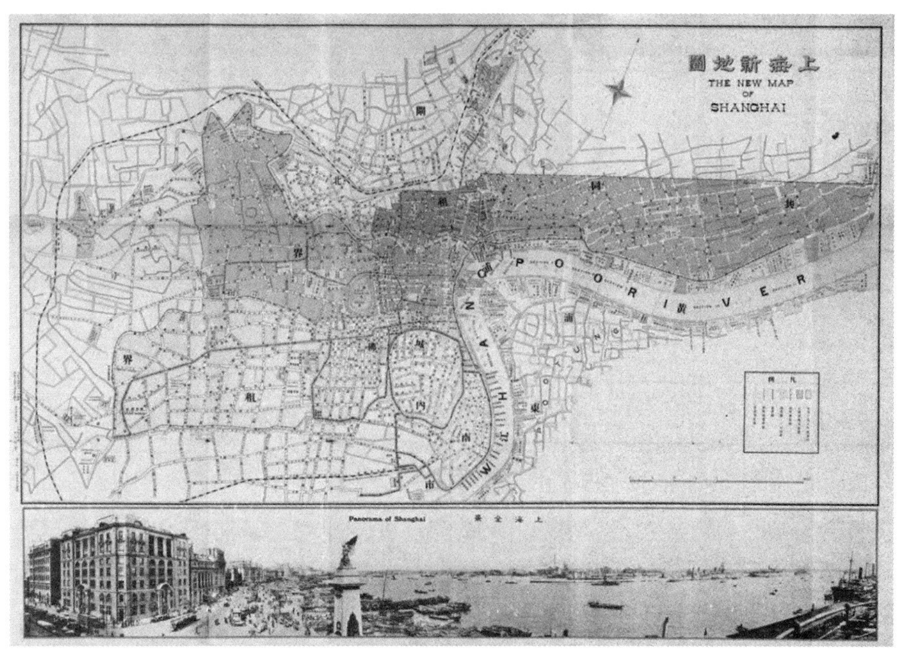

上海租界图

外国语学社，其选址在上海法租界霞飞路渔阳里石库门住宅。之所以把社址选在这里，原因是在当时上海“一市三治”的行政实体中，法租界较之公共租界和华界的政治管制相对宽松。上海共产党早期组织成员大多居住在附近，交流方便，房租适中，同时，石库门的建筑样式便于革命者开展活动。

一、外国语学社与法租界

外国语学社与一般学校不同的地方，一方面，它是由上海共产党早期组织创办的红色学堂，以公开办学的形式来掩护革命活动；另一方面，尽管外国语学社诞生于中国的土地上，却是在外国人控制的租界内，镌刻着中国人挥之不去的屈辱历史。正如外国语学社的学员肖劲光所说："'十里洋场'的上海，更是一副殖民地、半殖民地的缩影。帝国主义列强在中国的领土上割成各自的租界。在租界中，我们有一种令人窒息的压抑感，一种难以忍受的屈辱。"①

租界是鸦片战争后，外国列强用不平等条约肆意扩大在华特权的时代产物，是列强在通商口岸辟设外商居留地的基础上，通过不断侵夺中国的主权，建立独立于中国政权体系的行政区划和管理机构，并在制定和实施一系列规章过程中形成的"国中之国"。② 在租界内居住的外国人凭借不平等条约的庇护，享有中国人难以想象的种种特权，不少一文不名的外国人靠着这些特权，作威作福、发财致富，故此，租界也被称为"帝国主义侵华的堡垒"。

> 租界既是中国受制于帝国主义的耻辱象征，又是中国人民获取现代经验、走向独立的开端。生活在租界里的华人既须忍受二等公民的待遇，又得以在外国势力庇荫下免受军阀或专制政府的骚扰，并躲避连绵不断的天灾人祸、外侵内乱，是中西文明共存、竞争、融合、多元的世界性大都会。相对独立的环境，使得中国革命者可以利用这一"缝隙"，进行反抗统治者、争取国家独立并最终收回外国列强权利的革命活动。③

① 《肖劲光回忆录》，解放军出版社 1987 年版，第 15—16 页。

② 上海市档案馆编：《上海租界志》，上海社会科学院出版社 2001 年版，第 2 页。

③ 苏智良主编：《城市·空间与中共建党》，上海教育出版社 2018 年版，第 2 页。

1843年11月17日上海开埠，1845年11月15日，英国就在上海设立了近代史上的第一块租界。① 美国于1848年在上海设立租界，时隔一年法国在上海设立租界，后来，英美租界合并。中国的租界制度以最早建立的上海租界为蓝本，并影响到其他租界。

近代中国共设立过26个租界，其中上海租界设立最早，规模最大。上海公共租界与法租界总面积最大时达48653亩，是中国其他所有租界面积总和的1.5倍以上。这些租界包括天津9租界、汉口5租界、厦门两租界、广州两租界与镇江、九江、杭州、苏州、重庆租界。在众多的租界中，上海租界殖民地色彩最强。②

上海租界从1845年辟设开始，到1943年基本结束，是旧中国所有租界中设立最早、存在时间最长、面积最大、管理机构发展最充分，因而是最典型的。③

租界最主要的特点是内部自治管理，并不由租借国派遣总督，而是成立市政管理机构——工部局④或公董局⑤，担任市政、税务、警务、工务、交通、卫生、公用事业、教育、宣传等职能，兼有西方城市议会和市政厅的双重职能。租界的存在严重侵犯了一个国家的领土主权完整，是一种变相的殖民统治区。由于租界内的种种特权，这些特权也严重侵犯了一个国家的司法主权。

1920年前后的上海形成了“一市三治”的行政格局，即存在公共租界、

---

① ［法］梅朋、傅立德，《上海法租界史》，倪静兰译，上海社会科学院出版社2007年版，第12页。

② 熊月之：《建议建立上海租界史信息库》，《档案与史学》2003年第1期。

③ 上海市档案馆编：《上海租界志》，上海社会科学院出版社2001年版，第1页。

④ 工部局是租界行政管理的执行机构，这一名称由英国在上海开辟租界时首创，初期本是办理工程建筑的机构，仿照清政府六部中的工部名称而取名“工部局”，以后随着职权的不断扩大，演变为全面管理租界行政事务的机构。其他各国租界均援例设工部局。

⑤ 公董局相当于公共租界的工部局，是旧上海法租界最高的市政组织和领导机构。“公董局最大的特点是法国驻沪领事极其牢固地将公董局直接控制在自己的手里。”参见张仲礼主编《近代上海城市研究（1840—1949年）》，上海文艺出版社2008年版，第484页。

法租界、华界三个不同区域，各自设置行政机构。其中华界又分南市与闸北两部分。在公共租界、法租界和华界中，法租界政治氛围相对宽松。正是由于租界的存在，近代上海的政治氛围呈现鲜明的特色，从而使得统治上海的北洋军阀在政治控制方面留有少许间隙。这样，客观上就为政治性团体组织逃避北洋军阀专制统治提供了可能。

陈独秀在1921年10月、1922年8月，两次被上海法租界当局拘捕，理由都是宣传“过激主义”言论，经有关方面斡旋，分别罚洋100元、400元了事，出狱后还是照样在法租界活动。①因此，外国语学社选址在法租界时充分考虑了这些因素。

法租界于1849年4月6日正式颁布告示，宣布法租界的范围：南至护城河，北至洋泾浜，西至关帝庙诸家桥，东至广东潮州会馆沿河至洋泾浜东角。② 这是法兰西在旧中国设立的四个租界之一，也是面积最大的一个。法租界在旧上海保持了高度的独立性，整个上海法租界是旧上海相对独立的住宅区，整个租界建筑整齐划一，保持了法国的建筑风格，甚至首次引种在上海法租界内的“英国梧桐”也被称为“法国梧桐”，与万里之外的巴黎几乎一致，上海也因法租界得名为“东方巴黎”。法国人始终对法租界保持极大的控制力，这既反映了当时法国在国际社会上的地位，也体现了旧中国的一段屈辱史。

曾在共产国际远东书记处工作过的达林在他的回忆录中写道：“我在上海的时候，正值外国人审判中国人的上海租界法庭上，审理一个人力车夫案件。这位车夫拉着一个‘欧洲文明的代表’走了四十分钟左右。外国人下车时，给了他五个铜钱。车夫拒绝接收这少得可怜的车钱，为此挨了一顿棍子。而且车夫还被警察局拘留了。车夫出法院时，还感到高兴，因为他至少没有因‘对洋人无礼’而被判近三个月的徒刑。”③趾高气扬的洋人像

---

① 苏智良主编：《城市·空间与中共建党》，上海教育出版社2018年版，第10页。

② 马长林：《上海的租界》，天津教育出版社2009年版，第15页。

③ ［苏］C. A. 达林：《中国回忆录(1921—1927)》，侯均初等译，中国社会科学出版社1981年版，第50页。

主子一样来到中国，为所欲为。① 这一切不能不深深地刺痛着每一个爱国者的心。

法国觊觎上海黄浦江边的土地很久，英美建立租界后，于是就迫不及待地效仿英美开辟租界，推行法兰西的行政体制。可以看得出来，从一开始，法国就以强国自居，趾高气扬地强行租地，并施以威逼、恫吓，贪婪的本质昭然若揭，一旦得逞，随之而来的扩张就在所难免。

法租界和公共租界都经历了疯狂的扩张。就拿法租界来说，前后经历了三次大扩张。

法租界的强行扩张，受到了中国人的坚决抵制，特别是上海人的抵制尤为强烈。1874 年，法租界图谋扩张租界，强行在宁波人同乡公所——四明公所旁的中国人坟地上铺筑马路。消息传出，引起上海人民的坚决反对，他们包围法国领事馆和巡捕房，抗议法租界这一行动，法租界竟调动海军陆战队进行镇压，制造了 7 人死亡、多人受伤的“第一次四明公所血案”。但上海人民并没有屈服，继续坚持斗争，法租界当局被迫放弃筑路计划。过了三年，法租界又企图扩张租界，他们事先调动法军“麦高包禄号”水兵 200 余人包围四明公所，强行拆毁公所。上海人民闻讯赶来与荷枪实弹的法国军队展开搏斗。这是法租界制造的“第二次四明公所血案”②。腐败的清政府既害怕激怒上海人民，又不敢得罪洋人，同意了法租界的扩张。

法租界经过三次扩张，形成了除上海老城以外，东起黄浦江边和杨树浦，西至徐家汇与中山公园大范围的租界。

由于一再扩大面积，警务规模也在不断扩大。法租界公董局的警务规模虽比公共租界小，但同样也属庞大的机构。它设有捕房 6 个，1933 年雇

---

① 金冲及：《开天辟地的大事变》，《毛泽东邓小平理论研究》2011 年第 6 期。

② 《上海青运史资料》第 3 辑，共青团上海市委青运史研究室 1984 年版，第 108 页。

用的法籍、俄籍、华籍、越籍人员达到1992人。①

法租界于1856年在法国代理领事爱棠的支持下，在靠近上海小东门的黄浦滩路建立了第一个巡捕房后，捕房在法租界逐渐建设起来。1862年又在法租界东南部新桥街建立了一个分捕房。1864年法租界公董局大楼建成，中央捕房迁入。1877年，公董局在四明公所附近购地建立分捕房，1887年又在宝昌路重建捕房。到1931年时，法租界已有中央捕房、小东门捕房、霞飞路捕房、徐家汇捕房、富熙路捕房和老北门捕房等7个捕房。② 法租界还在巡捕房机构中设立政治处，并与我国国内反动派、官僚、政客、军阀以及地痞流氓等势力相勾结，又刺探政治、军事、经济情报，并充当了镇压革命运动的角色。

英美租界的工部局和法租界的公董局如此地重视建立自身的警务力量和军事力量，一方面固然是为了加强地方的治安，另一方面，更主要的目的还在于镇压中国人民的革命斗争，维持和巩固租界统治，保护他们在上海的殖民利益。③

外国语学社诞生于法租界还与这里发达的交通系统有关。党的早期革命者以外国语学社为掩护开展革命活动，交通是重要的支撑条件。

上海开埠不久，新式马车就由西方传入上海。1874年出现了来自日本的人力车(东洋车)，1901年匈牙利人李恩首先带来了两辆汽车，1924年至1927年先后在两租界通行公共汽车。④

20世纪20年代的法租界已有人力车、手推车、独轮车、马车、有轨电车、出租汽车、无轨电车、公共汽车等多种交通工具。1908年5月4

---

① 张仲礼主编：《近代上海城市研究(1840—1949年)》，上海文艺出版社2008年版，第487页。

② 马长林：《上海的租界》，天津教育出版社2009年版，第51页。

③ 张仲礼主编：《近代上海城市研究(1840—1949年)》，上海文艺出版社2008年版，第487页。

④ 张仲礼主编：《近代上海城市研究(1840—1949年)》，上海文艺出版社2008年版，第191页。

日，上海法商电车电灯公司开通了上海法租界第一条有轨电车线路——2号线。该线路最初东起新开河，西至善中路霞飞路路口，途经法大马路口等多个站点；同年底，向西延长至徐家汇。是年，法电还开通了连接新开河与斜桥的6号线、新开河至卢家湾的10号线。直至1936年，上海法租界一共开通了8条有轨电车线路，其中4号线、5号线和8号线与公共租界对应线路衔接。[①] 有轨电车基本涵盖了法租界的主要交通干道，与公共租界和华界连通了起来。不过，由于当时上海是“一市三治”的行政格局，交通系统不统一。

> 假如有人想从南京路乘电车去中国城里的某个地方，他必须先乘英国电车到租界边的爱德华七世大街(今延安东路)，接着穿过马路进入法租界，乘法国电车到南头，然后穿过民国路，再乘中国电车继续前行。在这趟半个多小时的路途上，首先可看到是穿着英国警察制服的英国人、白俄人和印度锡克族人，然后是穿着法国警察制服的法国人、白俄人和越南人，最后是中国警察。[②]

法租界除了有完善的轨道交通外，还特别重视路面交通建设。租界当局采用当时先进的筑路技术把道路修筑得更为平整。有轨电车尚未开通前，租界最初使用石子铺设路面。1904年采用小石片、砾、沙等沙石材料。1911年启用沥青碎石。1926年启用砂粒沥青混合料加铺路面。[③] 同时在法租界还安装了路灯，为车辆行车提供了安全保障。法租界道路的整治和开辟缓解了交通紧张局面，避免了因道路狭窄和路况不佳而造成的交通不畅。法租界的交通系统是整个上海发达的交通系统的重要组成部分。正如有人所描述的那样，“道路之平坦，旅店俱乐部之伟丽，游览之处，则

---

① 上海市档案馆编：《上海租界志》，上海社会科学院出版社2001年版，第428页。

② [挪威]居纳尔·菲尔塞特等：《挪威人在上海150年》，朱荣法译，上海译文出版社2001年版，第70页。

③ 上海市档案馆编：《上海租界志》，上海社会科学院出版社2001年版，第442页。

公园及大桥在焉，交通之具，则汽车电车及公共汽车备焉，洋商林立，电矩烁烂，使人恍如欧美都市”①。1922 年，当青年共产国际代表达林走出上海车站，在面前出现了柏油马路、数量极多的汽车、有轨电车、几百个招揽乘客的人力车夫，灯火辉煌的大街以及巨幅的霓虹灯汉字广告，听到中国音乐、听不懂的话语时，这一切立刻使他目瞪口呆。②

外国语学社创办时期，全国各地没有哪一个城市有上海这样发达的交通系统。长江流域的内地人要到国外去，不管是四川人，还是两湖人都必须经过上海。上海航运系统在 19 世纪后期已经形成，有内河、长江、沿海和外洋四大航运系统，出入上海的轮船和吨位都占全国总数的五分之一以上。火车是重要的交通工具，铁路线如何布局，火车通到什么地方，是由人类主观因素决定的。晚清时，上海已有铁路通到南京、杭州，再由南京通往天津，由杭州通到宁波，进而与全国铁路网相连。③

上海的电信系统也相当发达。据《近代上海城市研究（1840—1949年）》一书记载：

> 1869 年，由丹挪英电报公司、丹俄电报公司和挪英电报公司三家，联合组成了大北电报公司。翌年，在海参崴与长崎、横滨之间敷设了海底电缆，并进一步组建了一个子公司——大北中日电报公司，立即着手敷设长崎—上海以及上海—香港之间的海底电缆，沪港海线不仅接到吴淞口外大戢山岛，而且沿长江直通黄浦江底到达上海租界。同时期，英国组建东方电报公司在英印之间设置了海线，它也组建了子公司——大东电报公司，着手印度到东南亚以至香港之间海线敷设工作，1870 年经公使威妥玛要求，获准以线头不上岸为前提，设置了由香港经广州、厦门、汕头、福州、宁波到上海的海底电缆，线

① ［美］卜舫济：《上海租界略史》，岑德彰译，上海大东书局 1937 年版，第 1—2 页。
② 李蓉：《中共一大轶事》，人民出版社 2015 年版，第 5 页。
③ 苏智良主编：《城市 · 空间与中共建党》，上海教育出版社 2018 年版，第 7 页。

> 头暂时安置在吴淞口外船上。1873年，大北公司未经允许重新在吴淞—上海之间架设了电报线。①

近代中国电报事业并非首创于上海，海线上海晚于香港，陆线晚于津沽，但规模之大、影响之巨，非上海莫属。1880年，李鸿章提出创设京沪电报。由于创设电报成为当时一切追求进步的中国人的普遍要求，李鸿章的呼吁得到热烈响应，在不到5年的时间内，以上海为中心的电报网几乎遍及全国。

> 津沪线1881年4月动工，11月竣工，12月通报，天津设电报总局，郑观应主持，上海设电报分局，远及三千里，上海已能与苏州、镇江、清江浦、济宁、大沽、天津(紫竹林)直通电报。翌年设镇宁线，上海得与南京通报。1884年一年之中苏浙闽粤线、长江水线两大干线竣工，电报总局迁到上海。沪上电报北及北京内外城，南抵香港，西及汉口、武昌，不久江、浙、闽、粤、鄂、皖、豫、直(冀)、桂等9省27座城市与上海声息交通已以一线系之。1885年以后，电报继续迅速扩展。始而入川，通达湘、黔、滇；继而过晋，延及陕、甘；再接山海关，转上黑、吉、辽。90年代初国内电报自西北之新疆，至东南之台湾，都与上海电报总局息息相通了。国内陆线于1883年与外商大东、大北公司国际海线相接，到20世纪初，上海的国际电报已可直通日本、新加坡、菲律宾以至美国旧金山及欧洲各国。②

从19世纪末到20世纪30年代，上海电话、无线电报等事业相继创办。上海市内电话于1882年由英国商人“比晓普，设南局于十六铺，北局

---

① 张仲礼主编:《近代上海城市研究(1840—1949年)》，上海文艺出版社2008年版，第196页。

② 张仲礼主编:《近代上海城市研究(1840—1949年)》，上海文艺出版社2008年版，第201页。

于正丰街”始创，但是“卒以经费不敷而止”。1907 年 10 月，上海正式建立电话局，开办安装电话业务。1910 年，英商德律风公司发展到 1 万门电话了。无线电报始于 1908 年“上海崇明装置无线电台并设无线电报局，供官商通报，这是无线电收发商报之始”。同年，英商在汇中旅馆安装无线电报作为商用电台。受舆论反对，该电台于 1909 年由上海电报局收购，这一年上海电报局就应用 500 瓦火花式无线电报机开办船舶电报业务。①

由于法租界安全系数相对较高，再加上发达的交通系统以及信息传播系统，吸引了大量移民集聚上海，使得上海的城市规模不断扩大。据近代史专家熊月之考证：上海在 1900 年，已是超过百万人口的中国第一大城市。据不完全统计，1919 年上海已成为中国超大城市，中国 10 万人口以上的城市有 69 个，前 10 名依次是上海、广州、天津、北京、杭州、福州、苏州、重庆、香港与成都。这时，上海人口为 240 万，比第 2 名广州(160 万)多 80 万，比第 3 名天津(90 万)多 150 万，差不多是北京(85 万)的 3 倍，超过后 4 名即苏州(60 万)、重庆(52.5 万)、香港(52.5 万)、成都(50 万)4 个城市的总和。②

从统计来看，法租界的人口增速尤为明显。1865 年初，法租界的人口统计为这一时期的情况提供了精确的材料。外国人总数是 460 人，其中男子 359 人、妇女 79 人、儿童 22 人。在外国人中，法国人最多 259 人，其次是美国人 64 人、德国 42 人、英国 19 人，最少的是比利时只有 3 人(如表 1 所示)。在中国人中有 16586 人是苦力和佣人，其中 879 个佣人是外国人雇用的。

---

① 张仲礼主编：《近代上海城市研究(1840—1949 年)》，上海文艺出版社 2008 年版，第 206 页。

② 苏智良主编：《城市·空间与中共建党》，上海教育出版社 2018 年版，第 5 页。

表 1　1865 年法租界登记人口数

<table>
<tr><td rowspan="2">年份</td><td colspan="11">外国人口(人)</td><td rowspan="2">中国人口(人)</td><td rowspan="2">总数(人)</td></tr>
<tr></tr>
<tr><td rowspan="3">1865</td><td>法国</td><td>英国</td><td>德国</td><td>美国</td><td>土耳其</td><td>荷兰</td><td>比利时</td><td>奥地利</td><td>希腊</td><td>葡萄牙</td><td>意大利</td><td rowspan="3">55465</td><td rowspan="3">55925</td></tr>
<tr><td>259</td><td>19</td><td>42</td><td>64</td><td>14</td><td>12</td><td>3</td><td>10</td><td>16</td><td>14</td><td>7</td></tr>
<tr><td colspan="11">460</td></tr>
</table>

数据来源:《上海租界志》，上海社会科学院出版社 2001 年版，第 117 页。

随后，拥入法租界的移民不断增加，据 1915 年的统计，法租界登记人口数增加到近 15 万，其中，中国人口数有 14.6 万多。5 年后，法租界登记人口数达到 17 万多，中国人口数接近 16.7 万人，相比 1915 年，外国人口数增加了 1000 多人(如表 2 所示)。

表 2　1915 年至 1920 年法租界登记人口数

年份	外国人口数(人)	中国人口数(人)	总数(人)
1915	2405	146595	149000
1920	3562	166667	170229

数据来源:《上海租界志》，上海社会科学院出版社 2001 年版，第 118 页。

1920 年，维经斯基一行来到上海帮助中国早期党团组织创办外国语学社，绝不是孤军奋战，他充分借助于在上海的俄国侨民，尤其是法租界俄国侨民的掩护开展革命工作。这个时期的上海，俄国侨民大约有 5000 人，其中，法租界大约有 200 多人。① 正如日本学者石川祯浩所讲:“在不肯承认远东共和国和苏俄的北京政府所在地北京，俄国侨民类似在上海那样被接收是困难的。相比之下，在上海，魏金(维经)斯基等人从事活动的条件要好得多。这些条件，加上交通方便，使魏金(维经)斯基得以以上海为基

① 马长林:《上海的租界》，天津教育出版社 2009 年版，第 151 页。

地开展活动。”①

上海是典型的移民城市，近代上海移民通常占总人口的80%左右，这些移民来自全国各地，主要包括江苏、广东、浙江、安徽、江西、山东、河南、湖南、湖北、福建等省，这样就为全国各地人口在上海立足提供了难得的土壤，对于中国共产党的早期活动也至关重要。早期党组织和团组织以外国语学社为掩护，开展革命工作。早期党团组织的成员都来自全国各地，人口来源极为广泛，尤其是中国共产党早期组织的创始人，绝大多数是留学海外的知识分子。建党以前，中国集聚知识分子最多的地方，一是上海，二是北京。北京的知识分子主要集中在几所大学里，数量远不及上海。上海知识分子比较集中的地方，除了大学，还有诸多文化机构，包括商务印书馆和一些报刊社、律师事务所等。②

大批留学海外的革命知识分子集聚上海，特别选择在法租界居住，除了前面已经提到的相对宽松的政治环境、发达的信息通信系统和便捷的交通系统外，还要考虑到所学的知识要派上用场，要找一个能够经常聚会、交流的地方，这个地方就是位于法租界的渔阳里，外国语学社就是在渔阳里创办的革命学校。

二、外国语学社与渔阳里

在上海法租界霞飞路(今淮海中路)和环龙路(今南昌路)之间有两处里弄石库门建筑，靠近环龙路的渔阳里(现南昌路100弄)，习惯称为“老渔阳里”，建于1912年，房屋坐北朝南两层砖木结构，共8幢，与环龙路渔阳里相通。坐落在其北面靠近霞飞路的渔阳里(现淮海中路567弄)，于1917年建成，称之为“新渔阳里”，此处建筑规模较大，占地面积2960平方米，建筑总面积4005平方米，共有两层住宅33幢，砖木结构。新、老

---

① [日]石川祯浩：《中国共产党成立史》，袁广泉译，中国社会科学出版社2006年版，第95页。

② 苏智良主编：《城市·空间与中共建党》，上海教育出版社2018年版，第6页。

渔阳里通过一条弄堂连通起来，当年同属法租界，1921 年，两弄产权归陈铭德，同时改名“铭德里”。外国语学社就位于靠近霞飞路的新渔阳里。①

“里”“弄”是上海街坊的鲜明特色。当法租界以各种借口一次又一次强行辟路扩张后，街道两旁盖房建屋也逐渐兴起，出现了具有不同特色的街坊。继旧式里弄(主要以石库门建筑风格为主，这部分内容留待下面章节细述)后，以新式里弄、花园住宅、大楼公寓为主的建筑拔地而起。从 1914 年至 1930 年，在北片和中片形成一群风格不同的建筑景观，主要有华懋公寓、茂名公寓(锦江饭店)、法国总会(花园饭店)、亚尔培皇家花园(陕南邨)、阿斯屈来特公寓(南昌大楼)、凡尔登花园、白弗利花园(长乐邨)、淮海坊、乐安坊、桃源坊、林达坊、辣斐坊(复兴坊)、金谷邨、曲园(建国西路 56 弄)等，住户多为达官贵人，外侨及教会人员。②

据记载，1863 年法租界要建公董局大楼，大楼由英国建筑师克内威特设计，华人承包商是魏荣昌。魏荣昌提出造价为 39000 两银子，双方约定 15 个月完成，每延期一个月赔偿费 250 两银子，提前一个月则奖励 250 两银子。工程于 1863 年 7 月开工，并在规定期限内完工。③ 显然上海工人已基本掌握了现代建筑的建筑要领，法租界公董局大楼都能由华人企业承包建设，那么建造一般居民住房更是轻而易举。当时出现了一大批华人营造厂，而其中与租界一江之隔的浦东(当时为川沙县)地区，涌现了大量的建筑工人。

为提供适量的居民生活通道，法租界当局还辟筑了一些“局有小路”，宽度 4 至 5 米，编号管理，居民依习惯立名。如贯通吕班路、华龙路街坊小路(今重庆南路 26 弄、雁荡路 51 弄)，编为第十二号小路，习惯称“顾家弄”；贯通顾家弄与环龙路的小路(今南昌路 36 弄)，编为第十九号小

---

① 李瑊主编：《渔阳里：红色征程的起点》，上海大学出版社 2018 年版，第 56 页。

② 《故事会》编辑部编：《魅力瑞金》，上海锦绣文章出版社 2012 年版，第 6 页。

③ [法]梅朋、傅立德：《上海法租界史》，倪静兰译，上海社会科学院出版社 2007 年版，第 231 页。

路，习惯称“南顾家弄”。①

20世纪20年代前后，当时的建筑师不仅融入了鲜明的中国人文元素，还巧妙地以中西合璧的建筑风格建造了典型的具有时代特色的新式里弄建筑。这些建筑以新旧石库门为主，形成“井”字形的里弄街坊结构。当时“井”的寓意则代表“家”的含义，有“离乡背井”之说法。上海当时建“邨”“坊”“里”的时候，都风行巷前挖口“井”，寓意有“家”的感觉。

但凡称为××里的弄堂都具备最原始、最标准的石库门房子格局，为上海开埠早期的民居。连流行曲里都唱道“车是我们的报晓鸡”，就是因为天天早上头等大事、家家户户都要倒马桶。所谓七十二家房客，多集中在这××里内。一般讲，在20年代中前期竣工的弄堂，大多仍习惯以××里为名。20世纪30年代后造的弄堂大多叫××坊、××邨，但凡称为坊、邨的，不少外形已从传统石库门转型到西式元素更多的、上海人俗称“新式弄堂房子”。②

尽管当时的上海处于严酷的政治环境之下，但上海在全国独特的经济、文化地位，以及租界的存在，生活方式现代程度最高，这一切构成了巨大的“上海魅力”，吸引着大批留学日本与欧美的归国文化人以上海为栖身之地。③ 如留法归来的巴金、李健吾、戴望舒等；留英归来的徐志摩、吕叔湘、陈源等；留美归来的胡适、冰心、梁实秋等；留日的最多，如陈独秀、李达、李汉俊、陈望道、周佛海、施存统、张东荪、郭沫若等。④翻译《娜拉女郎》的留法归国青年罗玉君就曾不无感慨地说过：“巴黎留不住我，欧洲留不住我，四川太凋敝也留不住我，留住我的恰恰是上海。”⑤

---

① 《故事会》编辑部编：《魅力瑞金》，上海锦绣文章出版社2012年版，第6页。

② 程乃珊：《上海FASHION》，上海辞书出版社2005年版，第195页。

③ 忻平：《从上海发现历史——现代化进程中的上海人及其社会生活（1927—1937）》，上海人民出版社1996年版，134页。

④ 邹振环：《西书中译史的名著时代在上海形成的原因及其文化意义》，《复旦学报》1992年第3期。

⑤ 金平：《上海眷恋》，《文学报》1990年第464期。

这些归国留学的知识青年，尤其是留日的知识分子大多居住在渔阳里附近。关于渔阳里，需要重点讲述的有两个地方：一个是老渔阳里 2 号，一个是新渔阳里 6 号。后者正是外国语学社所在地，而前者却与外国语学社有着密切的联系，同在一个里弄，一个在南，一个在北。从某种意义上说，上海的早期先进分子所开展的秘密革命活动大多是在老渔阳里 2 号开展的，而绝大多数的公开和半公开的革命活动是在新渔阳里 6 号举行的，这里见证了中国共产党从酝酿到筹备，再到诞生的整个过程。

老渔阳里 2 号位于南昌路(原环龙路)100 弄 2 号，曾是《新青年》编辑部所在地。建于 1912 年，砖木结构两层式石库门建筑，坐北朝南，建筑面积约 150 平方米，花岗石门框，饰浮雕花序，水泥砂浆外墙。①

老渔阳里 2 号住宅最初为安徽都督柏文蔚的寓所。1919 年，许德珩来沪准备赴法勤工俭学，接李大钊电报，要其为陈独秀寻一处住房。此时恰逢柏文蔚赴任其他地方离沪，而柏文蔚与陈独秀相互熟悉，就介绍陈独秀来此居住。陈独秀于 1920 年初由北京来此后，此处成为马克思主义研究会和上海共产党早期组织的诞生地，《新青年》《劳动界》周刊和《共产党》月刊编辑部所在地。中国共产党成立后，为第一届中央局的办公地。

楼上厢房为陈独秀夫妇卧室，统楼为书房，楼下客厅是《新青年》编辑部，兼做会客室、会议室。陈望道、沈雁冰、李汉俊等常在此办公或居住。

1920 年春，经李大钊介绍，共产国际代表维经斯基在此会见陈独秀，商讨建立中国共产党事宜。同年 5 月，毛泽东来上海，于此会晤陈独秀，讨论马克思主义和组织湖南改造计划，与此同时，陈独秀、李汉俊、邵力子、陈望道等成立马克思主义研究会。据陈绍康考证，毛泽东 5 月 5 日抵沪后“寓哈同路民厚南里二十九号”(今安义路 63 号)。他在进行驱张运动的同时，到过老渔阳里 2 号陈独秀寓所，登门拜访曾在北京大学工作时相

---

① 《故事会》编辑部编：《魅力瑞金》，上海锦绣文章出版社 2012 年版，第 32 页。

识的陈独秀，这是一次非常重要的会见。① 毛泽东后来在同斯诺谈话时回忆起这段经历时说："我第二次到上海去的时候，曾经和陈独秀讨论我读过的马克思主义书籍。陈独秀谈他自己的信仰的那些话，在我一生中可能是关键性的这个时期，对我产生了深刻的印象。"②其后，毛泽东又"多次拜访了陈独秀和访问了霞飞路(今淮海中路 567 弄)渔阳里 6 号。"③

毛泽东所提到的这一转变时期，正是他在上海居住的这一段时间。在这段时间里，他最终选定人生之路，完成了由激进的民主主义者向马克思主义者的转变。不久，毛泽东确定了回长沙筹建党的早期组织的基本目标，使其成为中国共产党的缔造者之一。

同年 8 月，陈独秀、李达、李汉俊、陈望道等创建上海共产党早期组织，陈独秀任书记，创办以工人为对象的通俗政治读物《劳动界》周刊。同年 9 月 1 日成立新青年社，决定《新青年》独立出版，成为中国共产党机关刊物。

1921 年 7 月，陈独秀当选中共中央局书记。9 月，陈独秀回沪后，此处成为中央局机关成员陈独秀、李达、张国焘聚会处，中共上海地方委员会沈雁冰、杨明斋、邵力子、陈望道等也常来此开会。

1921 年 10 月 4 日下午 2 时，巡警突然包围了陈独秀住所，除了陈独秀被捕之外，同时被捕的还有陈独秀夫人高君曼以及包惠僧、杨明斋、柯庆施，共 5 人。上海报纸纷纷刊登陈独秀被捕的消息。经共产国际代表马林、李达和张太雷努力营救保释，《新青年》被以"过激言论"为由罚款。后中共中央局另行租房。

新渔阳里 6 号原由戴季陶租住，后由上海共产党早期组织成员杨明斋出面租下，于 1920 年在此创办上海社会主义青年团和外国语学社，后于

---

① 陈绍康：《毛泽东建党前后在上海》，《毛泽东邓小平理论研究》1993 年第 1 期。

② [美]埃德加·斯诺：《西行漫记》，董乐山译，外语教学与研究出版社 2005 年版，第 238 页。

③ 乐基伟主编：《寻踪觅影：静安"红色之旅"撷英》，上海辞书出版社 2006 年版，第 4 页。

1921年在此设立中国社会主义青年团中央机关。现为中国社会主义青年团中央机关旧址纪念馆。①

据外国语学社的学生许之桢1955年的回忆：

新渔阳里比老渔阳里造得迟，所以当时整个里弄房子都还是很新的，弄堂里都铺着水门汀，很清爽整齐，不像现在这样脏。六号后门的小弄堂路，正是现在的样子（石块路），弄堂口有一爿小香烟店，这一点我记得很清楚。因为当时巡捕房来搜查，有一个包探就坐在这爿香烟店里监视着我们的。东隔壁弄堂口的吃食店是没有的，后弄的木栅门也没有的。隔壁小弄的一边很可能是竹篱笆。

六号的大门口挂着一块"外国语学社"的木牌子，有三尺来长，一尺光景阔。写的北魏字体，漆成黑底白字。天井里不摆什么。

客堂里地板漆得很漂亮，放着一张圆桌，几只靠背椅子，是硬的，不知是何种式样。当时的家具都是租来用的，所以也相当考究，并不很坏的，但没有沙发。

客堂后面有一垛紫红色的板壁，板壁后面是扶梯，再后面便是灶间，灶间的布置记不清了。

楼下厢房里有写字台，也有长桌子，不知是否就是现在的会议桌？即上海所称的大菜台？凳子、椅子方的长的圆的都有，并不一律。前厢房对着天井的墙壁上挂有一块黑板，厢房后面还有一小间，是做厕所的，自来水也装在这里。

楼上中间，厢房，亭子间都作宿舍，床铺也不一律，有用木板的，有用棕棚的，也有睡地铺的，有的挂帐子，有的不挂。当时的铺位如何排列，现在记不清了。

楼上房间里也有长桌子、方桌子和写字台。

当时房子里已装有电灯，楼上楼下并有一些茶壶、茶杯等日常用

① 《故事会》编辑部编：《魅力瑞金》，上海锦绣文章出版社2012年版，第37页。

具，且没有热水瓶，不挂窗帘。

整幢房子的墙壁都是白色的，毫不装饰，不挂什么东西的。

有一个水门汀晒台。六号和七号的晒台，只隔一座矮墙。六号的房子是杨明斋经租的，但几时起租和几时退租已记不清了。可能是1919年的冬天租的。①

一个个来自全国各地，操着南腔北调，探寻真理的年轻人在这里相聚。三尺讲台，豪情万丈；宅子虽小，心怀天下。

三、外国语学社与霞飞路

外国语学社位于法租界，坐北朝南，前临环龙路(今南昌路)，后靠霞飞路(今淮海中路)。法租界道路大多以法国人名来命名②。被作为路名的法国人，既有政治家、宗教人士、军人，也有对法租界很有影响的人。以法国驻华公使命名的马路，如康悌路(今建国东路)；以法国驻沪领事命名的马路，如敏体尼荫路(今西藏南路)；以天主教人物命名的马路，如金神父路(今瑞金二路)；以旅沪法侨中对法租界有重要影响的人命名的马路，如环龙路；以法国军人命名的马路，如霞飞路。霞飞路是法租界里最长最直的路，东自敏体尼荫路起，西止于海格路，计首尾长5500米左右。③

霞飞在第一次世界大战中任法军总司令，在马恩河会战中阻止了德军的进攻。战后，上海法租界公董局为纪念霞飞功绩，将原宝昌路

---

① 中共上海市委党史研究室、中国社会主义青年团中央机关旧址纪念馆编：《觉悟渔阳里：上海社会主义青年团创建史料选辑(1919.5—1922.5)》，上海人民出版社2017年版，第1361—1362页。

② 在法租界的众多马路中，有两条路是以中国人的名字命名的，一条叫麟桂路，又称灵桂路；一条叫朱葆三路(今溪口路)。

③ 上海通社编：《上海研究资料》，上海书店1984年版，第331—332页。

改名为霞飞路。[1]

法租界当局为了进一步扩张而越界筑路，法国军队借口保护天主教堂、防止太平军进军，强行辟筑军路，自当时的法租界南侧，越方浜桥经斜桥至徐家汇天主教堂，时名徐家汇路（今方斜路、徐家汇路、肇嘉浜路）。次年，沿肇家浜北岸西辟。1865 年，法租界当局自公馆马路（今金陵东路）西端，越周泾（今西藏中路）筑路至北长浜（今金陵中路）路口。在八仙桥处筑坟山路（今龙门路）。1889 年，筑八仙桥街（今桃源路）。1898 年，筑狼山路北段（今马当路北段）。法租界第一次扩张辟路后，又向南筑路至卢家湾，名为卢家湾路（今重庆南路）。截至 1914 年，所筑南北向道路有敏体尼荫路（今西藏南路）、泰山路（今东台路）、华龙路（今雁荡路）、圣母院路（今瑞金一路）、金神父路（今瑞金二路）等 19 条。[2]

1914 年至 1935 年，法租界进行了第三次扩张，界内又辟筑了 14 条道路，南北向的有迈尔西爱路（今茂名南路）、马斯南路（今思南路），东西向的有高乃依路（今皋兰路）、莫利爱路（今香山路）、望志路（今兴业路，中国共产党第一次全国代表大会召开的地方就在望志路 106 号。由于望志路房屋周围环境比较僻静，有利于开展革命活动，因此，李汉俊就决定在自己的寓所召开中共一大[3]）、辣斐德路（今复兴中路）、新新街（今瑞金二路 409 弄）等。同时，延伸续辟道路 12 段，即延打靶场路（今建国西路）至金神父路（今瑞金二路），延望志路（今兴业路）至萨坡赛路（今淡水路），延西爱咸斯路（今永嘉路）至金神父路（今瑞金二路），又南辟马斯南路（今思南路）、薛华立路（今建德路）至贾西义路段（今泰康路），北延至霞飞路（今淮海中路）[4]。有外国语学社的学员回忆当时在此求学的情景时，说他

① 夏东元主编：《二十世纪上海大博览》，文汇出版社 1995 年版，第 269 页。

② 《故事会》编辑部编：《魅力瑞金》，上海锦绣文章出版社 2012 年版，第 4 页。

③ 熊月之：《中共“一大”为什么选在上海法租界举行——一个城市社会史的考察》，《学术月刊》2011 年第 3 期。

④ 《故事会》编辑部编：《魅力瑞金》，上海锦绣文章出版社 2012 年版，第 5 页。

们多数进出都是从后门霞飞路走，而基本不走前面的弄堂口。其原因在于前门弄堂口有包打听坐在烟纸店里监视外国语学社师生的活动，从后门进出为的是避开包打听的监视。

100 年间，霞飞路(今淮海中路)这条商业大街经历了初始辟筑、形成发展、改造重组、开放提升，在不断的演变中形成了独特的海派文化风格，成为国内外颇具知名度的百年商业大街。街上日平均客流量约 100 万人次，成为仅次于南京路的繁华商业街。

霞飞路于 1900 年始辟筑，1903 年经过打铁浜(今重庆中路)越界西伸，为法租界的新大马路。最初修筑时，东段以法公董局总董名命名为勃吕纳路，后于 1901 年至 1906 年改名为西江路，1906 年改名为宝昌路(宝昌路与勃吕纳路为同一人的不同译名，其人是 1892 年、1900 年至 1902 年间的法租界公董局总董)。1915 年 6 月，为颂扬在马恩河会战中有功的法国霞飞将军，更名为霞飞路。是年 8 月 4 日，霞飞将军还特地来函致谢道：

> 总领事先生：
>
> 我对于上海公董局董事会，将我的名字来做一个界内的路名，是极其感动的。所以，我特托你将我的热烈敬意转达于该董事会。
>
> 我还留意着一个我在上海时极其良好纪念，我对于你信中所说的那一条路，还记得很清楚。我求你接受，总领事先生：我至好情感的保证。①

早在 1885 年，霞飞还是一个年轻的法国士兵时曾乘船到上海游玩过。1922 年，他再度来访受到隆重欢迎并举行了揭牌仪式。②

1929 年在霞飞路建造的华懋公寓(锦江饭店)在国际饭店问世之前是上海最高的建筑，成为一时的地标。街道弥漫着一股浓郁的欧陆风情，居民

① 上海通社编：《上海研究资料》，上海书店 1984 年版，第 332 页。

② 项慧芳：《上海美法租界寻旧》，人民文学出版社 2018 年版，第 220 页。

来自世界各地。

1943 年 10 月，汪伪上海特别市政府改霞飞路为泰山路。1945 年 10 月，上海特别市政府为纪念原国民政府主席林森。将宁波路、泰山路、庐山路统合更名，改名为林森东路、林森中路和林森西路。1950 年 5 月 25 日，上海市人民政府公告更名为如今的淮海中路，纪念具有重大历史意义的淮海战役。淮海路自 1900 年辟筑延伸，全段跨卢湾、徐汇和黄浦三区。横贯东西，东起西藏南路，西至华山路，接淮海西路，全长 4995 米，是上海市区最长的东西干道之一。①

受法大马路(今金陵路)和英大马路(今南京路)商业的影响，八仙桥地区逐步形成近代商业区，并沿宝昌路(今淮海中路)由东向西发展。清末民初，八仙桥宝昌路段，已有泰昌洋服号、恒来和记绸布庄、永亮药号、华新理发店、大东食品店、乾泰兴茶号等有一定规模的商号。20 世纪 20 年代前后，霞飞路(今淮海中路)沿街房屋和店铺增多，专营商店逐渐出现。1918 年，日商在"外国坟山"(今淮海公园)东首开设专营皮鞋的高岗洋行。1924 年，国人开设文安皮鞋店。葛罗路(今嵩山路)一带，设有兴康祥、星星、国民、上海、兴丰、德昌、汇利、天天、钧益、郑顺昌等 10 家西服号。② 商业街初具雏形。

20 世纪 20 年代中期至 30 年代初，霞飞路两侧已耸立着公寓、大楼、新旧各式里弄房屋，形成庞杂的居民住宅区。其道路与建筑的风格，都带有法兰西格调的欧陆风情。流亡上海的俄国侨民把谋生的活动中心移向霞飞路，他们对推动法租界商业的繁荣起了很大的作用。短短几年中，他们开设了 60 多家商店，从而使霞飞路中段迅速成为十分繁华且富有浓郁异国情调的商业街。俄国侨民所开设的商店，大多汇集于霞飞路、马斯南路(今思南路)至亚尔培路(今陕西南路)段。当时，霞飞路、金神父路(今瑞金二路)、圣母院路(今瑞金一路)环周一带，俄侨开设的商店和咖

---

① 《故事会》编辑部编:《魅力瑞金》，上海锦绣文章出版社 2012 年版，第 55 页。

② 《故事会》编辑部编:《魅力瑞金》，上海锦绣文章出版社 2012 年版，第 56 页。

啡馆密布，这一区域的楼宇弄堂内居住了许多俄侨和其他欧美侨民，逛街购物的外侨触目皆是，处处洋溢着浓郁的俄罗斯风情。一时间，人们称这片社区为“东方圣彼得堡”，称霞飞路为“涅瓦大街”和“罗宋大马路”①。

1920 年的上海，有大约 5000 名俄侨，主要生活在法租界霞飞路一带。他们中有一些人拥护布尔什维克。这为维经斯基等人在上海的活动提供了很大的方便，无形中起了掩护作用。维经斯基在给俄共(布)中央西伯利亚局东方民族处的信中，告知他在上海的通信地址，一是俄侨在上海的一个进出口公司“全俄消费合作社”，一是俄文《上海生活》报，那是俄侨 1919 年在上海创办的第一份俄文日报。② 这两个机构都在法租界。维经斯基在上海住了几个月，活动频繁；维经斯基夫人在霞飞路外国语学社教授俄文。如果法租界霞飞路一带没有那么多俄侨，他们就会特别显眼。③

20 世纪 20 年代后期，霞飞路形成了东、中、西三段不同的商业风格。东段，敏体尼荫路(今西藏南路)至白来尼蒙马浪路(今马当路)，开设西服店较多，经营中、低档西服，不少店还设有买卖旧西服和以旧换新业务；中段，马浪路(今马当路)至马斯南路(今思南路)以经营时装、珠宝为特色；西段，由马斯南路(今思南路)至亚尔培路(今陕西南路)，外侨商店居多，经营高档服装、鞋帽、金银首饰、百货等，尤以西餐、西点、咖啡、酒吧而著称于沪上。那时，霞飞路上绿树成荫，店面小而多，商品精而特，购物环境轻松悠闲。④ 建筑的独特和商铺的特色，营造了霞飞路独具魅力的生活样式，不断吸引着文化精英、新思潮者汇聚，由此而成为闻名遐迩的时尚街区。

随着 20 世纪二三十年代经济发展和人口增长，特别是霞飞路的商业发展、沿路的花园住宅大多被翻建，诸如培文公寓、永业大楼、泰山公寓、

---

① 《故事会》编辑部编：《魅力瑞金》，上海锦绣文章出版社 2012 年版，第 56 页。

② 汪之成：《近代上海俄国侨民生活》，上海辞书出版社 2008 年版，第 318 页。

③ 熊月之：《中共“一大”为什么选在上海法租界举行——一个城市社会史的考察》，《学术月刊》2011 年第 3 期。

④ 《故事会》编辑部编：《魅力瑞金》，上海锦绣文章出版社 2012 年版，第 57 页。

茂名公寓等一批商住两用的大楼公寓拔地而起，大楼背后和辐射道路上建造了诸如淮海坊等带有卫生设备的新式里弄住宅。国泰大戏院、兰心大戏院等娱乐设施也相继兴建。法租界当局营造了法国公学（今科学会堂）、法租界公董局办公楼（比乐中学旧址）及公董局警务大楼（卢湾公安分局旧址）等公共建筑。

外国语学社前面的一条马路就是环龙路，在20世纪初期这条马路分为两段：华龙路（今雁荡路）以东，为1902年所筑，称为军官路，1920年后以在欧战中阵亡的法国军官陶尔菲斯命名；华龙路以西为环龙路。①

1911年5月，由中国人自己建造的万国跑马场建成并举行开幕大典。法国人环龙携带山麻式单引擎单翼和双翼飞机各一架来到上海参加庆典并进行飞行表演。此前，环龙曾在上海表演过空中飞车技术，深受上海人喜欢。

> 1911年5月6日，环龙驾着山麻式双翼飞机，现在江湾五角场万国体育会上空，绕场飞行，后飞往市区，在跑马场上空表演。这是上海人第一次看到载人飞行器，也是中国境内第一次出现飞机，所以，引起了上海人的极大好奇，门票也被订购一空。飞机在广场上空飞行了几圈后，突然出现故障，引擎起火，在这紧急关头，环龙完全可以跳伞自救，但他看到下面密密麻麻的人群，为避免飞机落入人群中造成大量人员伤亡，他努力将飞机迫降，结果观众无一人伤亡，而环龙却丢失了性命。环龙的行为赢得了上海各界的好评。②

1914年，为纪念环龙，法租界当局将其中一条与顾家宅公园（复兴公园）相通的马路，命名为环龙路。革命烈士方志敏在《可爱的中国》中写道：

---

① 中共上海市卢湾区委党史研究室编：《老话上海法租界》，上海人民出版社1994年版，第71页。

② 项慧芳：《上海美法租界寻旧》，人民文学出版社2018年版，第237页。

“有几个穷朋友，邀我去游法国公园(复兴公园)散散闷。一走到公园门口就看到一块刺目的牌子，牌子上写着：‘华人与狗不准进园’几个字，这几个字射入我的眼中时，全身突然一阵烧热，脸上都烧红了。这是我感觉着从来没有受过的耻辱!”①方志敏提到的“法国公园”就是顾家宅公园，现为上海复兴公园。查阅史料，确有公园章程的记载，“第一条第一项便明白规定：不许中国人入内，但是照顾外国小孩的阿妈，伺候外国主人的仆欧，却得特准入园，为其洋主人服务。第二条便是不许狗入园了，惟以有人牵带和加套口罩为条件。”②其实，不仅仅是当时“法国公园”，在上海的其他公园也是如此。蔡和森写道：“上海未开埠以前，一草一石，那(哪)一点不是华人的？但是既开埠以后，租界以内，最初是不准华人居住的，而‘华人与犬不得入内’的标揭，至今还悬挂在外国公园的门上!”③1924年，孙中山在演说中也表达了同样的愤怒，“上海的黄浦滩和北四川路那两个公园，我们中国人至今都是不能进去。从前在那些公园的门口，并挂一块牌说：‘狗同中国人不许入’”④。近代史专家胡绳考证，“华人与狗不得入内”的牌子确实是有的。⑤ 把狗与中国人并列，并拒之公园门外，这是当时西方列强在中国土地上作威作福的一个缩影，成为中国人挥之不去的屈辱记忆。

1942年，陶尔斐司路与环龙路合并，改称为南昌路。南昌路包括租界时代的陶尔斐司路和环龙路。陶尔斐司路为今南昌路东端重庆南路与雁荡路之间的一小段，1902年法租界公董局越界修筑，最初的名称为军官路、1920年以法国军官陶尔斐司改名为陶尔斐司路。南昌路沿路传统上为住宅区，沿路多为别墅群。这里有著名的110号—134号上海别墅、136号—

---

① 《方志敏文集》，人民出版社1985年版，第126页。

② 上海通社编：《上海研究资料》，上海书店1984年版，第483页。

③ 《蔡和森文集》，人民出版社1980年版，第390页。

④ 《孙中山选集》，人民出版社1981年版，第981页。

⑤ “从五四运动到人民共和国成立”课题组：《胡绳论“从五四运动到人民共和国成立”》，社会科学文献出版社2001年版，第31页。

146 号别墅等。东段雁荡路口 47 号的科学会堂，原为法童公学。① 复兴公园则在路的南侧。

南昌路 59 号这幢深灰色两层小楼曾是孙中山和夫人宋庆龄在上海最早的寓所。中国同盟会会员张静江也曾在此居住过。南昌路 100 弄 2 号，曾是《新青年》编辑部旧址。当此寓所为陈独秀居住后，不久即成为马克思主义研究会和中国共产党早期组织诞生地，成为《劳动界》周刊和《共产党》月刊编辑部所在地，中国共产党成立后，亦为中共中央局最早办公地。南昌路 100 弄 5 号曾是中华革命党上海总机关部旧址，1914 年 7 月成立，孙中山组织中华革命党，陈其美任总务部长。1915 年 10 月设立中华革命党上海总机关部，主持人陈其美。陈其美曾与叶楚伧在此商办《民国日报》，做革命舆论宣传，同年 11 月 10 日成功组织刺杀上海镇守使郑汝成，于 12 月 5 日发动肇和舰起义。陈其美等人以此为指挥部。南昌路 180 号，于 1924 年 2 月至 1926 年 1 月，为第一次国共合作时期国民党在上海的重要活动场所。1924 年 1 月，中国国民党第一次全国代表大会召开，决定在北京、上海、汉口等地建立中央派出机构——执行部。上海执行部管辖苏、皖、赣、浙 4 省和上海市党务。2 月 25 日，国民党中央上海执行部召开第一次执行委员会议，3 月 1 日上海执行部正式办公，办公地址即是这幢楼房。②

时过境迁，历史的车轮滚滚向前，不管是早期先进分子时常走过的环龙路，还是外国语学社所在的霞飞路都已发生了改变，改变的是旧时的法租界，改变的是居住在这里的一代代居民，改变的是路边各具特色的店铺，而永远不能改变的是那些镌刻着中国人无法忘却的屈辱历史。

四、外国语学社与石库门

外国语学社的房屋结构属于典型的石库门里弄建筑。石库门是一种融汇了西方文化和汉族传统民居特点的新型建筑，是最具上海特色的居民住

---

① 《故事会》编辑部编：《魅力瑞金》，上海锦绣文章出版社 2012 年版，第 65 页。
② 《故事会》编辑部编：《魅力瑞金》，上海锦绣文章出版社 2012 年版，第 66—67 页。

宅。“石库门”一词最早是在1872年9月27日的《申报》房屋出租广告中出现的：

> 启者今有新造厅式楼房一所在石库门内计十幢四厢房后连平屋五间坐落石路中三元轩街内倘有，贵客预租者即请至老闸养德药铺间壁街内向本号面议可也。九月二十七日　洪元成谨启。①

汉语中把围束的圈叫作“箍”，如“金箍棒”“箍桶”“袖箍”（即袖标）。这种用石条围束门的建筑被叫作“石箍门”，宁波人发“箍”字音发的是“库”，以后上海的“石箍门”就叫为“石库门”了。石库门建筑的平面和空间更接近于江南传统的二层楼的三合院或四合院形式，保持着正当规整的客堂，有楼上安静的内室，还有习惯中常见的两厢。这种建筑还基本保持了中国传统住宅对外较为封闭的特征，虽身居闹市，但关起门来却可以自成一统。于是，这“门”也就变得愈加重要。它总是有一圈石头的门框，门扇为乌漆实心厚木，上有铜环一副。这种式样的建筑被上海人称为“石库门”。

对于石库门的印象，上海作家王安忆在《长恨歌》中写道：

> 上海的弄堂是形形种种，声色各异的。那种石库门里弄是上海弄堂里最有权势之气的一种，它们带有一些深宅大院的遗传，有一副官邸的脸面，它们将森严壁垒全做在一扇门一堵墙上。一旦开进门去，院子是浅的，客堂也是浅的，三步两步便走穿过去，一道木楼梯在了头顶。木楼梯是不打弯的，直抵楼上的闺阁，那二楼的临了街的窗户便流露出了风情。上海东区的新式里弄是放下架子的，门是镂空雕花的矮铁门，楼上有探身的窗还不够，还要做出站脚的阳台，为的是好看街市的风景。院里的夹竹桃伸出墙外来，锁不住的春色的样子，但

① 田汉雄等编著：《上海石库门里弄房屋简史》，学林出版社2018年版，第22页。

> 骨子里头却还是防范的，后门的锁是德国造的弹簧锁，底楼的窗是有铁栅栏的，矮铁门上有着尖锐的角，天井是圈在房中央的，一副进得来出不去的样子，西区的公寓弄堂是严加防范的，房间都是成套，一扇门关死，一夫当关万夫莫开的架式，墙是隔音的墙，鸣犬声不相闻的，房子和房子是隔着宽阔地，老死不相见的。但这防范也是民主的防范，欧美风的，保护的是做人的自由，其实是做什么就做什么，谁也拦不住的。①

石库门建筑的门楣部分是最为精彩的部分。这里装饰最为丰富，“哪怕那种最简陋的一楼一底的单开间石库门弄堂，弄口也必会矗起一个巍巍的牌坊式的门面，通常是用青灰或赭红的砖石砌成一个拱形的、很有点欧式味道的入口”②。

石库门建筑由其“门”而得名。石库门也逐步成了上海传统弄堂住宅的代名词和一种标志。早期的石库门产生于19世纪70年代初，它脱胎于江南民居的住宅形式，一般为三开间、五开间或七开间，具有强烈的中国房屋的元素，保持了中国传统建筑以中轴线左右对称布局的特点。老式石库门住宅，一进门是一个横长的天井，两侧是左右厢房，正对面是长窗落地的客堂间。客堂宽约4米、深约6米，为会客、宴请之处。客堂两侧为次间，后面有通往二层楼的木扶梯，再往后是后天井，其进深仅及前天井的一半，有水井一口。后天井后面为单层斜坡的附屋，一般做厨房、杂屋和储藏室。整座住宅前后各有出入口，前立面由天井围墙、厢房山墙组成，正中即为“石库门”，以石料做门框，配以黑漆厚木门扇，后围墙与前围墙大致同高，形成一圈近乎封闭的外立面。③ 所以，石库门虽处闹市，却仍有一点高墙深院、闹中取静的好处，颇受当时居住在法租界早期革命者的

---

① 徐艳文：《上海传统民居石库门》，《资源与人居环境》2018年第8期。

② 程乃珊：《上海FASHION》，上海辞书出版社2005年版，第192页。

③ 田汉雄等编著：《上海石库门里弄房屋简史》，学林出版社2018年版，第24页。

欢迎。

19 世纪后期，上海开始出现用传统木结构加砖墙承重建造起来的住宅。这种中西建筑艺术相融合的石库门作为建筑和文化的产物，在中国近代建筑史上留下了深深的烙印。它的出现是一种城市生活的必然。洋场风情的现代化生活，使庭院式大家庭传统生活模式被打破，取而代之的是适合单身移民和小家庭居住的石库门弄堂文化。石库门里的“亭子间”“客堂间”“厢房”“天井”以及“二房东”“白相人嫂嫂”“七十二家房客”等与石库门有关的名词成为老上海们温馨的记忆。①

20 世纪 20 年代起，老式石库门逐渐被新式石库门取代。新式石库门大多采用单开间或双开间，双开间石库门只保留一侧的前后厢房，单开间则完全取消了厢房。新式石库门在内部结构上的最大变动是后面的附屋改坡顶为平顶，上面搭建一间小卧室，即亭子间。亭子间屋顶采用钢筋混凝土平板，周围砌以栏杆墙，做晒台用。为了减少占地面积、节省建筑用材，新式石库门还缩小了居室的进深，降低了楼层和围墙的高度。

石库门住宅的格调是联排行列式布局，每列有少则六七栋，多则十几、二十几栋住宅不等，每栋住宅的式样都完全一样。通常是由大门进入，首先为天井，接着是客堂，客堂内的门多为落地长窗，客堂后面有出入口及称为“灶披间”的厨房，客堂与厨房之间设有楼梯和后天井。客堂两侧是对称的厢房，从前到后依次为前厢房、中厢房和后厢房。二层与一层空间构成相同，客堂上层为前楼，厨房上层为晒台，是夏季傍晚乘凉、晾晒衣服等的活动场所，后厢房上层的房间即是被称为“亭子间”的小房间，每栋住宅都有一个显著的外形：石库门式的大门，门框石条多为花岗石或宁波红石，门扇用厚木料实拼而成，门面漆成黑色，有铜环或铁环一对。②

与老式石库门相比，新式石库门在外观上亦有所不同，新式石库门外墙面多用清水青砖、红砖或青红砖混用，石灰勾缝，而不是像老式石库门

---

① 《老上海印记：石库门》，《青岛画报》2019 年第 5 期。

② 马长林：《上海的租界》，天津教育出版社 2009 年版，第 198—199 页。

那样用白色石灰粉刷，老式石库门常用的马头墙或观音兜式的山墙也已不再使用。另一个重要的区别是，新式石库门不再用石料做门框，而改用清水砖砌，门楣的装饰也变得更为复杂。早期的石库门门楣常模仿江南传统建筑中的仪门，做成中国传统砖雕青瓦压顶门头式样，而新式石库门受西方建筑风格的影响，常用三角形、半圆形、弧形或长方形的花饰，类似西方建筑门窗上部的山花楣饰，这些花饰形式多样，风格各异，是石库门建筑中最有特色的部分。有些新式石库门还会在门框两边使用西方古典壁柱的样式，作为装饰。20 世纪 20 年代后许多新建的石库门住宅，在外观上出现了希腊和罗马等多国形式的风格，装饰了许多模仿西洋建筑的雕花图案，风格不一，成为一道道独特的风景线。① 总之，新式石库门在建筑风格上更加西方化了。

早在 1855 年，上海小刀会起义②后，上海老城厢及周边郊区的华人绅商和一些平民百姓为躲避战争带来的灾难，纷纷迁居租界，租界内华人由原来的 500 人增加到 2 万人。③ 迁居人口的增加引起居住房屋供不应求，在租界内一批有商业头脑的英国商人便乘机建造大批成本很低的木板房出租给华人居住。一位有权势的外国商人明确地表达了他的欲望，“我所关心的，却是如何不失丝毫时机，发财致富；我的钱如果没有更有利的运用方法，自然只得将地皮租给中国人，或造房子租给他们，以取得三分到四分的利息。我们是挣钱，尽我们的能力，挣得越多越好、越快越好。为了达到这个目的，凡是法律所许可的方法和手段个个都好。”④这些木板房一般采用联排式整体布局，并取某某“里”为其名称，是后来上海里弄住宅的雏形。⑤

① 马长林：《上海的租界》，天津教育出版社 2009 年版，第 199 页。

② 小刀会是清代民间流行的秘密团体。1851 年传到上海，属天地会支派。在太平军攻克南京和福建小刀会起义的影响下，上海各秘密团体相继合并于小刀会，会员一度达到数千人。

③ ［法］梅朋、傅立德：《上海租界史》，倪静兰译，上海译文出版社 1983 年版，第134 页。

④ 《上海公共租界史稿》，上海人民出版社 1980 年版，第 348 页。

⑤ 马长林：《上海的租界》，天津教育出版社 2009 年版，第 198 页。

19 世纪 70 年代后，因容易燃烧，不安全，这类早期木板房被法租界当局取缔，于是出现了用砖木结构建造的石库门里弄住宅。这种住宅的造价虽比木板房高，但因施工考究，用地经济，维修费用低，很快风靡上海租界。这种石库门住宅沿用了中国传统民居三合院、四合院的住宅形式，同时又采用了当时欧洲流行的联排式格局，既节省了空间，又能够满足独户多口人家居住的需要。

在石库门里弄住宅盛行时期，随着居住人士籍贯的不同，还从中脱胎出一类广式里弄住宅。这种广式里弄住宅约始于 20 世纪初、在 1910 年前后到 1930 年前后兴建较多，主要分布在虹口吴淞路、武昌路等处广东人居住较多的地段。这类房屋高度较低，外观类似于广州城市中心的旧住宅，因而被称为广式里弄住宅。① 老的广式里弄住宅多为单开间二层联排式，层高较普通石库门房屋为低，通常多是几户人家合用一幢。1919 年以后开始建造的新广式里弄住宅的开间进一步缩小，房屋进深也缩短，层高降低，平面设计更加紧凑，建筑材料也有所改进，但是居住条件相对较差，适合小商贩、小职员和有稳定收入的工人居住。②

由于民族资本崛起等原因，上海工商企业经营活跃，城市经济发展也颇具规模，能过优裕生活的中小资产阶级的队伍日益壮大，为满足这部分人住宅消费的需要，新式石库门里弄住宅在对老式石库门里弄住宅改进的基础上脱颖而出。新式石库门里弄住宅的空间安排由原先的三间二厢改为单开间和两间一厢，总体面积减少，更适合小户人家居住。里弄的规模也较前扩大，有的一条里弄可以包括整个街坊。最大的特点是新式石库门里弄住宅多选择紧靠商业街、购物和交通方便，而环境又相对安静的好地段，住宅空间设计多样，设施先进。房间的设计分起居室、卧室、浴室、厨房等，多装有卫生设备，用上抽水马桶。室内装饰多用洋松、柳桉等优质木材，门窗多用钢结构。有的在宅前还设有一个小庭院，可以植树种

① 赵李娜：《上海石库门生活习俗》，中州古籍出版社 2017 年版，第 10 页。
② 赵李娜：《上海石库门生活习俗》，中州古籍出版社 2017 年版，第 16 页。

花。像位于今淮海中路1924年建造的“尚贤坊”、今建国西路上1925年建造的“康业里”、今延安路上1931年建造的“福明村”等，都属于新式里弄住宅的典型，至今仍保持着独特的风貌。[①] 据不完全统计，在20世纪40年代，上海大约有9240条弄堂、20万幢石库门房子，占了当时居民四分之三以上。[②]

在法租界，由于公董局认为石库门之类中式建筑房屋质量差，防火和安全等方面存在问题，故在1900年就作出决议，在嵩山路以西区域禁止建造木材和土墙构筑的中式简陋房屋，必须以欧洲的采用砖头和石块做建筑材料，房屋的设计图要经过公董局工程师的审批。1914年又规定在顾家宅公园（今复兴公园）周围的辣斐德路、华龙路、金神父路和宝昌路之间的四方区域内，只准建造西式房屋。1921年又再次规定：在公馆马路、霞飞路等主要道路上，如要建造中式房屋，该房屋的外立面必须是西式模样。虽然公董局制定了一系列限制建造中式房屋的规定，但在法租界东区和中区，这些规定实际受到了中国人的反对和抵制，而在法租界西区，因属新开发的地区，那里外国侨民居住较多，公董局的这些规定比较容易执行，由此在法租界西部区域（今徐汇区复兴西路、永福路、衡山路等一带），则几乎没有石库门建筑，有的多是一幢幢花园别墅小洋房。[③]

> 法租界的西区是上海唯一经过精心设计的住宅区，有优质的宽阔马路。上海的外国人的住房不足问题，可望在这个区里得到解决。1920年前的八年里，法租界共有欧洲人住宅423幢，而1920年和1921年两年里，就造了552幢。[④]

---

① 马长林：《上海的租界》，天津教育出版社2009年版，第199页。

② 赵李娜：《上海石库门生活习俗》，中州古籍出版社2017年版，第29—30页。

③ 马长林：《上海的租界》，天津教育出版社2009年版，第200页。

④ 徐雪筠等译编：《上海近代社会经济发展概况（1882—1931）——〈海关十年报告〉译编》，上海社会科学院出版社1985年版，第216页。

规模较大的里弄石库门常常采取“周边式”和“排列式”相结合的总体布局，四周沿街房屋底层辟为商铺，底层以上楼层用作住宅，弄内建筑为行列式布置，在弄口处用过街楼封闭起来，有效隔离了内外的生活空间和环境。这就有效强化了里弄的预警性。就单个石库门建筑而言，均为独门独户修建而成。每个建筑修建了很高的围墙，这不仅有助于形成一个封闭的空间，同时进一步加强了建筑的安全性。① 此外，无论旧式还是新式石库门均设有前后两个大门，这便利了住户在紧急情况下的逃离。② 上海共产党早期组织正是利用了石库门这些独特优势开展建党活动的。有研究显示，中共一大召开期间，法租界巡捕房巡捕程子卿闯入会场之后，一大代表迅速撤离，但他们并没有按照惯常的做法从后门撤离，而是从前门走出，这也证明了石库门建筑的两门结构在突发事件中的重要作用。③

由于法租界中区人口流动比较频繁，石库门里弄建筑四通八达，区内居住的居民成分非常复杂，利于长期隐蔽，所以职业革命家往往把秘密据点设在中区的石库门房屋里面。树德里、渔阳里、延庆里都与周边的马路相连，一旦出现意外，撤退逃走较为方便。这些因素，正是职业革命家们所看重的。这也是陈独秀、李汉俊、李达、杨明斋、俞秀松、陈望道等人集聚在这里开展建党活动的原因所在。

外国语学社地处法租界中区，它是联排建造的外立面具有法国建筑风格的石库门中的其中一隅，但这所背靠霞飞路、南望环龙路的红色学堂，却演绎着一段不同寻常的革命故事。那么，外国语学社究竟是一所什么性质的学校？这正是下一章将要讨论的内容。

---

① 王绍周、陈志敏编：《里弄建筑》，上海科学技术文献出版社 1987 年版，第 134 页。

② 苏智良主编：《城市 · 空间与中共建党》，上海教育出版社 2018 年版，第 45 页。

③ 中共中央党史研究室、中央档案馆编：《中国共产党第一次全国代表大会档案文献选编》，中共党史出版社 2015 年版，第 176 页。

第三章　外国语学社与相关组织

外国语学社是上海共产党早期组织创办的一所革命干部学校，它是专为培养党的青年干部而创办的。学社通过输送学员到莫斯科东方大学学习，为党和国家培养了大批卓越领导者和优秀专业人才，对中国革命事业产生了重要影响。外国语学社与在上海创办的各类党的组织有着密切的联系。

一、外国语学社与马克思主义研究会

1920 年 2 月，陈独秀为躲避北京反动军阀政府的迫害，在李大钊的亲自护送下坐骡车由北京出发到达天津，其后陈独秀乘火车到达上海。在护送途中，李大钊和陈独秀商讨了在中国建立党组织的问题，相约在北京和上海分别开展建党活动。

李大钊回到北京后，与革命青年邓中夏、高君宇、何孟雄等人经过多次酝酿、讨论交流，决定首先组织一个马克思主义研究团体，以便为建立共产党早期组织做思想和组织上的准备。

1920 年 3 月，中国第一个以研究马克思主义，建立先进政党为目的的研究会在北京大学正式成立，即马克思学说研究会。研究会的成员有邓中夏、高君宇、黄日葵、范鸿劼、何孟雄、朱务善、罗章龙、张国焘、刘仁静等，他们都是五四运动成长起来的革命青年，以北京大学学生为主，其他学校个别革命青年也有参加。为支持研究会开展革命活动，校长蔡元培安排了研究会的活动场所，名为“亢慕义斋”，即英文 Communism（共产主义)的音译。

成立马克思学说研究会主要考虑，一方面，马克思主义的著作博大精深，单独研究是一件不太好完成的事情；另一方面，搜集马克思主义的书籍也是研究的重要一部分，关于书籍一项，也是个人不容易解决的问题。“所以各人都觉得应有一个分工互助的共学组织，祛除事实上的困难，上年三月间便发起了这一个研究会。”①

> 这个研究会刚成立时是秘密的，没有登报，直到1921年11月才正式公开。这是中国最早的一个学习和研究马克思主义的团体、成员中有马克思主义者，也有对研究马克思主义有兴趣但还不是马克思主义者的人。他们绝大多数是北京大学的青年学生，也有个别几个是那里的教师。建立这个团体，是李大钊把“对于马克思学说研究有兴味的和愿意研究马氏学说的人”联合起来的最初尝试。②

马克思学说研究会成立后，其成员通过收集马克思主义的经典著作，进行专题研究，举办谈论会、辩论会以及宣讲会等各种形式学习和研究马克思主义，并在工人中宣传马克思主义。

马克思学说研究会的成员朱务善回忆说，成立研究会，是马克思主义者的结合，为建立中国共产党做准备，实际上，后来参加党的人就是组织研究会的发起人，但并非所有的发起人都参加了党。③

马克思主义研究会的成立晚于北京马克思学说研究会。1919年6月，先进知识分子在上海三益里创办了中国较有影响的《星期评论》周刊。《星期评论》与陈独秀、李大钊创办的《每周评论》齐名，被誉为“舆论界中最亮的两颗明星”。该刊以批判的立场，提倡新文化，宣传社会主义。社址初

---

① 《北京大学日刊》，1921年11月17日出版。

② 沙健孙主编：《中国共产党通史》第1卷，湖南教育出版社1996年版，第299页。

③ 沙健孙主编：《中国共产党通史》第1卷，湖南教育出版社1996年版，第299页。

设于爱多亚路(今延安东路)新民里 5 号，后搬至白尔路三益里(今自忠路 163 弄)17 号，编辑部所在的石库门住宅也是李汉俊及其胞兄李书城的家。这里聚集了一大批革命青年。1920 年 3 月，俞秀松进入星期评论社工作，他在日记中写道：“这里的同志，男女大小十四人，主张都极澈(彻)底。”[①] 在俞秀松入住三益里 17 号之后，施存统、陈公培也相继住了进来。

陈独秀回到上海，入住法租界老渔阳里 2 号后不久，就开始着手组建党的组织。

环龙路老渔阳里 2 号(今南昌路 100 弄 2 号)

① 《青运史资料与研究》第 3 辑，中国社会科学院青少年研究所青运史研究室 1983 年版，第 114 页。

1920年5月，陈独秀邀请《民国日报》副刊《觉悟》的编辑邵力子，《解放与改造》的编辑张东荪，星期评论社的李汉俊、戴季陶、沈玄庐、陈望道、施存统以及居住在新渔阳里6号的杨明斋等人商讨成立马克思主义研究会，推选陈独秀为研究会的负责人。杨之华在回忆文章中提道：那时“共产主义小组的名称，大概是‘马克思主义研究会’，还没有叫‘共产党’，俞秀松、邵力子、沈玄庐都参加了这个研究会”①。

邵力子是研究会的重要成员之一，他清楚地记得：“马克思主义研究会开始时，只是翻译和写文章宣传马克思主义。李汉俊、李达、陈望道三人写得较多，后来周佛海也写一点，他们都是日本留学生。”②马克思主义研究会对于那些反对马克思主义的报刊，如上海的《时事新报》副刊《学灯》，北京的《晨报》等开展斗争。

关于马克思主义研究会，陈望道专门撰文回忆过，他写道：

> 我于一九二〇年四、五月间到上海。……大家住得很近(都在法租界)，经常在一起，反复的谈，越谈越觉得有组织中国共产党的必要，便组织了“马克思主义研究会”。这是一个秘密的组织，没有纲领，会员入会也没有成文的手续，参加者有：陈独秀、沈雁冰、李达、李汉俊、陈望道、邵力子等，先由陈独秀负责，(当时就称负责人为“书记”)不久陈到广州去。一九二〇年年底以后，要紧的事，由李汉俊、陈望道、杨明斋三、四个人讨论(不是全体同志参加)，组织仿苏联共产党。那时候，我们时常在环龙路渔阳里开会(现在已改为纪念馆)，陈独秀住在这里，我后来也搬到这里来住。③

---

① 《杨之华的回忆》，《“一大”前后：中国共产党第一次代表大会前后资料选编》(二)，人民出版社1980年版，第26页。

② 邵力子：《党成立前后的一些情况》，《“一大”前后：中国共产党第一次代表大会前后资料选编》(二)，人民出版社1980年版，第68页。

③ 陈望道：《回忆党成立时期的一些情况》，《“一大”前后：中国共产党第一次代表大会前后资料选编》(二)，人民出版社1980年版，第20页。

马克思主义研究会的成员大多住在陈独秀的渔阳里寓所，即老渔阳里2号附近。俞秀松、施存统等人住在白尔路三益里17号的星期评论社，邵力子的寓所在三益里5号，这几个地方离得比较近。[①] 陈望道原住在邵力子三益里的家里，后搬到陈独秀寓所居住，李达也住在这里。李汉俊住在相隔不远的树德里。沈雁冰由于在商务印书馆工作，就住在该馆附近。杨明斋等人则住在与陈独秀寓所同一条弄堂的外国语学社所在地（当时还未创办）。

陈望道在关于马克思主义研究会的回忆文章中，特别提到研究会开展的多项工作中就包括“办了一个青年学校”[②]。这所学校指的就是与马克思主义研究会创建地相隔不远、同在一条弄堂的外国语学社。据曾经参加马克思主义研究会的沈雁冰讲：“外国语学校（即外国语学社），地址在渔阳里，和陈独秀住的地方很近。外国语学校后来成为社会主义青年团的机关。学校存在的时间很短，记得有杨明斋（华侨）在那里教俄文。”[③]

马克思主义研究会是继3月北京李大钊等人组织的马克思学说研究会之后，中国出现得最早的马克思主义革命团体之一。在研究会的成员中，陈独秀、李汉俊、李达、陈望道都有日本留学背景，所需马克思主义书籍主要从日本带回国内，相较于其他成员，对马克思主义的经典著作了解得更多。石川祯浩在他的著作中谈到，马克思主义研究会的李达、李汉俊、陈望道等先进知识分子在留学日本时对马克思主义产生极大的兴趣，“因而在回国时带回了许多日本的有关社会主义的文献”[④]。

---

① 《俞秀松传》编委会编：《俞秀松传》，浙江人民出版社2012年版，第68页。

② 陈望道：《回忆党成立时期的一些情况》，《“一大”前后：中国共产党第一次代表大会前后资料选编》（二），人民出版社1980年版，第21页。

③ 沈雁冰：《回忆上海共产主义小组》，《“一大”前后：中国共产党第一次代表大会前后资料选编》（二），人民出版社1980年版，第47页。

④ ［日］石川祯浩：《中国共产党成立史》，袁广泉译，中国社会科学出版社2006年版，第38页。

当时担任《民国日报》副刊《觉悟》的编辑邵力子也参与了马克思主义研究会的创建工作，他回忆：“一九二〇年五月间在上海组织‘马克思主义研究会’。参加研究会的有：李达、李汉俊、沈玄庐、施存统、陈独秀、陈望道、戴季陶、邵力子等。……研究会成立半年多，逐渐转变成共产主义小组的性质。成员起了一些变化，有的因思想习惯，有的因工作关系，先后退出。”①

后来《民国日报》副刊《觉悟》还刊登了《马克思学说研究社章程》，很可能是“上海马克思主义研究会”的章程。全文如下：

一、宗旨：

本社专以研究马克思底学说为宗旨。

二、入社：

不分国别性别，凡愿意研究马氏学说者，经本社社员一人的介绍，得多数社员之同意，均可为本社社员。

三、方法暂为左列两种：

甲．共同研究由社员预先认定马氏学说底书籍，分别研究，再于开会时各自发表研究后所得之结果及疑惑之点，以便共同讨论。

乙．请人讲演，随时敦请对马氏学说素有研究的人讲演。

四、开会：

每礼拜开会一次，暂定礼拜六晚7时。注意社员如因特别事故不能到会者，务必须先函知书记。

五、会员：

每人每月收会费小洋一角，如遇必要时，得临时征收特别捐。

六、职员：

由全体社员互选一人为书记，以总理社内一切事务，任期以一月

① 邵力子：《党成立前后的一些情况》，《“一大”前后：中国共产党第一次代表大会前后资料选编》(二)，人民出版社1980年版，第61—62页。

为限。①

由于研究会成员并非都信仰马克思主义，情况较为复杂，有的后来甚至成为反对马克思主义的急先锋，比如戴季陶就曾表示研究社会主义的真正目的是为了预防中国实现社会主义，并承认自己始终是三民主义的信徒。

> 戴季陶，初名良弼，后名传贤，字季陶，笔名天仇。五四运动前后，受命于孙中山，与李汉俊、沈玄庐一起在上海创办《星期评论》，任主编。1920年，以维经斯基为负责人的国际代表团来沪后，主动出让新渔阳里6号租给杨明斋，后成为外国语学社所在地。戴季陶为中共的创建做了不少前期准备工作，但他最终没有参加中共。由于世界观的不同，戴季陶终于渐渐与共产主义分道扬镳了。在中共一大召开的三年之后，戴季陶成了国民党右派的旗帜性人物，扬言要把中国共产党人斩尽杀绝，绝不养虎遗患，成了彻头彻尾的反共高手。②

张东荪也提出了退出的理由，“原以为这个组织是学术研究性质。现在说就是共产党正式成立前的预备组织，那他就不能不退出，因为他是研究系，他不打算脱离研究系”③。对此，李汉俊在一篇文章中写道：“与其与混杂分子组成一个庞大不纯的团体，不若由纯粹分子组成一个虽小而纯的团体。”④邵力子在回忆文章中也写道：

> 后来，我们一面觉得只做宣传、研究工作是不够的，有学习布尔

---

① 《马克思学说研究社章程》，《民国日报》副刊《觉悟》，1921年4月13日。

② 范小方等：《戴季陶传》，团结出版社2006年版，封底。

③ 沈雁冰：《复杂而紧张的生活、学习与斗争》，《新文学史料》1979年第4辑。

④ 《自由批判与社会问题》，《民国日报》副刊《觉悟》，1920年5月30日。

> 什维克的作风，建立严密的组织的必要，同时也看到时机已经成熟，青年中接受马克思主义思想的人也不少，应该组织起来。在马克思主义研究会里，当时有两种意见：(一)建立严密的组织，过组织生活；(二)赞成成立有严密组织的团体，但自己不能积极参加组织生活。……总之，马克思主义研究会转变为共产主义小组，是经过一番曲折的过程的。(当时似没有明确的"共产主义小组"这一名称)。①

关于"共产主义小组"的名称，最早见于1936年陈潭秋写的《中共第一次大会的回忆》，同年，曾任共产国际驻中国代表的米夫写的《英勇奋斗的十五年》也用了这个名称。此后绝大多数著述都沿用这个名称。现在看来，这个名称没有确切地反映当时的历史实际。②

随着时间的推移，李大钊和陈独秀等人逐渐意识到，仅凭研究会这种松散的组织，"不能有效推动中国革命，也无法从根本上改造中国社会，因而倾向于建立一个更为严密的为建党做准备的筹备组织"③。据杨之华回忆，那时的名称，大概是"马克思主义研究会"，还没有叫"共产党"。④

除北京的马克思学说研究会，上海的马克思主义研究会外，其他各地也都曾成立过类似的组织。武汉称"马克思学说研究会"，广州称"马克思主义研究会"，济南称"马克思学说研究会"。包惠僧对此有一段回忆："当时的工作情况，党是完全秘密的，社会主义青年团(S. Y)是半公开的，马克思主义学说研究会是公开的(这个名称在当时各地恐怕不一致，有的地方称马克思主义研究会，有的地方称马克思主义学说研究会，武汉是用马

---

① 邵力子：《党成立前后的一些情况》，《"一大"前后：中国共产党第一次代表大会前后资料选编》(二)，人民出版社1980年版，第69页。

② 沈庆林：《关于共产主义小组》，《党史研究资料》第1辑，四川人民出版社1980年版，第72页。

③ 中共嘉兴市委宣传部等：《中国共产党早期组织及其成员研究》，中共党史出版社2013年版，第47页。

④ 《共产主义小组和党的"一大"资料汇编》，中国人民大学中共党史系资料室1979年版，第99页。

克思主义学说研究会)。”①此外还有，周恩来、郭隆真等人在天津组织创办的觉悟社，恽代英在湖北组织的利群书社，毛泽东等在湖南发起组织的新民学会、俄罗斯研究会、文化书社，阮啸仙在广东组织的新学生社等。这些社团成立之后，在研究宣传马克思主义、吸收进步青年等方面开展了一系列活动，对于扩大马克思主义的传播和准备党的成立产生过很大的影响，同时，研究会与外国语学社有着紧密的联系。

社团作为研究和传播马克思主义的媒介和阵地，吸引了一大批革命青年靠拢到以陈独秀、李大钊等为代表的马克思主义者身边，从而拓宽了马克思主义在中国的受众范围，使越来越多的革命青年开始接触、了解到马克思主义，继而在与无政府主义、基尔特社会主义、工读互助主义等思潮的比较中，认识到马克思主义的真理性，从而成为马克思主义的信仰者、传播者。刘少奇、任弼时、罗亦农、李启汉、肖劲光、汪寿华、柯庆施、王一飞等外国语学社的学员就是在这一时期接受了马克思主义的熏陶，才坚定地走上革命道路，并且成为社会主义青年团最早发展的一批团员。

马克思主义研究会的主要成员，如杨明斋、李汉俊、李达、陈望道、沈雁冰等都是外国语学社的教员，杨明斋是这所学社的校长。他们肩负着培养和教育从各地马克思主义研究会选派来的革命青年。这些学员主要通过陈独秀等人介绍及各地共产党早期组织推荐入学，刘少奇、肖劲光、周昭秋、任弼时、胡士廉、任岳、陈启沃等湖南青年就是通过湖南俄罗斯研究会介绍给上海共产党早期组织的。②

综上来看，外国语学社的创办离不开各地马克思主义研究会的支持，正是各地研究会推荐的革命青年，告别亲人，不远千里来到“十里洋场”的上海，求学于这所上海共产党早期组织创办的革命干部学校，外国语学社

① 包惠僧：《共产党第一次全国代表会议前后的回忆》，《“一大”前后：中国共产党第一次代表大会前后资料选编》(二)，人民出版社 1980 年版，第 314 页。

② 中共上海市委党史资料征集委员会编：《萧劲光于 1979 年的回忆(摘录)》，《上海共产主义小组》，知识出版社 1988 年版，第 237 页。

将为他们实现革命理想打下坚实的基础。

二、外国语学社与上海共产党早期组织

参加马克思主义研究会的革命青年普遍反映，研究会并非党的正式组织，缺乏章程和纲领、纪律松散，成员成分复杂，难以开展革命活动，有必要尽快建立正式的党组织。这个组织的成员“主要是青年学生（大部份〔分〕不到二十五岁）；70%的成员出身是地主和绅士，10%是官吏。”①中国共产党早期组织就是以这些成分复杂的知识分子组成的研究会为基础创建起来的。

在共产国际代表维经斯基的帮助下，1920 年 6 月，陈独秀、李汉俊、俞秀松、施存统、陈公培等人在环龙路老渔阳里 2 号开会决定成立共产党。据施存统回忆：陈独秀、李汉俊、沈仲九、刘大白、陈公培、施存统、俞秀松，还有一个女的（名字已忘），在陈独秀家里集会，沈玄庐拉戴季陶去，戴到时声明不参加共产党，大家不欢而散，没有开成会。第二次，陈独秀、俞秀松、李汉俊、施存统、陈公培五人，开会成立共产党，选举陈独秀为书记，并由上述五人起草党纲。②陈公培证实，“这次会议是一九二〇年夏举行的，作为组织共产党的准备，搞了五六条章程，很简单。第一条好像主张无产阶级专政，会前经过一些解释，后来大家也都同意了。”③张国焘曾回忆，这年的七八月间，由京至沪，住在陈独秀渔阳里 2 号的家里，陈独秀对他开门见山地说：“‘研究马克思主义现在已经不是最主要的工作，现在需要立即组织一个中国共产党。’陈先生这种坚决的主

---

① ［苏］K. B. 舍维廖夫：《中国共产党成立史》，《党史研究资料》第 3 辑，四川人民出版社 1982 年版，第 80 页。

② 施复亮：《中国共产党成立时期的几个问题》，《“一大”前后：中国共产党第一次代表大会前后资料选编》（二），人民出版社 1980 年版，第 34 页。

③ 陈公培：《回忆党的发起组和赴法勤工俭学等情况》，《“一大”前后：中国共产党第一次代表大会前后资料选编》（二），人民出版社 1980 年版，第 564 页。

张，我还是第一次听见。”①

施存统提到在陈独秀家里聚会时记不起名字的那个女的，在杨之华的回忆文章中我们找到了这个革命女青年，他写道：“一九一九年年假，我去上海《星期评论》社。这个社当时有：陈望道、李汉俊、沈玄庐、戴季陶、邵力子、刘大白、沈仲九、俞秀松、丁宝林(女)。”②可以确定“那个女的”指的就是丁宝林。据说，“丁宝林是绍兴女师的教员，有学问的”③。

这个党纲草案以马克思主义为指导，带有党章的性质，共有条文十余条。确定中国共产党用下列手段，达到社会革命的目的：

> (1)劳工专政(或劳农专政)；
>
> (2)生产合作；
>
> 其他还有党的严密的组织等内容。尽管这个党纲不是非常成熟，但它反映了当时先进知识分子的理论水平，在中国共产党的创建史上有着重要的地位。④

陈独秀等将党称为“社会共产党”，仅是暂拟的，陈独秀在《新青年》第8卷第1号中公开发表的《对于时局的我见》中写道：“昨天有两个相信社会主义的青年，问我对于时局的意见”，“我以社会主义者的见地略述如左：‘吾党对于法律底态度，既不像法律家那样迷信他，也不像无政府党根本排斥他；我们希望法律随着阶级党派的新陈代谢，渐次进步，终久有社会党的立法、劳动者的国家出现的一日’”。⑤ 文中使用了“吾党”“社会党”，

---

① 张国焘：《我的回忆》第1册，东方出版社1998年版，第92页。

② 《杨之华的回忆》，《“一大”前后：中国共产党第一次代表大会前后资料选编》(二)，人民出版社1980年版，第25页。

③ 《杨之华的回忆》，《“一大”前后：中国共产党第一次代表大会前后资料选编》(二)，人民出版社1980年版，第26页。

④ 《俞秀松传》编委会编：《俞秀松传》，浙江人民出版社2012年版，第72页。

⑤ 《新青年》第8卷第1号，1920年9月1日。

这也可视作为“社会共产党”的简称。关于成立“社会党”之事，瞿秋白在《饿乡纪程》中也提及，“中国社会党还没有正式成立的，只有像你们十九世纪四十年代时的许多研究社会主义马克思主义会”①。

陈独秀写信给李大钊征求对于党的名称的意见。李大钊的意见是定名为“共产党”，陈独秀表示完全同意，于是不再称“社会党”或“社会共产党”。张申府回忆此事时这样说，关于“党的名称，一九二〇年七八月间，陈独秀来信商议，叫共产党还是叫社会党，开始没有定。陈独秀也幼稚，他也不知道。共产国际魏琴斯基(维经斯基)说还是叫共产党，我们同意了”②。

至于最初陈独秀为什么把党叫作“社会党”，其主要原因在于欧洲当时党的名称多叫社会党。俄国在1889年3月建党时，叫的是俄国社会民主工党。1903年7月30日，在俄国社会民主工党第二次代表大会上，俄国社会民主工党内部出现了两个集团，即布尔什维克集团与孟什维克集团，一直到1912年召集的布拉格党代表会议才正式称布尔什维克党，全称仍叫俄国社会民主工党(布尔什维克)，也未叫“共产党”。直到1918年3月俄共七大时，才正式改称为“共产党”。据此，在1920年8月，上海共产党早期组织正式成立时(1920年五六月即开始酝酿)，还没有接到李大钊等的回信，但发起组织可不能没有名称，乃按照欧洲多数党的惯称，叫了“社会党”。故在陈独秀8月份写的文章中，出现“吾党”“社会党”“我以社会主义者的见地”等字样，及至接到李大钊等不同意叫“社会党”而叫“共产党”的信后，才改称“共产党”。③

党史专家周子信20世纪80年代对见证人张申府的专访，很能说明党的名称的由来。张申府说：

---

① 瞿秋白：《饿乡纪程》，太白文艺出版社1995年版，第46页。

② 《共产主义小组和党的“一大”资料汇编》，中国人民大学中共党史系资料室1979年版，第376页。

③ 周子信：《关于党的上海发起组名称问题》，《党史资料丛刊》第2辑，上海人民出版社1982年版，第104页。

> 党的上海发起组大约是在一九二〇年八月上、中旬正式成立的，成立时叫的是“社会党”。一九二〇年八月中旬，我和李大钊接到了陈独秀的信，告诉党已经成立了，叫我们发展党员。关于党的名称，他说在开始酝酿的时候，除有信仰共产主义者外，还有胡汉民、戴季陶、张东荪等人以及一些无政府主义者，当时提出的名称叫“社会党”，叫“共产党”怕他们接受不了。现在他们都退出了，是叫“社会党”还是叫“共产党”他拿不准，同李大钊和我商量。李大钊和我研究后，认为叫“共产党”好，并叫我回信给陈独秀，不要叫“社会党”，就叫“共产党”。信大约是在八月下旬从北京发出的。① 这些都只是发生在8月或8月之前的一种暂时称呼。……陈独秀同意李大钊的意见，用“共产党”这一名称不再使用“社会党”的提法了。②

在施存统的记忆里，1920年的6月间，陈独秀、李汉俊等就开始筹备成立共产党，当时参加的人当中也有无政府主义者，如沈仲九、刘大白等。当时，第三国际的代表维经斯基也在上海，他主张成立共产党。“由陈独秀、李汉俊、俞秀松、施存统、陈公培（无名）五人，起草党纲十余条。陈公培抄了一份去法国，我抄了一份到日本。后来，陈望道、邵力子、沈雁冰等都参加了小组。”③施存统还说：“我没有和李达、陈望道等一起讨论发起共产党。可能是我去日本后，陈独秀又找他们讨论组织共产党（我未参与其事，对此表示保留）。”④施存统是1920年6月20日离沪去日

---

① 周子信：《关于党的上海发起组名称问题》，《党史资料丛刊》第2辑，上海人民出版社1982年版，第104—105页。

② 陈绍康编著：《上海共产主义小组》，知识出版社1988年版，第11页。

③ 施复亮：《中国共产党成立时期的几个问题》，《“一大”前后：中国共产党第一次代表大会前后资料选编》（二），人民出版社1980年版，第34页。

④ 施复亮：《中国共产党成立时期的几个问题》，《“一大”前后：中国共产党第一次代表大会前后资料选编》（二），人民出版社1980年版，第35页。

本留学的，根据他的回忆，在他出国之前已经“筹备成立共产党”，而在他出国后，陈独秀、李达、陈望道等继续一起“讨论组织共产党”的问题。说明在六月中还是酝酿阶段。①

沈雁冰确实参加了这个“小组”，他还提到了在陈独秀家里开会时第一次见到了维经斯基，“大约七月光景，陈独秀他们要我参加共产主义小组。我记得小组的成员有：陈独秀、张东荪、沈玄庐、李达、邵力子、李汉俊、周佛海，还有一些别人。……开会时，有一个苏联人，中国名字叫吴廷芳(吴廷康，即维经斯基)，很年轻，好像是顾问，他是共产国际派来做联络工作的”②。

维经斯基来华后不久就在上海给俄共(布)中央远东局海参崴分局汇报了自己的工作，他在汇报中这样写道：

> 自我寄出第一封信后，工作的进展只限于巩固联系和完成我所拟订的计划。现在我们事实上和所有的中国革命运动的领袖人物都有了联系。……现在我们主要致力于将分散的各个革命小组统一到一个中心上来。“益群书局”可以成为团结这些小组的核心。中国革命运动的最薄弱方面就是行动的分散性。以协调和集中为目的的正在开始准备召开全华北社会主义者和无政府主义者大会。一位当地很有名望的教授(陈独秀)正在各地革命者分发信函，以确定大会讨论的课题以及大会召开的地点、时间。大会可能于7月初召开，我们不仅将参加准备工作(制定议程及决议)，而且参加会议。③

的确，正如荷兰学者方德万所讲，以陈独秀为中心聚起了一个对马克

---

① 任武雄、刘昌玉：《上海共产主义小组的有关几个问题》，《党史资料丛刊》第1辑，上海人民出版社1980年版，第53页。

② 沈雁冰：《回忆上海共产主义小组》，《“一大”前后：中国共产党第一次代表大会前后资料选编》(二)，人民出版社1980年版，第46页。

③ 《联共(布)、共产国际和中国》，莫斯科1995年版，第27页。

思主义深感兴趣的上海知识分子小圈子，后来上海共产党早期组织即从这个知识分子小群体中产生。① 陈独秀对革命青年反复强调，“要靠中国人自己组织党，中国革命靠中国人自己干，要一面工作，一面革命”②。

维经斯基在信中所提到的7月份要召开的会议，就是1920年7月19日在上海举行的“最积极的中国同志会”(社会主义者同盟大会)，该会“奠定了后来中国共产党的基础”。③ 会上，陈独秀、李汉俊、沈玄庐坚决赞成建立中国共产党。不久，李达、施存统、周佛海、俞秀松和其他人也同意了他们的意见。④ 受维经斯基委托，由陈独秀召集的这次会议在上海法租界老渔阳里陈独秀寓所召开，与会者专门讨论了要不要把自己变成共产党的问题。会议产生了“社会主义者同盟”，并由此派生出包括维经斯基在内的五人领导核心，命名为“革命局”。该局下设三个部，即出版部、情报宣传部和组织部(这部分内容在第一章中有过论述)。据参加过出版部的郑佩刚回忆：1920年夏天的一个晚上，维经斯基、杨明斋与随同维经斯基一起来的那个朝鲜助手，再加上陈独秀、李汉俊、俞秀松、一个印度人和无政府主义者袁振英、尉克水、郑佩刚等，在陈独秀家中召开社会主义者同盟大会，传达共产国际精神，讨论积极开展社会革命工作问题。⑤ 这次会议为不久成立共产党早期组织奠定了基础。

上海的革命青年在马克思主义研究会创建3个月后，在上海成立了共产党早期组织，这在中国共产党创建史上尚属首次。目前，有关中国共产党早期组织问题比较权威的说法分别见于中共中央党史研究室著的《中国

---

① 参见 Hans J. van de Ven, *From Friend to Comrade: The Founding of the Chinese Communist Party, 1920—1927*(Berkeley: University of California Press, 1991), P. 59.

② 中共上海市委党史研究室：《中国共产党上海史(1920—1949)》，上海人民出版社1999年版，第35页。

③ 莫斯科中山大学中国问题研究室编：《中国革命问题》第1卷，莫斯科1927年版，第228页。

④ 中国革命博物馆党史研究室编：《党史研究资料》，1981年第6、7期合刊。

⑤ 葛懋春等编：《无政府主义思想资料选》下册，北京大学出版社1984年版，第958—959页。

共产党历史》(第1卷)、《中国共产党的九十年》(新民主主义革命时期)、《中国共产党的一百年》(新民主主义革命时期)以及《中国共产党简史》。其中,《中国共产党历史》(第1卷)一书中讲道:

> 经过酝酿和准备,在陈独秀主持下,上海的共产党早期组织于1920年8月在上海法租界老渔阳里2号《新青年》编辑部正式成立,当时取名为"中国共产党"。这是中国的第一个共产党组织,其成员主要是马克思主义研究会的骨干,陈独秀为书记。在党的一大召开之前,先后参加上海的共产党早期组织的有:陈独秀、俞秀松、李汉俊、陈公培、陈望道、沈玄庐、杨明斋、施存统(后改名施复亮)、李达、邵力子、沈雁冰、林祖涵、李启汉、袁振英、李中、沈泽民、周佛海等。①

林祖涵即林伯渠,他相较于其他革命青年加入上海共产党早期组织要稍晚一些,他在后来的回忆中提道:"一九二〇年十二月,我到了上海会见陈独秀,遂加入当时上海的共产主义研究小组。"②这里提到的"上海的共产主义小组"就是8月已经成立的上海共产党早期组织。

《中国共产党的九十年》(新民主主义革命时期)中写道:

> 8月,共产党早期组织在上海法租界老渔阳里2号《新青年》编辑部成立,推陈独秀担任书记。……在中国共产党创建过程中,陈独秀起着重要作用。在上海成立的共产党早期组织,实际上是中国共产党

---

① 中共中央党史研究室:《中国共产党历史》第1卷,中共党史出版社2011年版,第59页。

② 林伯渠:《党成立时期的一些情况》,《"一大"前后:中国共产党第一次代表大会前后资料选编》(二),人民出版社1980年版,第31页。

的发起组织，是各地共产主义者进行建党活动的联络中心。①

《中国共产党简史》明确表示：

> 8月，共产党早期组织在上海《新青年》编辑部成立，陈独秀任书记。11月，共产党早期组织拟定了《中国共产党宣言》，指出“共产主义者的目的是要按照共产主义者的理想，创造一个新的社会”。在上海成立的共产党早期组织，实际上是中国共产党的发起组织，是各地共产主义者进行建党活动的联络中心。②

从以上书籍我们可以读出以下信息：第一，上海共产党早期组织成立的时间为1920年8月，具体是哪一天没有说明。据党史专家杨奎松的推断，“应当是在7月19日社会主义者联合大会以后，但也不应晚于8月上旬”③。中共党史学家张静如提出“在中国，最早的共产主义组织是由陈独秀于1920年8月1日在上海正式成立的”④。第二，上海共产党早期组织成立的地点是法租界老渔阳里2号《新青年》编辑部，这里也是陈独秀的寓所。第三，上海共产党早期组织是中国的第一个共产党组织，其地位相当于共产党早期组织的“临时中央”，在各地共产党早期组织中起到了推动与组织的作用，实际上为中国共产党的筹建承担了发起组的任务。第四，陈独秀发挥了领导作用。毛泽东1921年写给蔡和森的信中，谈到了建党的问题，“你这一封信见地极当，我没有一个字不赞成。党一层陈仲甫先生等

---

① 中共中央党史研究室：《中国共产党的九十年》新民主主义革命时期，中共党史出版社、党建读物出版社2016年版，第27页。

② 《中国共产党简史》编写组编著：《中国共产党简史》，人民出版社、中共党史出版社2021年版，第12页。

③ 杨奎松：《从共产国际档案看中共上海发起组建立史实》，《中共党史研究》1996年第3期。

④ 张静如：《中共一大在上海召开是历史必然》，《党史研究与教学》2007年第3期。

已在进行组织”①。从这封信可以看出，毛泽东对于陈独秀在上海成立共产党早期组织是清楚的，陈独秀在建党过程中的作用不言自明。

上海共产党早期组织成立以后，一方面在上海筹备建立外国语学社作为公开活动机关，另一方面迅速在各地发展党的组织。② 据俞秀松在他的自传中所讲，“陈独秀被委派负责四大城市（上海除外）成立我们的组织”③。实际上，“担负了整个中国共产党的筹建工作”④。从 1920 年秋到 1921 年春，在其他几个受五四运动影响较大、产业工人比较集中、革命知识分子积极传播马克思主义的城市，如北京、济南、长沙、武汉、广州也成立了共产党组织。⑤

陈独秀发信给李大钊，相约在北京建立共产党早期组织。湖南的共产党早期组织是陈独秀通过毛泽东建立起来的。1920 年 4 月，毛泽东由北京到达上海，在上海逗留了 3 个月，多次拜见陈独秀。武汉的共产党早期组织是上海共产党早期组织成员李汉俊介绍董必武入党，要他在武汉筹建党的早期组织，陈独秀又发展刘伯垂入党建立起来的。董必武在回忆说：“一九二〇年，李汉俊这个从日本归国的学生，我的马克思主义老师，计划在上海帮助建立中国共产党，并到武汉来同我商量。我决定参加，并负责筹组党的湖北支部的基础。这个组织于一九二〇年九月组成。”⑥广州共产党早期组织是陈独秀 1920 年 12 月去广州后建立起来的。济南共产党早

---

① 《毛泽东复蔡和森》，《“一大”前后：中国共产党第一次代表大会前后资料选编》（一），人民出版社 1980 年版，第 225 页。

② 《共产主义小组和党的“一大”资料汇编》，中国人民大学中共党史系资料室 1979 年版，第 402 页。

③ 《俞秀松传》编委会编：《俞秀松传》，浙江人民出版社 2012 年版，第 73 页。

④ 张仲礼主编：《近代上海城市研究（1840—1949 年）》，上海文艺出版社 2008 年版，第 560—561 页。

⑤ 黄修荣：《共产国际与中国革命关系史》上册，中共中央党校出版社 1989 年版，第 89 页。

⑥ 董必武：《创立中国共产党》，《“一大”前后：中国共产党第一次代表大会前后资料选编》（二），人民出版社 1980 年版，第 292 页。

期组织是陈独秀同五四时期在山东有影响的人物王乐平联系，让他在山东筹建党，王乐平转告与他有联系的王尽美、邓恩铭由他们两人在1920年冬或1921年春建立的。上海共产党早期组织事实上成为一个总部，而各地的组织是支部了。①

日本东京的中国共产党早期组织是上海共产党早期组织成员施存统于1920年夏去日本留学，与周佛海联系创建的。旅法中国共产党早期组织是陈独秀让北京共产党早期组织的成员张申府到法国发展党员，发展了刘清扬、周恩来，后来又派陈公培、赵世炎去法国建立起来的。张申府回忆说："由上海又去了两个党员：赵世炎、陈公培。他们两人是上海入党的，都是陈独秀介绍去的。这样，我们五个人成立一个小组(张申府、周恩来、刘清扬、赵世炎、陈公培)，小组一直是这五个人。"②

几乎在同时，蔡和森在法国写信给毛泽东，信里讲，现在我们需要的就是建立一个党，就是共产党。恽代英在武汉利群书社的基础上成立了一个政治组织，叫"波社(波尔什维克)"，实际上也是共产党的意思。在四川，吴玉章、杨闇公等成立了一个中国青年共产党。③ 马林向共产国际执行委员会的报告中写道："吴廷康同志在上海工作期间，上海由编辑《新青年》已逾数年的陈独秀同志领导建立了一个中国共产党人的小组。这个小组有七至八个中心，在全国也不过五十至六十人。"④正如葛萨廖夫所说："上海小组(共产党早期组织)为建立全中国性质的共产党打下了真实的基础，上海成为中国共产党的真正中心。"⑤马林给共产国际执委会的报告中

---

① 《李达自传(节录)》，《党史研究资料》第2辑，四川人民出版社1981年版，第2页。

② 张申府：《中国共产党建立前后情况的回忆》，《"一大"前后：中国共产党第一次代表大会前后资料选编》(二)，人民出版社1980年版，第549页。

③ 金冲及：《从辛亥革命到中国共产党的建立》，《党的文献》2011年第4期。

④ 中共上海市委党史研究室、中国社会主义青年团中央机关旧址纪念馆编：《觉悟渔阳里：上海社会主义青年团创建史料选辑(1919.5—1922.5)》，上海人民出版社2017年版，第1480页。

⑤ ［苏］葛萨廖夫：《中国共产党的成立》，《"一大"前后：中国共产党第一次代表大会前后资料选编》(一)，人民出版社1980年版，第439—440页。

写道：“当威金(维经)斯基同志在上海工作时，中国共产主义者已在陈独秀同志(他主编《新青年》杂志多年)的领导下形成一个团体。这个团体在七八个城市有小组，但全国成员不超过五十—八十人。”①

上海共产党早期组织的主要活动地点就是法租界环龙路老渔阳里 2 号和霞飞路新渔阳里 6 号。由于上海共产党早期组织是一个秘密性的组织，其秘密的活动大多安排在老渔阳里 2 号开展，而各种公开的活动基本是以外国语学社为掩护在新渔阳里 6 号进行的。

上海共产党早期组织是 8 月正式成立的，外国语学社则是在上海的共产党早期组织成立一个月后的 9 月创办起来的。据张仲礼研究，“上海发起组成立后，在渔阳里 6 号举办了一个共产主义干部培训班，对外公开挂的牌子是‘外国语学社’”②。外国语学社与上海共产党早期组织有着密不可分的联系，其中，陈独秀发挥了主导作用。周伯棣回忆，外国语学社是“由陈独秀、杨明斋等主办，实际负责人是杨明斋，地址在淮海中路(旧称霞飞路)渔阳里。陈独秀、陈望道即同住在隔壁弄堂。他们似乎经常关怀我们的学校，我们也常常到他们那里去，我因看望陈望道，也曾在陈独秀家里吃过几餐便饭。”③

尽管外国语学社公开刊登了招生启事，但所招收的学员并非限制上海本地，“很多学生是通过陈独秀、陈望道、邵力子等人的介绍，或通过各地共产党早期组织推荐而来的”④。学员较多的省份是湖南、浙江和安徽。学员在学社学习外语和马克思主义基本理论，同时，还要参加一些革命活动。1920 年，毛泽东送旅法勤工俭学学生出国到上海时，就曾到上海霞飞

---

① 《共产主义小组和党的“一大”资料汇编》，中国人民大学中共党史系资料室 1979 年版，第 379 页。

② 张仲礼主编：《近代上海城市研究(1840—1949 年)》，上海文艺出版社 2008 年版，第 561 页。

③ 中共上海市委党史研究室、中国社会主义青年团中央机关旧址纪念馆编：《觉悟渔阳里：上海社会主义青年团创建史料选辑(1919. 5—1922. 5)》，上海人民出版社 2017 年版，第 1390 页。

④ 齐卫平等：《中国共产党创建与上海》，上海人民出版社 2016 年版，第 71 页。

路新渔阳里6号会见过上海共产党早期组织的成员，会见过当时正在从事组织上海机器工会的李启汉。① 外国语学社的学生许之桢在回忆中还肯定毛泽东在渔阳里6号工作过②，但包惠僧却予以否认，他肯定毛泽东曾经到过渔阳里，但没有在这里办过工。③

社会主义青年团在上海成立后，随即向全国各地共产主义者发出社会主义青年团章程，指导各地开展建团工作。北京、广州、武汉、长沙、天津、济南等地相继建立了社会主义青年团组织。

三、外国语学社与工会组织

上海共产党早期组织成立后，开展了一系列革命活动，一方面通过各种途径宣传马克思主义，另一方面积极开展工人运动，唤醒工人阶级的觉悟。

上海是中国工人最为集中的城市。1920年初，上海约有56万工人，占全国工人总数的四分之一。其中，工厂工人为23万至25万人。在500人以上工厂做工的有14.2万余人，占工人人数的近60%。④ 据不完全统计，1919年中国工人罢工达66次，其中有人数记载的为26次，共91000余人。1920年工人罢工共46次，有人数记载的19次，共46000余人。⑤

工厂中的上海早期工人，劳动与生活状况非常悲惨。工人每天劳动时间一般都在12小时以上，有的甚至长达16小时；工人不仅毫无政治地位，而且生活也极其贫苦。正如一位工人所述，"所居者破屋茅棚；所食者大

---

① 《中国共产党第一次全国代表大会会址和中国社会主义青年团中央机关旧址简介》，《文物》1961年第7期。

② 中共上海市委党史研究室、中国社会主义青年团中央机关旧址纪念馆编：《觉悟渔阳里：上海社会主义青年团创建史料选辑(1919.5—1922.5)》，上海人民出版社2017年版，第1360页。

③ 《包惠僧回忆录》，人民出版社1983年版，第32页。

④ 中共上海市委党史研究室：《1921—1933：中共中央在上海》，中共党史出版社2006年版，第7页。

⑤ 陈达：《中国劳工问题》，商务印书馆1929年版，第147、156页。

饼面食，或臭烂不堪之物；所穿者无论男女仅可遮羞”①。外国语学社的学员陈为人在《劳动界》上发表多篇文章，如《我们底劳动力哪里去了?》《一个老板骂工役》《今日劳工底责任》《劳动歌》等，其中在《劳动歌》中生动描述了工人境遇，“从早到晚苦一天，所得不过两角钱。买得柴来难买米，可怜怎样度长年”②。上海工人所受的剥削与压迫，在世界各城市工人中是罕见的。

深入工人中去了解工人的疾苦，并把工人组织起来，是中国先进分子开展建党工作的第一步。上海共产党早期组织还在上海纱厂最集中的区域沪西小沙渡着手开办劳动补习学校，主持者就是外国语学社的学员李启汉，尽管没有北京长辛店的影响大，但在中国职工运动史上仍有着重要地位。

陈独秀把《新青年》第7卷第6号开辟为“劳动纪念号”专刊，深入介绍各地劳动组织和劳动状况，启发工人阶级的思想觉悟。他发表公开谈话：“以二十世纪政治眼光观之，北京市不能谓为有一市民。仅有学界运动，其力实嫌薄弱，此足太息者也。”陈独秀结合北京的革命运动，已意识到紧靠学生和知识界的救国运动已远远不够，需要转向革命的工人运动。

另一份文件亦指出：“陈独秀在上海工商友谊会的组建上发挥了重要作用，并担任该会出版的《上海伙友》周刊的编辑。他还同上海船务栈房工界联合会有联系。由于其布尔什维克倾向，如果陈成功地确立起对这些劳工组织的支配地位的话，那么就非常可能会给当局制造很大麻烦。”③

英国驻沪领事馆的情报显示：“这里还有一些其他具有半政治性质的工会，如上海电器工界联合会、工商友谊会和上海船务栈房工界联合会，它们似乎或多或少处于陈独秀的影响之下。陈独秀曾任北京大学教员，是

---

① 刘朗山自述：《火车北站职工》，《新青年》第7卷第6号，1920年5月1日。

② 为人：《劳动歌》，《劳动界》第20册，1920年12月26日。

③ *Dossier 120C Shanghai Intelligence Bureau Minutes of Meeting, October 1920*, FO 228/3214.

一个知名的社会主义者。"①据有关资料说明，上海所有机器工会、印刷工会、纺织工会之组织，都是由外国语学社负责进行。②

陈独秀、杨明斋等上海共产党早期组织成员在指导成立各行业工会的同时，也积极推动建立跨行业的工人大联合。1920 年秋，党组织委托外国语学社学员李启汉到沪西小沙渡纱厂开展组织工人的活动。李启汉针对纺织工人文化水平不高的现状，从创办工人半日学校入手，通过让工人学习文化知识来提高阶级觉悟。他将办学的地点选在日商内外棉九厂的工房中。他根据工人们做工的时间，分早晚两班上课，故称"半日学校"③。这是党的历史上开办得较早的工人学校之一。1922 年 5 月，《民国日报》对该校创办与发展变化的过程做过介绍，"工人自办的学校很少。上海第一工人补习学校在槟榔路北锦绣里 3 弄，这学校起落有两年多了，首名半日学校，后又改为工人游艺会……去年 8 月该校又改名为上海第一工人补习学校，报名的有 200 人……现在到校的，男女有 30 余人。"④上海工人半日学校，由于初创时缺乏经验，经费困难，教室设备简陋，到 12 月初天气寒冷，来学校学习的人数寥寥无几，并且流动性很大。主持者李启汉深入到工人中了解情况，认识到工人读书难的种种原因后，就改用开展文娱活动的方式，以吸引工人。

1920 年 12 月 19 日，上海共产党早期组织在上海公学召开各行业工人的联合组织——工人游艺会成立大会。到会人数达 400 多人。杨明斋、李启汉、邵力子等参加了成立大会并发表了演讲。他们在演讲中号召工人破

---

① *Dispatch No. 35 Dated 4th February 1921 from the British consulate-general at Shanghai to the British Legation in Peking, forwarding the Shanghai Intelligence Report for the Three Months ending 31st December 1920*, FO 228/3291.

② 《共产主义小组和党的"一大"资料汇编》，中国人民大学中共党史系资料室 1979 年版，第 400 页。

③ 《上海纺织工人运动史》编写组编：《上海纺织工人运动史》，中共党史出版社 1991 年版，第 70 页。

④ 黄舜融：《沪西劳动状况》，《民国日报》副刊《觉悟》，1922 年 5 月 1 日。

除迷信、振作精神、团结起来，改变“金钱万能，劳工无能”的旧观念。①杨明斋指出，工人游艺会不仅仅是提供娱乐的场所，更要借助这个团体向工人输送知识，活泼精神；借助团体的力量，解决个人在生活中遇到的困难。② 邵力子则勉励工人克服只动手不动脑的缺点，关注自身命运，勇敢地向资本家进行抗争。③ 李启汉以大会主席的身份强调：“我们不独得到这样的游艺而已；什么金钱万能，劳工无能，我们都要改革，打破!”④李启汉在与工人交流的同时，趁机宣讲革命道理，工人的觉悟有了较大提高。在此基础上，他帮助工人组建“沪西纺织工会”，支部就设在游艺会内。李启汉为更好地开展工作，还下苦功改掉湖南乡音，学会一口流利的上海话，拉近了与工人的距离。⑤ 工人半日学校的教员，除李启汉外，还有陈为人、雷晋笙等几个外地来沪准备赴俄的进步学生，都来自外国语学社。据《陈为人传》讲，“陈为人与李启汉一起在上海小沙渡等纺织工人集中的地方办‘工人半日学校’和‘劳动补习学校’，并分别担任日夜两班的教课任务，并同杨树浦一带的烟草工人、机器工人、印刷工人建立关系，用开展文娱活动的方式吸引和教育工人”⑥。

实际上，“工人游艺会”和党后来领导建立的工人俱乐部一样，都成为向工人宣传马克思主义的重要活动场所，为各行业工人的团结进步创造了条件。

上海共产党早期组织积极致力于向工人阶级传播马克思主义，启发工人阶级的觉悟，开展工人运动。根据邓中夏的回忆，1920 年夏，各地开始出版工人小报，“上海出版的叫‘劳动者’，北京出版的叫‘劳动音’(后改

---

① 《民国日报》，1920 年 12 月 20 日。
② 杨明斋讲演：《工人游艺会的益处》，《劳动界》第 20 册，1920 年 12 月 26 日。
③ 邵力子讲演：《现在工人的缺点》，《劳动界》第 20 册，1920 年 12 月 26 日。
④ 为人记录：《上海工人游艺会成立大会记》，《劳动界》第 20 册，1920 年 12 月 26 日。
⑤ 方徨整理：《李启汉》，《革命烈士传通讯》1984 年第5 期。
⑥ 吕芳文：《陈为人传》，人民出版社 1997 年版，第 40 页。

名仁声)，广州出版的叫‘劳动声’，都是周刊”①。《“一大”前后：中国共产党第一次代表大会前后资料选编(一)》的《中国共产党的产生》一文提道：“各地方小组织建立后，工人运动开始加强。同时还出版了各种工人的刊物：在上海为《劳动者》；在北平为《劳动音》；在广东为《劳动声》。”②

需要指出的是，北京创办的确为《劳动音》，是五四时期的通俗工人刊物，1920 年 11 月 7 日在北京创刊，由北京的共产党早期组织主办，邓中夏、罗章龙、陈德荣等参加编辑工作。但上海创办的却不是《劳动者》而是《劳动界》；广州创办的也不是《劳动声》而是《劳动者》，创刊于 1920 年 10 月 3 日。从这三种通俗工人刊物来看，创刊最早的当属上海的《劳动界》，其次是广州的《劳动者》，最后创刊的是北京的《劳动音》。

李汉俊作为《劳动界》的主编，在发刊词中专门解释了“为甚么要印这个报?”他说：“工人在世界上已经是最苦的，而我们中国的工人比外国的工人还要苦。这是甚么道理呢？就因为外国工人略微晓得他们应该晓得的事情。……我们印这个报，就是要教我们中国工人晓得他们应该晓得的事情。我们中国工人晓得他们应该晓得的事情了，或者将来要苦得比现在好一点。”③广州发行的《劳动者》在发刊词中写道：“世界上什么人应该享有幸乐呢？是至高贵的人。什么人是至高贵的呢？是至有用的人。可是至有用的人是谁呢？……只有做工的人，是最有用的人，是最高贵的人。”④北京发行的《劳动音》也刊发了发刊词，“我们出版这个《劳动音》，来排斥那种不劳动而食的一班人，以维持我们从事正当劳动的同胞，使得满足的生

① 《邓中夏回忆中国共产党的成立及党领导的早期工人运动》，《“一大”前后：中国共产党第一次代表大会前后资料选编》(二)，人民出版社 1980 年版，第 80 页。

② 延安中国现代史研究委员会：《中国共产党的产生》，《“一大”前后：中国共产党第一次代表大会前后资料选编》(一)，人民出版社 1980 年版，第 451 页。

③ 汉俊：《〈劳动界〉发刊词：为甚么要印这个报?》，《劳动界》第 1 册，1920 年 8 月 15 日。

④ 我亦工人：《〈劳动者〉发刊词：劳动者呵》，《劳动者》1920 年 10 月 3 日。

活，快乐的幸福。”①

葛萨廖夫说，从印发各种鼓动性的刊物，出版报纸以及开办学校来看，北京小组的工作即使不是在上海小组的直接指导之下，也是在它的建议下进行的，在北京开展工会工作看起来比上海要难，因为这里工人的思想比上海工人还要落后。② 他认为，“上海的‘外国语学校’(社)成了党宣传共产主义思想训练工人的场所；同样，长辛店车站的夜校就成了宣传共产主义思想和吸收党员的地方。所不同的是上海外国语学校(社)只是训练，并不吸收党员”③。正如陈望道所讲：“由于工人的文化程度低，我们组织工会不大用文字宣传品，主要口头宣传，办了很多业余学校，把政治性的内容结合到教学中去。”④

1921年1月，上海共产党早期组织还成立了职工运动委员会，由俞秀松、李启汉负责。⑤ 中国共产党早期组织成员认识到，“我们都是知识分子出身，与工人阶级的距离很大，因此，首先应同他们加强内部联系”⑥。很多早期革命青年就是这样做的，如俞秀松从北京来到上海后，听从陈独秀的劝告，决心“去进工厂”，以便同工人接近，与工人朋友打成一片。李中原是湖南第一师范的学生，到上海外国语学社后，为了与工人结合，他进入江南造船所做工。

李中在《劳动界》周刊上发表了《一个工人的宣言》，讲道：

---

① 心美：《〈劳动音〉发刊词：我们为什么出版这个〈劳动音〉呢?》，《劳动音》，1920年11月7日。

② ［苏］葛萨廖夫：《中国共产党的成立》，《“一大”前后：中国共产党第一次代表大会前后资料选编》(一)，人民出版社1980年版，第439页。

③ ［苏］葛萨廖夫：《中国共产党的成立》，《“一大”前后：中国共产党第一次代表大会前后资料选编》(一)，人民出版社1980年版，第446页。

④ 中共上海市委党史研究室、中国社会主义青年团中央机关旧址纪念馆编：《觉悟渔阳里：上海社会主义青年团创建史料选辑(1919.5—1922.5)》，上海人民出版社2017年版，第1318页。

⑤ 黄修荣、黄黎：《中国共产党创建史》，中国青年出版社2015年版，第459页。

⑥ 中央档案馆编：《中共中央文件选集》第1册，中共中央党校出版社1989年版，第15页。

我可爱可亲的工人呀！到了这个时候，甚么昏雾黑霾都要开了，甚么地狱监牢都要破了，甚么阶级束缚都要除了。这个潮流，比天上流来的黄河水，还要利害还要迅速。任他甚么人，不会能撑住这个黄河水，不会能塞住他，使他从地下倒流上天去。工人的运动，就是比黄河水还厉害还迅速的一种潮流。将来的社会，要使他变个工人的社会；将来的中国，要使他变个工人的中国；将来的世界，要使他变个工人的世界。①

综上所述，在上海共产党早期组织的领导下，外国语学社在启发工人觉悟，培养工运工作的领导者等方面发挥了很大作用。

四、外国语学社与莫斯科东方大学

中国共产党早期组织与共产国际采取联合办学的形式，先在中国创办一所革命干部学校，广泛吸纳有革命倾向的知识青年到校学习。在国内侧重教育学员学习外国语和马克思主义理论知识，树立革命理想和信念，然后选拔优秀的革命青年分批送往莫斯科东方大学学习，为中国革命培养卓越的领导者。“按照俄共(布)中央 1921 年 2 月 10 日决议，当年在莫斯科建立了东方劳动者共产主义大学。”②

莫斯科东方劳动者共产主义大学是二十年代初俄共(布)创办的一所专门培养革命干部的政治大学，简称东方大学。斯大林任名誉校长。1921 年 10 月 21 日正式开学。该校的主要任务是为苏联东部地区培养民族干部和为东方各国培养革命工作干部。该校学制初为七个

---

① 李中：《一个工人的宣言》，《劳动界》第 7 册，1920 年 9 月 26 日。

② ［俄］维克托·乌索夫：《苏联情报机关在中国：20 世纪 20 年代》，赖铭传重译，焦广田、冯炜初译，解放军出版社 2007 年版，第 57 页。

> 月，后改为三年。设有党的工作和政治教育、工会运动、经济、行政法律等系。二十年代中期，学校分为苏联东方部和外国部两个部。外国部设有中文、朝文、日文、土耳其文、法文、英文和俄文七个班。共产国际派代表参加该校最高领导机构。1925 年秋，莫斯科中山大学创办，东方大学的部分教员和中国学生转到中山大学。① 1930 年中山大学停办之后，东方大学重新开设中国班。1937 年，东方大学分成两个独立的单位，一个是只收苏联学生的东方大学；另一个是只收外国学生的民族殖民地问题研究所。1938 年，东方大学停办。②

美国学者端纳·克莱恩在他的著作中也提到，杨明斋在上海帮助建立了第一个共产主义小组，还负责外国语学校(是掩护当时共产党人活动的)。吸收青年共产党人在这里学习俄文，以便送东方大学，培养党的干部。③

瞿秋白在《赤都心史》中写道：苏维埃俄国，不像其他欧美各国妄自尊大，蔑视东方，对于东方民族极端平等看待，对于他的文化尤其有兴趣。现在极注意于促进两民族的互相了解，采用他的文化，已经设一东方学院(莫斯科东方大学)。④

实际上，东方大学坐落在莫斯科市中心，学生来自 70 多个民族。其中，包括了苏俄(苏联)内部的东方诸少数民族，亚非二洲的被压迫民族，以及日本人和美国的黑人。在莫斯科中山大学没有成立之前，中国派来的学生都就读于此。刘少奇、任弼时、罗亦农、胡士廉、肖劲光、廖划平、卜士奇、任岳、彭述之、谢文锦、华林等成为中国班的第一批学员。⑤ 在外国语学社的学员启程赴俄之前，学社秘书俞秀松应邀提前赴俄。在 3 个

---

① 倪兴祥主编：《中国共产党创建史辞典》，上海人民出版社 2006 年版，第 180 页。

② 李蓉、叶成林：《中共四大轶事》，人民出版社 2015 年版，第 237 页。

③ 余世诚、张升善编著：《杨明斋》，中共党史资料出版社 1988 年版，第 92 页。

④ 瞿秋白：《饿乡纪程》，太白文艺出版社 1995 年版，第 95—96 页。

⑤ 蔡庆新：《任弼时》，中央文献出版社 1999 年版，第 24 页。

月之前，上海《时事新报》副刊《学灯》发表了一位署名俞尧者的读者从苏俄寄回的一篇通讯，其中写道："闻上海方面近时亦有十数人欲赴俄国。兹将赴俄前应亟注意之点，略举于后……总之，此刻赴俄，无论求学或考察，均宜有坚强之意志，强健之体格，刻苦耐劳之习惯，否则不如不去为愈。"①革命青年要想寻求新知识，准备干一番大事业，哪怕路途荆棘横生，再苦再累也在所不辞，这正是俞秀松对即将赴俄的外国语学社学员的鼓励和鞭策。

湖南革命青年彭述之1920年10月经贺民范介绍进入外国语学社学习，后被送到苏俄继续深造，谈起外国语学社，他有这样一段回忆：

> 创办东方大学的决定刚作出，陈独秀就从魏金(维经)斯基那里知道了。一俟得知这个消息，他立即委托杨明斋在渔阳里6号筹办中国共产主义中央小组外国语学社，并以最紧急的方式当面或者写信给杭州最有声望的共产主义者陈望道、任职芜湖国立中学校长的朋友高语罕、长沙共产主义者召集人贺民范、北京共产主义者领导人李大钊，可能还有其他若干他认识的、多少受其影响的接近马克思主义者，要求他们以最快的速度让尽可能多的社会主义青年团员们停止一切工作到上海来，为留学莫斯科做准备。②

留学莫斯科要走的道路，有陆路和海路两个选择，具体来说有这样三条路线：

> 第一条路线从上海乘船到日本长崎，直奔海参崴，换乘西利亚铁路火车前往伯力。韩曼涛(庄文恭)、曹靖华、韦素园等赴俄，走的就

① 任武雄：《关于俞秀松》，《党史研究资料》1980年第11期。

② 中共上海市委党史研究室、中国社会主义青年团中央机关旧址纪念馆编：《觉悟渔阳里：上海社会主义青年团创建史料选辑(1919.5—1922.5)》，上海人民出版社2017年版，第1396—1397页。

是这条路线；

第二条路线由上海乘船到大连，换火车到哈尔滨，候松花江开冻，由松花江、黑龙江取道黑河到赤塔，如刘少奇、任弼时、罗觉（罗亦农）、肖劲光、秦抱朴、廖化平等赴俄，走的就是这条路线；

第三条路线从上海乘火车到北京，换乘京奉通车经张作霖控区到奉天，至哈尔滨，再换乘中东铁路火车过满洲里出境到苏俄境内的赤塔。陈为人孑身孤行探路成功和董锄平等人在满洲里被捕赴俄未成，走的正是这条路线。①

据《韦素园传》一书记载：

（韦素园等）一行人从上海的吴淞口登上客轮，目标日本长崎。取道日本，是团组织精心安排的。……从日本走，坐客轮，往东北方向走，到长崎北上，过符拉迪沃斯托克（海参崴）再北上，到哈巴罗夫斯克（伯力），然后向西走，到布拉戈维申斯克，……再过贝加尔湖，转道莫斯科。这一漫漫长路，严峻地考验着他们的智慧和耐力。船到长崎，停了一段时间，自然少不了一番盘查，好在问题不大。从长崎到海参崴是一段漫长的航行，海参崴位于亚欧大陆东面，阿穆尔半岛最南端，俄、中、朝三国交界处，三面临海，气温与国内差别极大。从上海出发的时候，大家是一身单衣，等到了海参崴的时候，就无力抵挡北方的低温了，一个个冷得直打战。从海参崴到哈巴罗夫斯克（伯力），又是一段漫长的路途，中间还隔着一条伊曼河。伊曼河两岸是两个天下，海参崴还在日本的占领之下，而伯力已经由苏联红军控制，一边是“白区”，一边是“红区”。在这里，挨冻受饿倒是小事，最关键是危机四伏，还要顾及下一步行程。他们小心地行走在人迹稀少的街道上，装作若无其事的样子，暗暗打听，几经周折，才终于找到

① 吕芳文：《陈为人传》，人民出版社1997年版，第43页。

了第三国际驻海参崴办事处。到了这里，他们才舒了一口气。①

1982年10月，曹靖华在谈到从上海到苏俄留学时，对这段往事仍印象深刻，但具体细节已有些模糊。他饶有兴趣地讲道：

我是第几批去苏联的不记得了。我只记得我们这一批有七八个人，是王一飞带领。此外还有韦素园、吴葆萼、卜士畸等。我们从上海出发，在海上走了三天，在日本长崎停了半天。到海参崴我们在一家大旅馆里住了两三天，又往伯力出发。在动身前往伯力去时，王一飞才正式告诉我们，我们都属于中国社会主义青年团，是团员。乌苏里是个红军与白军交界处。白军在海参崴，红军在伯力，中间是无人区。我们在乌苏里下了火车，见到站岗的是日本人，他们帮助白军。我们问去伯力有没有火车，日本人听不懂。于是我们七八个人穿过火线，步行过去。在国内，S. Y. 给我们每一个人发了一张小条，上面用打字机打的俄文字。组织上说这就是"护照"，千万不能丢了；如果落在白党手里，我们就会没命了。必须见到红军才能拿出来；要求我们收藏好，还一再说这是我们的命根子。在过交界处时，吴葆萼带的S. Y. 发给的条子被搜查出来了。这时，红军哈哈大笑，说："原来都是同志，我们是一家人。"唯恐我们不相信，他们从衣兜里掏出袖章布条，证明自己是红军。然后送我们到高级车长室，把我们当贵宾保护起来。我记得在伯力时，打开水，但没水壶，用个盆盛，用水碗舀水喝。我不小心，开水烫伤了我的脚，不能行走。于是大家都走了，只留下我一个人。这时恰逢"五一"节，我一个人在伯力过的。等我的脚伤好了，我坐火车追赶他们，走到中西伯利亚时，就追上了他们。那时的火车是走一段停一段。火车有两节车厢专门装木柴。我们坐在火车上，走一段就要下来上柴、装车，车才能走动。就这样，从伯力到

① 黄圣凤：《韦素园传》，安徽文艺出版社2020年版，第61页。

莫斯科，足足走了个把月。①

据陈为人讲，1921年新春后不几日，就登上了北去的火车，经天津，出山海关，过奉天(沈阳)到长春，再到哈尔滨。到达满洲里时已身无分文，连最后一笔车马费都付不起了。于是，写好一张便条夹在母亲给做的那床土布被包里，留下抵做川资。经与该地苏俄同志取得联系，签好护照，启程去赤塔。出满洲里，经赤塔到莫斯科都是乘坐火车。乘坐的是一辆载货的闷罐火车，没有餐车，更没开水和取暖设备。在赤塔上车之前，从红军那里领了两个像枕头一样的黑面包，背在身上，饿了就啃上几口，渴了就喝凉水。因为没有煤，火车走得很慢，要靠木柴推动机车。当火车停下来的时候，要下车，顶着冰冻去搬运木柴。遇到破坏严重的铁路桥梁，还要参加抢修，完成护路红军交给的突击任务。经过两个多月的艰难困苦，才到达莫斯科。由于是先期到达，正在筹备中的莫斯科东方大学还未开学。②

当年的苏维埃俄国，国内战争造成累累伤痕，铁路交通时续时断，社会秩序也相当混乱，生产遭受严重破坏，燃料奇缺，火车靠烧柴勉强运行，甚至连劈柴也经常短缺，火车走一路，停一路。在茫茫西伯利亚广阔无垠的平原与丘陵地带，除了火车，当时难以找到另一种交通工具。曹靖华对这段经历深有感触，“车行我亦行，车止我亦止。在铁路沿线的大小车站上，他不知度过了多少个西伯利亚的寒夜。从海参崴到莫斯科，花了一个多月的时间，经过多次周折，总算平安抵达了目的地”③。

肖劲光在回忆录中说：大概是初春时节，我们从吴淞港登上轮船，离开了上海，离开了我们的祖国。对远涉重洋的重重困难，我们考虑得不

---

① 《青运史资料与研究》第3辑，中国社会科学院青少年研究所青运史研究室1983年版，第292—293页。

② 吕芳文：《陈为人传》，人民出版社1997年版，第45—46页。

③ 余沈阳主编：《王一飞传略·文存》，中共党史资料出版社1988年版，第12页。

多，真有一股“初生牛犊不怕虎”的劲头。那时“俄国”是希望和光明的象征，对我们的吸引力太大了。① 他在1980年写的《忆赴苏学习的刘少奇同志》一文中，特别提到中国军阀政府驻海参崴总领事馆搜查的情形。

> 中国军阀政府驻海参崴的总领事馆，对我们很注意，他们知道我们的姓名、从哪儿来的，误认为我们是孙中山派到俄国去的代表，抓了我们几个人去审问。被抓的有刘少奇、吴芳同志，这几个同志都是我们的负责人，年纪都比较大一些。听说在审问时，敌人摆出一副威风凛凛的阵势，两边站的刀枪手，就像唱戏那样。领事馆的人问少奇同志是干什么的，少奇同志沉着地回答说：是做裁缝的。因为当时南方人跑到北方来，大多是做苦工，或者是做裁缝、理发等手艺活的。少奇同志是湖南人，说湖南话，他们也听不太懂。不管怎么问，少奇同志始终讲是学手艺的。审问没有结果，威胁一顿，就把刘少奇等同志放了。②

刘少奇对这段经历记忆犹新，多年后还清晰地记得，“坐火车到莫斯科走了三个月，火车上没有煤炭，烧木炭；没有木炭，还要坐车的人到山上背，背回来然后才能坐火车走。一有紧急事情，火车搞别的东西，车皮就摆个把礼拜，因此从海参崴到莫斯科走三个月，还不算慢。夏天(7月)共产国际开第三次代表大会，我们住在共产国际宿舍。那时莫斯科办了一个东方大学，我们去的时候是头一班”③。

任弼时在给父亲任思度的信中写道：“儿已约定同志十余人今日下午起程，去后当时有信付回。沿途一切既有伴友同行，儿亦自当谨慎，谅不

---

① 《肖劲光回忆录》，解放军出版社1987年版，第18页。

② 黄圣凤：《韦素园传》，安徽文艺出版社2020年版，第62页。

③ 中共上海市委党史研究室、中国社会主义青年团中央机关旧址纪念馆编：《觉悟渔阳里：上海社会主义青年团创建史料选辑(1919.5—1922.5)》，上海人民出版社2017年版，第1352—1353页。

致意外发生，大人尽可勿念过远。既专心去求学，一年几载，并不可奇，一切费用，交涉清楚，只自己努力，想断无变更。至若谋学上海，儿前亦筹此为退步之计，不过均非久安之所，此事既可成功，彼即当作罢论。”①他向父亲表示，已做好几年不归的准备，但遗憾的是二十几年后弼时事业有成时，父亲却早已离世了。

罗觉(罗亦农)在中共旅莫支部第二次大会上的报告中对旅俄的目的讲得非常明确：“不是为学士、硕士的头衔以备归国后为晋身之阶的，为的是来学习无产阶级革命的理论和实践(马克思主义、列宁主义、十月革命的经验)及训练自己成为忠实、实干，以革命为职业的共产主义者。”②

在许之桢的记忆里，外国语学社派出了三批学员去东方大学学习。

> 第一批去苏联的大约有二十人。……刘少奇同志自一九二〇年秋天到上海，在上海不久就去莫斯科(即一九二〇年冬)。直到一九二二年回国。……刘少奇当时是青年团员。第二批去苏联的有柯庆施等。第三批是一九二一年二月，有王一飞、傅大庆、梁百达、任弼时、肖劲光和我等十一人。……我是一九二二年在苏联入党的。当时这些人都是社会主义青年团团员。③

李达回忆说：“1921 年秋天，第三国际东方局要我们派一批青年到莫斯科学习，我们就是经过党的组织在上海、北京、武汉、长沙四个地方，选派了一二十个青年送去的(大概是这四个地方)。罗觉、任弼时都是这一次去的。他们到哈尔滨后由一俄国朋友接头，然后出国。联系暗号是这一

---

① 中共上海市委党史研究室、中国社会主义青年团中央机关旧址纪念馆编：《觉悟渔阳里：上海社会主义青年团创建史料选辑(1919.5—1922.5)》，上海人民出版社 2017 年版，第 1354 页。

② 《罗亦农文集》，人民出版社 2011 年版，第 409 页。

③ 许之桢：《关于渔阳里六号的活动情况》，《“一大”前后：中国共产党第一次代表大会前后资料选编》(二)，人民出版社 1980 年版，第 58—59 页。

俄国朋友在哈尔滨车站等他们，口中含一支始终不点火的纸烟。他们这批学生，有留俄一年的，有两年的，有的在那里入了党，这就使得我们的党添了一批蓬蓬勃勃有朝气的生力军。”①1921 年 4 月前后外国语学社分批分组输送青年学生数十人赴俄。他们带着杨明斋等人写的介绍信，装扮成“新闻记者”“商人”“裁缝”“理发师”等各种身份的人，冲破重重障碍，先后抵达莫斯科，进入东方大学中国班学习。

受到同样吸引的还有瞿秋白。他并不是以外国语学社的学员身份赴俄，而是作为《晨报》特派记者。1920 年秋，瞿秋白远赴苏俄采访。他怀着“总想为大家辟一条光明的路”的抱负，认真考察十月革命后苏俄的政治经济形势，以亲见亲闻向中国人民系统介绍第一个社会主义国家初创时的蓬勃景象。由于较早接触和研究马克思主义，了解苏俄社会情况，1921 年秋，瞿秋白担任了莫斯科东方大学中国班教员，为刘少奇、罗亦农、任弼时等讲授俄文、唯物辩证法、政治经济学等课程，并担任政治理论等课程的翻译，表现出很高的思想理论水平，受到大家的尊重。他在《饿乡纪程》中写道：

> 启程了，启程了！向着红光里去！苏维埃俄国，是二十世纪世界第一个社会主义共和国，究竟如何情形，虽有许多传说，许多宣传，又听见他们国内经四年欧战三年内乱，总不知详细，只是向着自由门去，不免起种种想象。此去且要先经新造的民主主义的远东共和国——为苏维埃俄国之缓冲地，行民主主义制度而执政党是共产党——布尔塞维克；亦是研究的兴趣盎然。②

莫斯科东方大学在校学生学习的主要内容是政治、国际工人运动史和

---

① 中共上海市委党史研究室、中国社会主义青年团中央机关旧址纪念馆编：《觉悟渔阳里：上海社会主义青年团创建史料选辑（1919. 5—1922. 5）》，上海人民出版社 2017 年版，第 1343 页。

② 瞿秋白：《饿乡纪程》，太白文艺出版社 1995 年版，第 45 页。

俄文，具体学习的有列宁的《青年团的任务》、布哈林的《共产主义 ABC》、波格丹诺夫的政治经济学以及《共产党宣言》，另外还有有关工会运动的小册子等。

林达致青年共产国际二大代表资格审查委员会申请书中谈道：“中国青年组均为社会主义青年组织成员，一行 14 人，来自上海。”①“一行 14 人”即来自外国语学社的革命青年罗亦农、刘少奇、任弼时等人，已进入莫斯科东方大学中国班学习。1921 年 7 月在莫斯科召开的青年共产国际第二次代表大会上，中国青年代表第一次出现在世界舞台上。来自东方大学的社会主义青年团团员（都曾就读于外国语学社）袁笃实（袁达时）、任岳、卜士奇、韩平的、韩伯画（庄文恭）、陈启沃、吴先瑞、彭泽、曹雪春、彭图炜、陈为人、吴芳、彭湃出席了本次大会，青年团书记俞秀松是有“表决权”的代表，张太雷和陈为人是有“发言权”的代表，瞿秋白是翻译，其他社会主义青年团团员是旁听者。据解密档案记录，俞秀松作为出席青年共产国际第二次代表大会的正式代表提交了《参加青年共产国际第二次代表大会的中国社会主义青年团代表团致第三国际向资格审查委员会的声明》②，要求取消以共产党名义参会的江亢虎等人的代表资格，表达了革命青年坚定的革命志向和担当精神。

外国语学社的学员张学琅赴俄后，于 1921 年 8 月 24 日在莫斯科以“蕴良”的署名写的信中，对到莫斯科后的情形以及就读学校的状况做了详细的描述：

（二）到莫斯科以后的情形

我们到莫斯科时，正值第三国际开第三次大会，俄政府把我们做

① 中共浙江省委党史研究室编：《俞秀松纪念文集》，当代中国出版社 1999 年版，第 315 页。

② 中共上海市委党史研究室、中国社会主义青年团中央机关旧址纪念馆编：《觉悟渔阳里：上海社会主义青年团创建史料选辑（1919.5—1922.5）》，上海人民出版社 2017 年版，第 1464 页。

国际代表一样的招待，饮食起居，无不好极，就是出入游览或洗澡观剧，也有专车，于此可以想见了！好好地休养了20余天，于8月3号，就搬入学校寄宿舍来了。

（三）现在学校的状况

我们所入的学校叫作"东方劳动共产大学校"，今年五六月间才开办的，所以校内一切设备现在不大完全。但学生极多，此时就有五六百人了（其中女学生数十人），大概以中亚、西亚诸民族的学生居多数，中国占有30余人，朝鲜、日本、蒙古、印度等处都有学生在内。校址是一座5层高大的房间，教室很多，俱乐部图书室俱备，食堂设于校侧，全校人等都在那里饮食，所以每至吃饭的时间，异常拥挤，领面包处亦然。……

我们现在因俄文不能直接听讲，故在此暂专习俄文。每日上午上3点钟，教师是一俄人，曾在哈尔滨20多年，中语极好，且通晓英、法等文，所以俄文虽难，也颇不觉困难。此外，每日下午有两点钟的普通政治学，讲的是两位中国的同志。我们俟能直接听讲时，随各人所长，或仍在此校或入别校研究专科。此地除此校外，听说还有一个世界共产大学校，该校设备极为完全，这校与那校，都声气相通，我将来或入该校亦未可知，但总在一年以内的事，因为俄文极难，非此长期间的学习无论你天性如何快，总难得直接听讲，何况我这鲁钝人呵！……

近因东俄方面旱灾异常重大，劳农政府极力设赈救济，各机关和各学校也设种种游戏方法，招引观客，筹款助赈，这样也组织了一个音乐部，此时正在演习，预备募捐，我们也加入其中，唱戏、吹箫、打拳，颇受大家欢迎鼓掌。

以上所说的仅是我们的现在状况，至于我们在此究有个甚么团体呢？就是叫作"旅俄中国青年共产团"，这个团体内分交际、秘书、庶务、编译、图书、卫生六部，团务正在积极进行。其中详情，现不多述。①

张学琅还在信中说道："沿途的俄人，你迎我送，招待尤为周到。……我们每人领了第三国际东方共产大学的入学证和护照各一纸。"②

中国共产党成立后，莫斯科东方大学中国班也开始建立党的组织，刘少奇、罗亦农、彭述之、陈为人、卜士奇等中国社会主义青年团员首批转为党员，组成中国共产党旅俄支部，亦属于东方大学总支部领导。因此，刘少奇、罗亦农等在当时，既是中共党员，也是联共(布)党员，并正式接受了联共(布)党员证书编号。③

直到1921年8月，随着俞秀松以及大批外国语学社学员赴莫斯科东方大学学习，外国语学社办学活动宣告结束。在这期间，共产国际三大和少共国际二大相继在莫斯科举行。正在莫斯科东方大学学习的外国语学社的学员也应邀参会，轮流出席了共产国际三大和少共国际二大。出席会议的学员有刘少奇、任弼时、罗亦农、肖劲光、任作民、彭述之、曹靖华等十几人。综合各种资料初步查知外国语学社学员进莫斯科东方大学的约30人。湖南方面有刘少奇、罗觉(罗亦农)、袁笃实(袁达时)、陈为人、卜士奇、吴芳、周昭秋、彭述之、肖劲光、任弼时、任岳、任作民、胡士廉、张学琅(张蕴良)、许之桢等；浙江方面有俞秀松、庄文恭、王一飞、谢文锦、梁柏台、华林；安徽方面有蒋光慈、吴葆萼、韦素园、章人功；四川方面有廖划平；江西方面有傅大庆；河南方面有曹靖华；上海方面有秦抱朴等。有些学生虽在学社学俄文而因各种原因未能赴俄，如叶天底因伤寒病发，周伯棣正谋业，李启汉、李中因革命工作需要留国内；也有学生已

---

① 蕴良：《游俄通信》，长沙《大公报》，1922年2月4日。

② 中共上海市委党史研究室、中国社会主义青年团中央机关旧址纪念馆编：《觉悟渔阳里：上海社会主义青年团创建史料选辑(1919.5—1922.5)》，上海人民出版社2017年版，第1405页。

③ 吕芳文：《陈为人传》，人民出版社1997年版，第48页。

经赴俄而未进莫斯科东方大学，因受当时交通阻塞，如汪寿华（何今亮）就留在西伯利亚负责组织华工团体的工作。[①] 总之，外国语学社在艰难的境况下，完成了选送革命青年赴俄的光荣任务。

1921 年 8 月 26 日，共产国际执委会小局（也称执行局）为对抗美国等 9 个国家将要召开的华盛顿会议而召开会议，决定于“11 月 11 日在伊尔库茨克举行远东人民代表大会，议程与华盛顿会议相同”[②]。后来，会议延期至 1922 年 1 月 21 日在莫斯科举行，出席会议的有中国、朝鲜、日本、蒙古及其他远东国家的代表。在来自中国的代表中，包括就读于莫斯科东方大学中国班的瞿秋白、任弼时、俞秀松、肖劲光、彭述之和蒋光慈。[③] 在这 6 人中，有 5 人来自外国语学社。此外，代表南京的社会主义青年团的柯庆施，代表湖北汉口正义报驻上海的记者马念一（马哲民）也是外国语学社培养的学员。

1925 年春夏之交，共产国际作出重要决定，在莫斯科东方大学中国班学习的全体学员分批回国参加革命工作。

概而言之，外国语学社是由上海共产党早期组织领导，陈独秀、杨明斋等主办的旨在培养具有坚定的革命信念、扎实的马克思主义理论素养、广阔的国际视野的职业革命家[④]的青年干部学校。

---

① 陈绍康、刘荣珠：《略论外国语学社几个特点与人才的作用》，《上海革命史资料与研究》第 2 辑，上海三联书店 2002 年版，第 268—269 页。

② ［德］郭恒钰、［俄］M. L. 基塔连科主编：《联共、共产国际与中国》第 1 卷（1920—1925），李玉贞译，台湾东大图书股份有限公司 1997 年版，第 41 页。

③ 冯铁金：《关于出席“远东会议”的中国代表情况》，《上海革命史资料与研究》第 12 辑，上海古籍出版社 2012 年版，第 522 页。

④ “职业革命家”的提法出自列宁。按照列宁的说法，“职业革命家”是指那些“主要是以革命活动为职业”的人。在列宁看来，无产阶级革命事业的参加者虽然来自不同的阶级和阶层，原先各有自己的职业，但他们成为职业革命家后，就放弃了原先的职业，或将其置于次要地位，而以革命工作作为自己唯一的或主要的职业了。各个职业革命家为了共同的目标走到一起、结成一个整体之后，他们之间本来的职业差别自然消失，从而只具有“革命”这一共同的特征了。

第四章　外国语学社的同址机构

与外国语学社相同地址的工作机构有中俄通讯社、社会主义青年团（后亦为中国社会主义青年团临时中央）以及教育委员会等，地址同为法租界霞飞路新渔阳里6号。

一、中俄通讯社

中俄通讯社是维经斯基一行到上海后不久，在上海共产党早期组织的领导下创办起来的一个公开的活动机构，由杨明斋任社长。社址就设在上海社会主义青年团所在地，其后，又在此地创办外国语学社。中俄通讯社在此设立后，就组织外国语学社的青年学生从事该社的缮写、油印、收发等工作。《中国共产党创建史辞典》对“中俄通讯社”的释义是：

> 中国共产党创建时期设立的通讯社。社址在上海霞飞路渔阳里（今淮海中路567弄）6号。1920年7月2日在吴廷康的帮助下建立，杨明斋负责。外国语学社的学生担任该社的誊写、油印、收发等工作。通讯社从北京、上海把中国的消息发往莫斯科，又把介绍苏俄情况的文稿送上海《民国日报》《新青年》等31家报刊发表。该社共发新闻稿68篇，稿件被中国各地31家报刊采用。北京成立了分社，其稿源大部分直接来自苏俄远东地区赤塔、海参崴以及莫斯科等地，也有少量消息转译于英、美、法等国报纸杂志。内容有政治、经济、文教、战事、工运、妇女等方面，向中国人民广泛传播马克思主义，介

绍俄国革命和建设的经验，反映共产国际在中国活动的情况和中共早期组织在上海活动的史实。①

中俄通讯社发表的第一篇题目为《远东俄国合作社情形》的稿件就是通过上海《民国日报》以“中俄通讯社”的名称发稿的，时间为1920年7月2日。随后，中俄通讯社在《民国日报》陆续发表了多篇稿件。如《劳农俄国之新制度》《俄国劳动合作社小史》《劳农国之新教育制度》《列宁与托洛次基事略》《劳农俄国底重要人物》《优林发表中东路意见》《日军在俄之暴行种种》等。1920年11月，该报又将中俄通讯社所发的《列宁小史》《列宁关于劳动底演辞》《布尔塞维克沿革史》等逐日连载，详细介绍了列宁的生平事迹和思想。②

中俄通讯社之所以选择在《民国日报》上发表稿件，原因就在于《民国日报》的经理并兼任副刊《觉悟》主编的邵力子是马克思主义研究会的主要成员之一，也是上海共产党早期组织的热心创建者，成为中国共产党最早的党员之一。中俄通讯社的大量稿件可以在《民国日报》的“世界要闻”专栏发表。通讯社在推进马克思主义的宣传，扩大中国民众对苏俄革命斗争的了解方面，发挥了重要的教育宣传作用。上海共产党早期组织建立后，通讯社由党组织领导，杨明斋继续主持通讯社的工作。

通讯社主要开展两个方面的工作：一方面翻译和报道来自俄国和共产国际的文字材料；另一方面把中国报纸上的主要消息译成俄文通过电报发往莫斯科，在苏俄报纸上发表。从苏俄传过来的稿件绝大部分来自莫斯科、海参崴和赤塔，少量消息来自西方的英、美、法等国的报刊。当时，上海各个报刊刊登有关苏俄的新闻都由西方国家的通讯社提供，里面充斥着对俄国十月社会主义革命以及列宁领导的社会主义俄国的歪曲报道。稿件的类别繁多，包括政治、经济、文教、战事、工运、妇女等方面；形式

① 倪兴祥主编：《中国共产党创建史辞典》，上海人民出版社2006年版，第117页。

② 任武雄著，倪兴祥编：《党史研究文集》，上海古籍出版社2004年版，第507页。

多样，有长篇专论、演讲、制度与组织介绍、革命领袖介绍、俄事近讯等。

通讯社在《新青年》《民国日报》等当时在中国有广泛影响的报刊上陆续发表了许多通讯、报道等各类文章。1921 年 1 月，通讯社在《民国日报》上发表了《新俄国组织汇记》的文章指出：要关注俄国布尔什维克，但对此全面了解者不多，因此，本社特译其组织法，以供研究者参考。随后，通讯社在《民国日报》上连续发表了《布尔什维克沿革史》《列宁小史》《列宁关于劳动底演辞》《列宁答英记者质问》等文章，用文章抨击了敌人对俄国的歪曲和污蔑，也向中国人民介绍了俄国革命的真实情况。

据中共一大会址纪念馆陆米强研究员考证，从当时《民国日报》上查到，该报采用中俄通讯社发出新闻稿的时间为 1920 年 7 月 2 日。关于通讯社先后改变的名称，在《民国日报》上也有明确的反映，通讯社于 1920 年 12 月 19 日以前用中俄通讯社，1921 年 1 月 1 日至 5 月 5 日(除 1 月 19 日、1 月 26 日、5 月 4 日用中俄通讯社之外)均用华俄通讯社。1921 年 5 月 7 日至 5 月 14 日又用上海华俄通讯社。1921 年 5 月 15 日有 7 则公布的新闻稿用华俄通讯社，有 1 则公布的新闻稿用上海华俄通讯社，5 月 17 日至 19 日、5 月 21 日也用上海华俄通讯社。从 1921 年 5 月 22 日至 1925 年 8 月 1 日(除 8 月 6 日用上海华俄通讯社之外)均用华俄通讯社。①

从 1920 年到 1925 年《民国日报》对通讯社的发稿情况来看，使用了“中俄通讯社”“华俄通讯社”以及“上海华俄通讯社”三种不同的通讯社名称。从《民国日报》1920 年 7 月 2 日发出“中俄通讯社”的第一篇稿件到 1921 年 1 月，历时半年多的时间内都是用“中俄通讯社”的名称机构发稿的，而 1921 年 1 月后，交替使用“华俄通讯社”和“上海华俄通讯社”，就很少使用“中俄通讯社”了。

那么，中俄通讯社为什么改为华俄通讯社？中俄通讯社和华俄通讯社是否是同一个通讯社？中俄通讯社与华俄通讯社之间有什么内在的联系？

---

① 陆米强：《中共建党前后四则重要史实辨证》(上)，《上海党史与党建》2005 年 2 月号。

对于这个问题，党史界存在三种不同的观点：

第一种观点：中俄通讯社就是华俄通讯社。共青团上海市委员会编的《渔阳里的故事》写道："渔阳里 6 号是中国社会主义青年团中央机关旧址……这里还有杨明斋负责的华俄通讯社。"①李新、陈铁健主编的《伟大的开端(1919—1923)》中写道："为了共产国际和苏俄取得密切的联系……上海党组织办了华俄通讯社。"②周尚文主编的《中国共产党创建史》中写道："在渔阳里 6 号：杨明斋还设立了中俄通讯社(或称华俄通讯社)。"③

第二种观点：中俄通讯社后改为华俄通讯社。中共上海市委党史研究室著的《中国共产党上海史(1920—1949)》中写道："1920 年 7 月间，在维经斯基的指导下，在上海设立了中俄通讯社(后称华俄通讯社)。"④余世诚、张升善编著的《杨明斋》中写道："中俄通讯社(后改为华俄通讯社)是维经斯基一行到上海后不久，由共产国际工作组建立的一个公开活动机构，由杨明斋任社长，社址设在渔阳里 6 号。"⑤

第三种观点：中俄通讯社与华俄通讯社在性质上是不同的两个通讯社。李丹阳、刘建一发表在《上海革命史资料与研究》上的文章《"中俄通信社"与"华俄通信社"异同之考辨》中写道："中俄通信社与华俄通信社不能混为一谈。"⑥陆米强在《"中俄"和"华俄"通信社不能混为一谈》一文中写道："中俄通信社与华俄通信社的性质和具体情况是不同的，二者不能混为一谈。"⑦

---

① 共青团上海市委员会编：《渔阳里的故事》，上海教育出版社 2004 年版，第 10—11 页。

② 李新、陈铁健主编：《伟大的开端(1919—1923)》，中国社会科学出版社 1983 年版，第 330 页。

③ 周尚文主编：《中国共产党创建史》，上海人民出版社 1991 年版，第 220 页。

④ 中共上海市委党史研究室：《中国共产党上海史(1920—1949)》，上海人民出版社 1999 年版，第 47 页。

⑤ 余世诚、张升善编著：《杨明斋》，中共党史资料出版社 1988 年版，第 10 页。

⑥ 李丹阳、刘建一：《"中俄通信社"与"华俄通信社"异同之考辨》，《上海革命史资料与研究》第 13 辑，上海古籍出版社 2013 年版，第 291 页。转引自《世纪》2004 年第 6 期。

⑦ 陆米强：《"中俄"和"华俄"通信社不能混为一谈》，《世纪》2004 年第 6 期。

中国社科院近代史研究所李玉贞研究员在《中国共产党成立之前的苏俄密使》一文中指出：1920年4月，魏金（维经）斯基在上海建立了由5人组成的革命委员会，该委员会下设出版、情报鼓动和组织三处。情报处的主要工作成果是建立华俄通讯社。包惠僧回忆说："新渔阳里6号办了一个华俄通讯社，由杨明斋同志负责，并不经常出稿，办了一个俄文补习班，由杨明斋任教，有十几个学生在那里学俄文。"①苏联贾比才认为，1920年7月2日，维经斯基为负责人的五人共产国际代表团在法租界霞飞路新渔阳里6号，"维经斯基亲自创建了华俄通讯社，通讯社的社长是杨明斋"②。这个通讯社是上海革命局宣传报道部下属的通讯机构，又是苏俄中央新闻通讯社罗斯塔社北京分社的上海分机构。③ 俄共（布）中央西伯利亚局东方民族处向共产国际执行委员会的报告解密档案记录，上海革命委员会成立了三个处，其中"情报处在上海组建了华俄通讯社，北京也建立了一个分社"④。

根据上述史料，我们可以这样推断，1920年，维经斯基到上海后，打算设立华俄通讯社，由杨明斋具体负责。但杨明斋来到上海后，很快参与创办了马克思主义研究会，作为发起人创建上海共产党早期组织，创办外国语学社，同时，上海共产党早期组织也需要创办一个通讯社来开展革命活动。通讯社成立时名称便称为"中俄通讯社"。这是由上海共产党早期组织创办的通讯机构。

1920年底至1921年春，在杨明斋的具体安排下，外国语学社的学员分批到莫斯科东方大学去学习。在此期间，杨明斋和张太雷还专程赴伊尔

---

① 包惠僧：《共产党第一次全国代表会议前后的回忆》，《"一大"前后：中国共产党第一次代表大会前后资料选编》（二），人民出版社1980年版，第303—304页。

② ［苏］M. C. 贾比才：《中国革命与苏联顾问》，摘自余世诚、张升善编著，《杨明斋》，中共党史资料出版社1988年版，第91页。

③ 苏智良主编：《城市·空间与中共建党》，上海教育出版社2018年版，第114页。

④ 中共上海市委党史研究室、中国社会主义青年团中央机关旧址纪念馆编：《觉悟渔阳里：上海社会主义青年团创建史料选辑（1919.5—1922.5）》，上海人民出版社2017年版，第1442页。

库茨克，向共产国际远东书记处汇报有关在中国如何建立统一的全国性共产党组织的情况。[①] 由于杨明斋是中俄通讯社的社长，他离开上海后，中俄通讯社没有人接手管理，也就宣告结束了。从1921年起，在上海又设立了华俄通讯社，华俄通讯社和中俄通讯社的性质是不同的，华俄通讯社是由苏俄直接管理的。[②] 1921年5月17日，《广东群报》在刊登的《本报记者与华俄通讯社驻华经理之谈话》一文中指出："华俄通讯社驻华经理贺德罗夫先生偕同该社职员薛撼岳君从上海来广州"，"两位此次来粤，打算在广州设立华俄通讯社。华俄通讯社是达罗德(总社在赤塔)、洛斯德(总社在莫斯科)两个通讯分社合组而成的"。由此可见，华俄通讯社是苏俄设在中国的通讯机构，由苏俄直接领导和管理。另外，据当时上海《民国日报》以华俄通讯社名义刊登的大量新闻稿件充分证明，华俄通讯社曾在上海、北京、哈尔滨、奉天等地设立分社。

从上述分析来看，华俄通讯社存在的时间要比中俄通讯社长得多，中俄通讯社存在的时间是1920年7月2日至1921年1月，以后很少用此名称发稿；华俄通讯社存在的时间是1921年1月至1925年8月，发稿时间长达4年之多，发出的稿件达1284篇。华俄通讯社在中国各地设立分社，是经共产国际同意的。其工作均由苏俄(苏联)政府派遣有关人员直接负责。华俄通讯社在中国设立后，大量报道苏俄(苏联)社会主义革命和建设的消息，介绍各国时事形势。同时，共产国际还以华俄通讯社的名义做掩护，派出有关人员经常与中国共产党的重要领导人取得工作联系。据此，笔者认为，中俄通讯社与共产国际和中国共产党具有双重的关系，中俄通讯社既反映共产国际在中国活动的史实，又反映中国共产党早期组织在上海活动的史实。华俄通讯社则着重反映共产国际在中国活动的情况，与中国共产党的活动没有直接关系。

杨明斋所领导的中俄通讯社在国内报刊上刊登了大量的文章，对中国

① 余世诚、张升善编著：《杨明斋》，中共党史资料出版社1988年版，第17页。

② 陆米强：《中共建党前后四则重要史实辨证》(上)，《上海党史与党建》2005年2月号。

共产党的成立以及马克思主义在中国的传播做了舆论的准备。

华俄通讯社延续的时间远比中俄通讯社长，大约直到1925年夏塔斯社成立不久，其名才消失。可以肯定地说，华俄通讯社1920年至1922年间是苏俄和远东共和国政府的驻华通讯社，以后是苏联政府的驻华通讯社，绝非中国共产党所办。①

综上来看，中俄通讯社是在共产国际的帮助下由中国共产党早期党组织在中国创办的第一个红色通讯社，也是后来瑞金中华通讯社(新华社前身)的先声，具有同共产国际和中国共产党双重关系，它为马克思主义在中国的传播、工人运动的发展、中国共产党的成立做了舆论准备，对于推动中国革命的发展发挥了不可替代的作用。

二、社会主义青年团

中国的青年团是中国共产党领导的先进青年的群众性组织，也是中国共产党的助手和坚强的后备军。在上海共产党早期组织创建之时，陈独秀就认为，要“组织一个社会主义青年团，为中共的后备军，或可说是共产主义预备学校，这个团的上海小组预计最先约有三十多人参加，他说这在苏俄叫作少年共产党，在中国则可命名为社会主义青年团，加入的条件不可太严，以期能吸收较多的青年”②。

上海共产党早期组织成立以后，就着手考虑培养青年干部，并把其作为首要任务，在革命青年中挑选预备党员。这样党组织就有了建立青年组织的意愿。而维经斯基到上海时也曾积极推动建立青年团，在学生联合会的代表中开展酝酿发动工作，向共产主义知识分子介绍苏俄共青团的组织。上海共产党早期组织和共产国际代表在建立青年团方面取得了一致意见。而在这一时期，受五四运动的影响，浙江、湖南、湖北、安徽、广东

① 李丹阳、刘建一：《“中俄通信社”与“华俄通信社”异同之考辨》，《上海革命史资料与研究》第13辑，上海古籍出版社2013年版，第295页。

② 张国焘：《我的回忆》第1册，东方出版社1998年版，第97页。

等地的一些进步青年，或因学潮被迫离校，或因摆脱封建家庭的束缚，或因渴求充实新的知识与了解新的学说，纷纷到上海找新青年社、星期评论社和民国日报社等，要求陈独秀、沈玄庐、陈望道、邵力子等人给他们指点和帮助，寻求实现新的理想的道路。参加“上海工读互助团”和“沪滨工读互助团”的一些青年，当工读互助遇到种种困难不能实行时，也急切地盼望有一个引导和组织青年的革命团体。在这种情况下，上海共产党早期组织决定创建社会主义青年团。① 陈独秀指派上海共产党早期组织中最年轻的成员俞秀松负责筹建青年团的工作。

由俞秀松、张太雷等人起草的《中国代表团在青年共产国际第二次代表大会上的报告》中写道，中国革命青年建立的组织有两种倾向：(1)无政府主义小组，其口号是绝对自由；(2)社会主义者的组织，它们有社会革命的目标。“中国社会主义青年团是在后者的基础上建立的。第一个青年团是在上海成立的，它的目标是，在青年热情的帮助下来准备社会革命。最初，这个青年团被称为青年社会革命党。只是在第九次会议后，它才采用现在的名称。”②

上海共产党早期组织建立后，为了团结教育革命青年，于 1920 年 8 月 22 日，在陈独秀和杨明斋的指导下，在霞飞路新渔阳里 6 号创立社会主义青年团(这里也是外国语学社所在地)。俞秀松在成立大会上汇报了筹备情况，强调实行社会改造和宣传主义，提出把要求进步、寻找出路的革命青年团结在共产主义小组的周围的时机已经成熟，上海社会主义青年团宣告成立。

上海社会主义青年团是在上海共产党早期组织的指导下创建起来的。当事人施存统后来回忆说：“所谓社会主义青年团的‘八个发起人’，名字记不起了……是党通过他们出面的，并不是八个人忽然异想天开地起来组

① 《俞秀松传》编委会编：《俞秀松传》，浙江人民出版社 2012 年版，第 73 页。

② 上海市中共党史学会编：《俞秀松文集》，中共党史出版社 2012 年版，第 89 页。

织一个青年团。”①在“青年团成立之初，共产党员不管年龄大小，都参加进去。陈独秀、李达也都参加了”②。

社会主义青年团的这“八个发起人”是俞秀松、李汉俊、陈望道、叶天底、施存统、袁振英、金家凤、沈玄庐。③ 选派时年21岁的俞秀松任书记。《先驱》上的报道是：“1920年8月某日，上海有八个青年社会主义者，为实现社会改造和宣传主义起见，组织了一个团体，这个团体就叫作上海社会主义青年团。”④曾就职于青年共产国际执行委员会东方部的C. A. 达林在他的《中国回忆录(1921—1927)》中证实，“中国第一个社会主义青年团组织于1920年8月底在上海成立”⑤。维经斯基来华后的主要活动记录也提到，1920年8月，上海社会主义青年团在新渔阳里6号成立，同时，在上述地址成立了外国语学社，准备派遣革命青年到苏俄学习，为中国革命培养干部。⑥ 现存俄罗斯国家社会政治历史档案馆的秘档(卷宗号39)解密：

> 第一个青年团是在上海成立的……1920年8月22日，社会主义青年团正式举行成立典礼，其成员均为共产主义者(共产党员)。随后，类似的青年团逐渐在北京(Peking)、天津(Tien-Tsin)，济南(Tis-nai)、广州、南京、长沙(Tchansa)成立。目前这些组织有1000个成员，其中力量最强、组织得最好的是上海青年团。⑦

---

① 《青运史资料与研究》第1辑，中国社会科学院青少年研究所青运史研究室1982年版，第139页。

② 施复亮：《中国共产党成立时期的几个问题》，《“一大”前后中国共产党第一次代表大会资料选编》(二)，人民出版社1980年版，第36页。

③ 共青团上海市委员会编：《渔阳里的故事》，上海教育出版社2004年版，第9页。

④ 《先驱》第8号，1922年5月15日。

⑤ [苏]C. A. 达林：《中国回忆录(1921—1927)》，中国社会科学出版社1981年版，第20页。

⑥ 《维经斯基在中国的有关资料》，中国社会科学出版社1982年版，第462—463页。

⑦ 上海市中共党史学会编：《俞秀松文集》，中共党史出版社2012年版，第89页。

青年团的主要任务是“接近劳动群众和研究共产主义和社会主义”①，其原则是准备社会革命。② “当时青年团每星期举行一次会议，是学习性质，每次会议都有政治报告，报告的内容多半是由党规定下来的。”③在相关文献中也显示，团接受党给予的组织罢工和进行其他政治活动的任务。同时，团在自己的工作中保持独立性。许多团员同时也是党员。④

包惠僧在回忆中提到，在新渔阳里 6 号办了一个外国语学社，为党初期的联络接洽与一些半公开活动的机关，社会主义青年团也在此处，团书记是俞秀松。俞秀松之所以被党组织选派为书记，与他交往甚密的嵇直说出了缘由：“在建党初期，他是很活跃的，经常在沪杭一带活动，陈独秀认为他在当时一些人中，年龄较小，最适合做团的工作，于是推选他当了团的书记。”⑤

上海社会主义青年团建立以后，俞秀松负责制定了团的章程，开始在先进青年中发展团员。建团后，很快就发展了任弼时、罗亦农、肖劲光、王一飞、王会晤等 30 多人。⑥ 由于当时中国共产党早期组织是秘密组织，社会主义青年团是半公开的组织，所以，党组织的一些活动都是以团的名义进行的。共青团在党组织的领导下，开展了一些卓有成效的活动，如组织上海机器工会，办工人半日学校，为《劳动界》周刊撰文，参加“马克思诞生纪念会”“李卜克内西、卢森堡纪念会”、国际三八妇女节和国际五一

---

① 《中国社会主义青年团代表在青年共产国际第二次代表大会上的报告》，原载《远东人民》1921 年第 4 期，译载《青运史研究》1984 年第 3 期。

② 中共上海市委党史研究室：《中国共产党上海史（1920—1949）》，上海人民出版社 1999 年版，第 90 页。

③ 包惠僧：《党的一大前后》，《一大回忆录》，知识出版社 1980 年版，第 28 页。

④ 中共浙江省委党史研究室编：《俞秀松纪念文集》，当代中国出版社 1999 年版，第 199 页。

⑤ 中共上海市委党史研究室、中国社会主义青年团中央机关旧址纪念馆编：《觉悟渔阳里：上海社会主义青年团创建史料选辑（1919. 5—1922. 5）》，上海人民出版社 2017 年版，第 1383 页。

⑥ 《俞秀松传》编委会编：《俞秀松传》，浙江人民出版社 2012 年版，第 74 页。

劳动节等庆祝活动。比如在纪念李卜克内西和卢森堡的纪念活动中，李启汉担任大会主席并在会上介绍李、卢两人的传略。陈独秀、陈望道等在会上发表演说，号召人们继承他们奋斗不懈的献身精神。①

在革命活动中锻炼了青年干部，一大批优秀青年脱颖而出，由青年团员发展为共产党员，有不少人成为党团组织的重要负责人。

李达特别提出，“新渔阳里6号两上两下的房子，是可以纪念的”，这里是“最初创办的社会主义青年团的地址”。1920年夏季，内地有许多革命青年离开家乡到上海找《新青年》杂志社的陈独秀。“党在上海发起以后，决定成立社会主义青年团，并租定新渔阳里6号作为容纳青年的处所，并介绍他们加入社会主义青年团(简称S. Y.)。派俞秀松同志(党的发起人之一)负责主持。这些青年大约有二十人(罗亦农同志在内，他当时叫罗觉)，在这幢房子外，还挂了‘外国语学校’(外国语学社)的招牌。”②

社会主义青年团和外国语学社同在一处办公，都在由杨明斋出面租借的新渔阳里6号房子里，由于党和团的工作分别处于秘密和半公开的状态，以党团组织的大部分活动和会议都是在外国语学社进行和召开的。可以说，外国语学社既是学员学习和活动的地方，也是掩护党、团组织进行革命的场所，而青年团则是外国语学社的政治核心组织。③

据外国语学社的学员，同时也是社会主义青年团团员的柯庆施回忆：“1920年下半年我们到上海时，住在渔阳里六号，当时的组织就叫社会主义青年团，对外的名义是外语学校。”④18岁的柯庆施开始与陈独秀通信。陈独秀喜欢这位比他小20多岁的小同乡。不久陈独秀给柯庆施写信，让他

---

① 倪兴祥主编：《中国共产党创建史辞典》，上海人民出版社2006年版，第47页。

② 李达：《关于中国共产党建立的几个问题》，《“一大”前后：中国共产党第一次代表大会前后资料选编》(二)，人民出版社1980年版，第4页。

③ 中共上海市委党史研究室：《中国共产党上海史(1920—1949)》，上海人民出版社1999年版，第92页。

④ 中共上海市委党史研究室、中国社会主义青年团中央机关旧址纪念馆编：《觉悟渔阳里：上海社会主义青年团创建史料选辑(1919. 5—1922. 5)》，上海人民出版社2017年版，第1358页。

来上海。这一年经杨明斋、俞秀松介绍柯庆施加入社会主义青年团。

在俄罗斯国家社会政治历史档案馆完整保存了俞秀松1930年写的自传。自传中写道：

> 根据党的委派，我组织了上海社会主义青年团（现称共产主义青年团）、工人夜校和俱乐部，参加成立了一些工会组织（如机器工会、印刷工会）。同时我还担任了“劳动界”（上海党团组织的机关刊物）等刊物的编辑。此外，我还同其他同志一起组织了“外国语学社”，我们党最近几年的积极分子几乎都是该社的学生。①

上海社会主义青年团创建时俞秀松是书记，他既是团的书记，又兼任党培养青年干部的外国语学社的秘书，两项工作都干得很出色。青年共产国际执行委员会东方部谷林在1921年5月就曾写信赞扬“上海的青年团是中国青年团中最好的一个”②。

关于社会主义青年团，陈望道讲道：“社会主义青年团如果有发起人的话，那也只是一个对外的形式。青年团当时并不是一个独立的组织，对内对外不同，就看怎么说方便一点。主持青年团的是一个从俄国回来的杨明斋和一青年俞秀松，另外还有几个青年。杨明斋年纪比较大，是替党做翻译、教育工作的。”③

上海社会主义青年团的创建是适应革命形势的需要而创建起来的，“建团工作首先在外国语学社的学生中开展”④，旨在发展党的后备力量、

① 上海市中共党史学会编：《俞秀松文集》，中共党史出版社2012年版，第126页。

② 《万国青年共产党写给上海社会主义青年团的信》，《共产党》第4号，1921年5月7号。

③ 中共上海市委党史研究室、中国社会主义青年团中央机关旧址纪念馆编：《觉悟渔阳里：上海社会主义青年团创建史料选辑（1919.5—1922.5）》，上海人民出版社2017年版，第1325页。

④ 中共中央党史研究室：《中国共产党历史》第1卷，中共党史出版社2011年版，第66页。

培养党的后备军。正如施存统所讲，“青年团从一开始就是在中国共产党领导下建立和发展起来的”①。他还特别提到青年团的发起人：“所谓社会主义青年团的‘八个发起人’，名字记不起了，可能包括俞秀松、张椿年(据我记忆，即是张太雷)在内。其他都是当时一些进步知识青年。”②

关于社会主义青年团的名称，外国语学社的学员魏以新回忆说：“1920年团成立时，名字就叫‘社会主义青年团’，简称‘S. Y.’。……我记得S. Y. 经常开会，讨论如何进行工作，都是在夜晚八九点钟开的，一般的会开一两个小时。”③

到1921年上半年，上海的团员已经发展到200多人，并建立了执行委员会，由秘书、教育、组织、调查、编辑、宣传、联络、图书等8个处组成，俞秀松任执行委员会书记。④ 上海社会主义青年团成立时，国内还没有社会主义青年团组织，开创了组织青年团的先河，可以说，上海社会主义青年团起到了团的发起组的作用。为响应和借鉴上海最早的组织形式和建团经验，其他各地也都着手筹备青年团的事项，作为党的助手和预备学校，以便教育青年和壮大革命队伍。⑤ 正如共青团章程所写：“正式团中央机关未组成时，以上海团机关代替团中央职权。”⑥上海共青团组织向全国各地的革命青年寄发了团的章程，指导和推动了各地建立团组织的工作，长沙、广州、北京、武汉、天津、唐山、太原等地先后建立了团组织。

---

① 施存统：《中国社会主义青年团成立前后的一些情况》，《“一大”前后：中国共产党第一次代表大会前后资料选编》(二)，人民出版社1980年版，第71页。

② 中共上海市委党史研究室、中国社会主义青年团中央机关旧址纪念馆编：《觉悟渔阳里：上海社会主义青年团创建史料选辑(1919. 5—1922. 5)》，上海人民出版社2017年版，第1327页。

③ 中共上海市委党史研究室、中国社会主义青年团中央机关旧址纪念馆编：《觉悟渔阳里：上海社会主义青年团创建史料选辑(1919. 5—1922. 5)》，上海人民出版社2017年版，第1384页。

④ 《俞秀松传》编委会编：《俞秀松传》，浙江人民出版社2012年版，第75页。

⑤ 中共中央党史资料征集委员会编：《共产主义小组》(上)，中央党史资料出版社1987年版，第223页。

⑥ 李蓉：《中共二大轶事》，人民出版社2015年版，第52页。

截至 1921 年初，全国各地共有团员 1000 多人，成立临时团中央的条件成熟。是年 3 月，中国社会主义青年团临时中央执行委员会在上海成立，俞秀松由于在建团中做出的有目共睹的贡献，担任了临时团中央书记。

上海社会主义青年团建立后，为培养革命青年，掩护党团活动和选送留俄学生，在团组织办公地，即法租界霞飞路新渔阳里 6 号，上海共产党早期组织创办了外国语学社。

据赵朴在《青年团的组织史资料》中讲，由于加入青年团的革命青年的成分比较复杂，有马克思主义者、无政府主义者、基尔特社会主义者、工团主义者……因此在实际运动上意见不一致，常常互相冲突而且无法解决，遂于 1921 年 5 月宣告解散。的确，“那时的中国社会主义青年团，只不过带有社会主义的倾向，并没确定了哪一派社会主义。所以分子就很复杂：马克思主义者也有，无政府主义者也有，基尔特社会主义者也有，工团主义者也有，莫名其妙的也有”①。

1921 年下半年，张椿年（张太雷）带着国际少年共产党在中国组织少年共产党的指令从苏俄回国，经协商后，于 1921 年 11 月正式恢复，并成立了临时中央局，确立中国社会主义青年团为信奉马克思主义的团体。中国社会主义青年团第一次全国代表大会，是由上海临时中央局召集的。②

1922 年 1 月，施存统任团临时中央局兼上海团组织的负责人，并主编团中央机关报《先驱》③，由在上海的团临时中央局出版。据罗章龙回忆，《先驱》的刊名表示青年一代的知识分子，与青年团的宗旨暗合。④ 是年 5

---

① 《青运史资料与研究》第 1 辑，中国社会科学院青少年研究所青运史研究室 1982 年版，第 73 页。

② 《青运史资料与研究》第 1 辑，中国社会科学院青少年研究所青运史研究室 1982 年版，第 37—38 页。

③ 《先驱》，中国社会主义青年团中央的第一个机关报。1922 年 1 月 15 日在北京创刊，由北京的青年团组织出版。因被北洋军阀政府查禁，从第 4 期起迁上海，改由社会主义青年团临时中央局主办。第 8 期以后，由社会主义青年团中央执行委员会主办。施存统、蔡和森等先后任主编。《先驱》为半月刊，常不能按期出版。

④ 《上海青运史资料》第 3 辑，共青团上海市委青运史研究室 1984 年版，第 87 页。

月，全国已有17个地方建立了团组织。

1922年5月5日，中国社会主义青年团第一次全国代表大会在广州召开，俞秀松以上海团、杭州团的代表身份出席，施存统在会上做了团临时中央局与上海团的情况报告。大会选出团第一届中央执行委员会，高尚德(君宇)、方国昌(施存统)、张椿年(太雷)、蔡和森、俞秀松当选为执行委员，方国昌(施存统)被选为书记。① 在5个执委中，来自上海青年团的施存统和俞秀松两人同时当选，这是党的培育、青年团员信任和他俩卓越领导才能的结果。这次大会标志着中国社会主义青年团实现了思想上、组织上的完全统一，成为中国青年运动发展史上的一个里程碑。

三、教育委员会

为加强对进步青年的教育和管理，上海共产党早期组织于1921年初在新渔阳里6号成立教育委员会，包惠僧任主任，杨明斋兼任副主任。包惠僧回忆说："李汉俊代理书记时，经济很困难，他说要成立教育委员会。一九二〇年年底在外国语学校成立之后又成立了教育委员会，办公地点设在外国语学校内，我任教育委员会主任，杨明斋为副主任。"②主要的工作是选派学生赴莫斯科留学，办俄文补习班，并参加上海的一些宣传组织活动。③ 瞿秋白在书中也提道："负责派遣赴苏俄留学事务的是当时李汉俊为代理书记的上海中共临时中央下属的一个教育委员会，杨明斋任副教育委员，具体安排留学事宜。"④

在中国社会主义青年团关于教育运动的决议案中分析了青年工人与农人特殊教育的运动，认为现在中国大多数青年工人皆陷于无知的状态之中，必须将这种可怕的情形，唤起青年工人为争得教育权利而斗争，并努

---

① 倪兴祥主编：《中国共产党创建史辞典》，上海人民出版社2006年版，第75页。

② 包惠僧：《回忆党的创立时期》，《"一大"前后：中国共产党第一次代表大会前后资料选编》(二)，人民出版社1980年版，第379页。

③ 《包惠僧回忆录》，人民出版社1983年版，第4页。

④ 瞿秋白：《饿乡纪程、赤都心史、乱弹、多余的话》，岳麓书社2000年版，第108页。

力从事识字教育和阶级斗争的教育运动，普遍地启发一般青年工人的阶级觉悟和争斗能力。①

关于政治宣传运动的决议案中明确提出，“中国社会主义青年团为代表中国青年无产阶级的革命团体，所以他的生命在不停的实际活动上面，而不在坐以论道或空谈主义的上面。在社会革命未实现以前，我们必须以不停的活动，引起并指挥种种政治性质群众运动。无论在任何困难和压迫中，我们必须公开的，半公开的，或潜在的保持并发展与群众的接触”②。并特别要求，每一种群众运动发生，尤其是政治性质的群众运动发生，青年团员必须努力参加其中。

上海社会主义青年团充分利用外国语学社这个公开的场所，开展各种各样的活动。包惠僧在1954年的回忆中提道：“党的一些公开的或不公开的集会都在这里举行，如一九二一年三八妇女节、五一劳动节等。”③学员们积极参加了各种革命活动；而且，曾深入到工厂，了解工人的疾苦，帮助建立基层工会组织。

1920年4月，共产国际执行委员会就创立青年共产国际致青年共产国际和全世界青年无产者书中强调，第三国际的成立，在很大程度上是由于全世界青年同盟的协助。第三国际很理解青年的活动和斗争的全部意义。第三国际将怀着至诚和同志式的感情支持青年的革命活动，并且勉励革命青年，“前进！年轻的朋友们！团结起来，自己组织共产主义同盟，参加青年共产国际的战斗行列”④。

《青年共产国际纲领》指出：“在现在的革命时期，无产阶级斗争只有

---

① 《青运史资料与研究》第1辑，中国社会科学院青少年研究所青运史研究室1982年版，第87页。

② 《中国社会主义青年团第一次全国大会号》，《上海革命史资料与研究》第2辑，上海三联书店2002年版，第510—511页。

③ 《共产主义小组和党的“一大”资料汇编》，中国人民大学中共党史系资料室1979年版，第180—181页。

④ 《青运史资料与研究》第1辑，中国社会科学院青少年研究所青运史研究室1982年版，第48页。

在国际范围内进行，才能取得胜利。这一点也适用于青年的斗争。各无产阶级青年组织团结于青年共产国际，也是出于这一原因。”①

从中国共产党开始创建起，共产国际和俄共(布)就一直设法与中国早期先进分子取得联系。为了能更高效开展党的工作，俄共(布)中央西伯利亚局在伊尔库茨克设置东方民族处，共产国际在此地设立了共产国际执行委员会远东书记处。远东书记处下设中国、朝鲜、蒙藏、日本四个科，把原来分属共产国际、俄共和苏俄外交组织的对华工作机关，基本统一到共产国际系统里。②

到1921年春，全国各地党的早期组织相继成立，与此同时，青年团的组织也建立起来。在共产国际第三次代表大会和青年共产国际第二次代表大会召开前，上海社会主义青年团收到青年共产国际执行委员会东方部的信，诚挚地邀请上海社会主义青年团组织选派一位精通英文的代表出席青年共产国际第二次代表大会。

于是，中国共产党早期组织发出通知，派张太雷和刚从中国启程的杨厚德(杨明斋)为中国共产党出席共产国际第三次代表大会的代表，派俞秀松代表社会主义青年团出席青年共产国际第二次代表大会。据1921年6月共产国际远东书记处的一份报告披露：中国共产党的另一位代表杨和德(音译)也来到了伊尔库茨克。这两个中国人和远东书记处的代表举行了多次会议。会议的结果是决定建立共产国际远东书记处的中国支部。这里提到的“杨和德”，又被译为“杨厚德”。从音译来判断，此人就是杨厚德，即杨明斋。张太雷和杨明斋专程赴苏俄的伊尔库茨克，向共产国际远东书记处汇报工作，专门就中国共产党的成立、中国共产党与共产国际的关系等重大问题与远东书记处的代表进行多次会谈。

从苏俄时期的档案资料来看，却没有记载杨明斋出席共产国际第三次

---

① 《青运史资料与研究》第1辑，中国社会科学院青少年研究所青运史研究室1982年版，第56页。

② ［日］石川祯浩，《中国共产党成立史》，袁广泉译，中国社会科学出版社2006年版，第83页。

代表大会的消息。很可能是杨明斋到了俄罗斯远东的伊尔库茨克后没有去莫斯科，而是又回到了上海。在俄罗斯国家社会政治历史档案馆藏档案记载的俞秀松“自传”中这样写道：“1921 年 3 月，党派我参加共产国际第三次代表大会和青年共产国际第二次代表大会。大会后我到斯大林东方劳动者共产主义大学学习了三个月。1921 年底，我参加了东方各民族代表大会。”①瞿秋白在《赤都心史》中有详细的描述，1921 年 6 月，在此城里又要开四个国际大会：共产国际第三次大会，共产国际妇女第二次大会，少年共产国际第二次大会，赤色职工国际第一次成立大会。② 瞿秋白提到在莫斯科召开的四个大会，俞秀松代表中国共产党参加了其中的两个大会。

> 十七日，各会各国代表差不多都到齐了，在赤场行阅兵典礼欢迎代表团。广大的旷场，几千赤军，步马炮队，工人军事组织，共产党军事训练部，男工，女工，儿童，少年都列队操演。各国代表都致祝词。……“万岁”声……
>
> 昨天共产国际行第三大会开会式。大剧院五千余座位都占得满满的，在台上四望，真是人海，万头攒动，欣喜的气象，革命的热度已到百分。第三国际执行委员会代表致开会词：“我以第三次国际执行委员会的名义宣布第三次共产国际大会开会……”下面鼓掌声如巨雷，奏《国际歌》……③

在共产国际第三次代表大会上，列宁出席会议并被安排了三四次发言，他谈吐沉着果断，演讲时没有大学教授的态度，而是一种自然流露出的诚挚果毅的政治家态度。开会期间，瞿秋白甚至还在走廊上遇见列宁，并和他交谈。列宁还指给瞿秋白几份东方问题的材料，由于公事匆忙，两

① 俄罗斯国家社会政治历史档案馆藏档案：全宗 495，目录 225，卷宗 3001。

② 瞿秋白：《饿乡纪程》，太白文艺出版社 1995 年版，第 114—115 页。

③ 瞿秋白：《饿乡纪程》，太白文艺出版社 1995 年版，第 115 页。

人不便久谈，便匆匆道别。

在参加共产国际第三次代表大会期间，张太雷和俞秀松与打着社会主义旗号的政客江亢虎、姚作宾等投机分子展开了激烈的斗争。由于江亢虎等人以社会党、少年共产党的名义取得了代表资格，混入大会，对此，张太雷和俞秀松致信共产国际主席季诺维也夫，要求共产国际资格审查委员会取消江亢虎等人的代表资格。在他们的强烈要求下，最终共产国际没收了这些冒牌共产党的代表证，取消了代表资格，保证了中国共产党在共产国际中的合法地位。

张太雷在这次大会上代表中国共产党发了言，他们还同其他东方代表一起，在会议上努力促成共产国际作出召开远东各族人民代表大会的决定。

在俄罗斯国家社会政治历史档案馆解密档案中记载了一则“声明”：

鉴于资格审查委员会给骗子(逐字翻译)江亢虎代表资格，本代表团认为有必要提出抗议，就此作如下说明：

1)江亢虎以何种名义出席代表大会?

是代表目前在中国不存在的中国社会党?在这一并不存在的社会党里更没有什么左翼，那么他以何种名义来参加?

2)江亢虎在中国只是作为一名总统顾问为人所知，他根本不是社会主义者，他是经由满洲里来的，而在满洲里我们的同志，社会主义青年团的成员均因作为希望来苏俄的社会主义者而被逮捕，他如果没有得到总统的秘密同意，他就无法由满洲里来俄。很明显，他来俄是来进行间谍活动的，为了共产主义运动在中国的发展，我们有责任对他参加共产国际代表大会提出抗议。

3)日益发展的我国社会主义运动正在向共产主义迈进，我们应当了解，如何端正运动的方向，对我们是一个重大的打击，会给我们在

> 中国的敌人以借口来贬低我们。①

起草并递交给共产国际第三次代表大会代表资格审查委员会声明的正是青年团的书记兼外国语学社的秘书俞秀松。在这则声明的后面还附了莫斯科东方大学中国班的学生，名单是：袁笃实、任狱、卜士奇、平的、韩伯画、陈启沃、吴先瑞、彭泽、曹雪春、彭图炜、陈为人、吴芳、彭湃。这 13 人全部是外国语学社培养的学员。

此外，曾在外国语学社学习过的学员，正好在莫斯科东方大学学习，也轮流列席了大会，其中有刘少奇、任弼时、罗亦农、肖劲光、任作民、彭述之、曹靖华等。②

关于在外国语学社举办的五一劳动节纪念大会。许之桢谈起这段党史时说：

> 庆祝第一个五一劳动节是在这里进行筹备工作的，印了四、五万张传单，由我雇了黄包车(人力车)到渔阳里，到渔阳里弄堂时，发现法国包探在对我们进行监视，我立即回头车回去。包探在五一节前几天到渔阳里六号进行搜查，但没有捉人。当时屋内有《共产党宣言》，还有人像，他们认为是党的材料带走了。大多数是安南巡捕③，也有中国的包探。④

---

① 俄罗斯国家社会政治历史档案馆藏档案：全宗 495，目录 1，卷宗 225。

② 叶永烈：《红色的起点：中国共产党建党始末》，四川人民出版社 2016 年版，第 222 页。

③ 法租界的巡捕有三类：西捕、华捕和越捕(安南巡捕)。1906 年 12 月，公董局召开会议，正式批准警务处增添 3 名越籍巡官和 48 名越捕，他们身高应在 1.65 米以上，身体健壮，形态整洁，都是步兵或民兵出身，深谙法语。越捕必须为公董局服务，每天工作 8 小时，应严格遵守纪律。越捕人员编制为巡官 3 人，巡长 3 人，一等巡捕 21 人，二等巡捕 21 人。

④ 许之桢：《关于渔阳里六号的活动情况》，《“一大”前后：中国共产党第一次代表大会前后资料选编》(二)，人民出版社 1980 年版，第 59 页。

周伯棣在自传中也谈道，“五一节前夕，法租界的捕房似已注意我们的学校，对我们已很不客气。有一次，法国的包打探就盛气凌人地来到我们学校。五一那天，我们分组去街上发传单。我和另一个同学到威海路散发，恰遇印度巡捕来巡逻，几被捕去”①。

1921 年 5 月 1 日是国际劳动节。经历了五四运动的中国工人阶级以极大的热情庆祝自己的节日。上海显得更为活跃，原因在于上海是中国的工业中心，是工人阶级的集聚地。五一劳动节前，上海成立了世界劳动纪念大会筹备会，选出陈独秀等人为顾问。5 月 1 日当天，陈独秀、施存统、陈望道等人一起出席了在上海澄衷中学风雨操场上举行的庆祝大会。参加这次庆祝五一节大会的有 500 多人，绝大多数是工人，也有一些教员和学生。“工人开会纪念自己的节日，这在上海是第一次。”②

由此可见，外国语学社所在地在中国共产党筹建时期，扮演着极为重要的角色。这里集中了相当一批具有初步共产主义思想的知识分子；这里成为马克思主义宣传中心；这里是建党理论的宣传中心；这里搭建了工人运动的舞台；这里还是党的干部教育中心。

尽管法租界较之公共租界和华界政治氛围相对宽松，但早期党团组织在外国语学社所从事的革命教育活动还是引起了法租界的警觉，遂于 1921 年 4 月 29 日，被法租界巡捕房搜查。自此，外国语学社的活动受到严密监视，7 月，早期党组织决定由张太雷等负责中国社会主义青年团的工作，提出在正式中央机关未成立之前，由上海机关代理中央职权。8 月，外国语学社宣告结束。外国语学社存在的时间尽管还不到一年，但却为党组织培养了大批的革命干部和后备力量。

---

① 《青运史资料与研究》第 3 辑，中国社会科学院青少年研究所青运史研究室 1983 年版，第 205 页。

② 张仲礼主编：《近代上海城市研究（1940—1949 年）》，上海文艺出版社 2008 年版，第 562 页。

第五章　外国语学社的运行管理

外国语学社根据运行管理需要组织管理架构，并有专人负责。由于学社经费拮据，教员和学员发扬革命精神，节俭开支、维持办学。

一、学社组织管理

外国语学社的内部组织机构设有总务、事务、团务、财务等组织管理架构。总务由校长兼任，事务由社会主义青年团的书记兼外国语学社的秘书主持，团务则由几位社会主义青年团的发起人主持，财务由一青年团员负责。《社会新闻》对社会主义青年团的报道说："以戴季陶住宅渔阳里六号(即现新铭德里)为团址，并办一外国语学校以避耳目。团务即由施存统、叶天底、俞秀松、袁振英、金家凤主持；事务由俞秀松主持；总务由杨明斋担任。"①

杨明斋很能干。李达的回忆是："那时就有四十多岁，他曾经在帝俄的东方大学呆过，所以会俄文，维金斯基来中国后就由他翻译。"②杨明斋不仅担任维经斯基的翻译，也是维经斯基的助手，他还担任了外国语学社的校长、中俄通讯社的社长等职务。据肖劲光回忆："在外国语学社负责的是杨明斋。那是一个挺和蔼可亲的山东人，俄语说得很好。我们只知道

---

① 《社会新闻》第1卷第7期，1932年10月22日。

② 李达：《中国共产党成立时期的思想斗争情况》，《"一大"前后：中国共产党第一次代表大会前后资料选编》(二)，人民出版社1980年版，第50页。

他一直在第三国际工作，是陪同第三国际的代表来国内搞革命的，我们这些人去俄国学习，都是通过他的关系联系的。”①

担任外国语学社事务工作的是俞秀松。他从小志存高远，立志以天下为己任。1916 年考入浙江省立第一师范学校，开始接受新文化运动的洗礼。五四运动时期是杭州学生运动的著名领袖之一，曾与同学一起创办了浙江省最早传播马克思主义的刊物——《浙江新潮》。1920 年 5 月，参加马克思主义研究会，后成为上海共产党早期组织的发起人和中国共产党的创始人之一。1921 年 3 月，俞秀松任中国社会主义青年团临时中央执行委员会书记，赴苏俄出席共产国际第三次代表大会和少共国际第二次代表大会，后留苏俄学习。

1922 年夏，俞秀松参加筹备中国社会主义青年团第一次全国代表大会，并在大会上当选为中央执行委员会委员，后又被选为书记。②

《俞秀松传》中也提到俞秀松曾担任外国语学社的秘书，具体负责学社的行政事务。同时，他在校攻读俄语，并和学员们吃住在一起，有时还给学员们讲授《共产党宣言》等马克思主义著作。外国语学社既是团员学习和活动的场所，又可作为掩护党、团活动的机关，而青年团则成为外国语学社的政治核心组织。③

负责团务工作的是社会主义青年团的几位发起人。袁振英在 1964 年的回忆讲：“在上海建立起‘中国社会主义青年团’，并决定戴宅为团址，挂‘外国语学校（社）’招牌，我和施存统、叶天底、俞秀松、金家凤主持团

---

① 中共上海市委党史研究室、中国社会主义青年团中央机关旧址纪念馆编：《觉悟渔阳里：上海社会主义青年团创建史料选辑（1919. 5—1922. 5）》，上海人民出版社 2017 年版，第 1355 页。

② 《俞秀松传》编委会编：《俞秀松传》，浙江人民出版社 2012 年版，第 1 页。

③ 《俞秀松传》编委会编：《俞秀松传》，浙江人民出版社 2012 年版，第 76 页。

务，总务由杨明斋担任。”①李达在回忆中补充说，“团务由俞秀松主持”②。

袁振英于1920年8月参加上海共产党早期组织。同月22日，与俞秀松、施存统等8人发起成立社会主义青年团。9月1日，应陈独秀邀请参与编辑《新青年》，担任“俄罗斯研究”栏目主编，另外还参与共产党纲领草案的讨论，并在外国语学社教英文。同年底，随陈独秀到广州，任陈独秀和吴廷康的粤语翻译。1921年1月，出任广东省第一中学（今广州广雅中学）校长，力排众议倡导并实行中学男女同校。广州共产党早期组织成立后，为该组织成员之一。《新青年》迁至广州后，继续负责该刊“俄罗斯研究”栏目的编辑和撰稿工作。以“震瀛”为笔名，撰写、翻译了大量文章、著作，介绍和宣传俄国十月社会主义革命及马克思主义理论。仅在《新青年》“俄罗斯研究”专栏，就发表了译作24篇。1921年8月前往法国里昂中法大学学习，从此离开了党组织。③

主持团务的还有叶天底。他富有艺术才华，善绘画，能篆刻，尤其爱好西洋画，是李叔同的得意门生。1920年2月，在五四运动的影响下，杭州发生了著名的“一师风潮”，叶天底在这一斗争中表现突出。风潮以后，经亨颐校长等被迫离职，叶天底愤而离开学校。有的同学为他惋惜，劝他等毕业后再走。他坚定地回答，读书并不是专为文凭而读。叶天底离开杭州去了上海，由陈望道推荐，在一家印刷所校对《新青年》文稿，结识了正在上海组建马克思主义研究会的沈玄庐。一天，沈玄庐赠给叶天底一幅《竹石画》，画意是一块大石头下，一根竹笋顽强地破土而出。陈望道在这幅画上题词“石压笋，笋斜出，搬开大石头，新竹根根笔头直”。叶天底非常赞赏这种精神，他把此画作为座右铭，挂在书房，勉励自己应该像竹笋那样不屈不挠地与反动势力斗争。因校对《新青年》文稿的关系，叶天底与

① 《袁振英的回忆》，《“一大”前后：中国共产党第一次代表大会前后资料选编》（二），人民出版社1980年版，第472页。

② 李达：《中国共产党的发起和第一次、第二次代表大会经过的回忆》，《“一大”前后：中国共产党第一次代表大会前后资料选编》（二），人民出版社1980年版，第9页。

③ 共青团上海市委员会编：《渔阳里的故事》，上海教育出版社2004年版，第40页。

陈独秀、邵力子、杨明斋等交往频繁，在他们的影响下，接受了马克思主义启蒙教育。上海社会主义青年团成立，叶天底和俞秀松等人成为青年团的发起人和第一批团员。随后开办的外国语学社，他和金家凤等人主持团务。

金家凤，生于江苏吴县(今属苏州市)。1920 年 2 月中旬，《新青年》主编陈独秀为躲避北洋军阀的通缉，经李大钊秘密护送到天津。不久，陈独秀到达上海。上海学生联合会组织学生积极分子前去欢迎，并请陈独秀在欢迎会上做演讲。金家凤也参加了这次活动，从此认识了陈独秀，并帮助陈独秀编辑《新青年》杂志。同年 5 月，陈独秀在上海成立马克思主义研究会，金家凤也参加了研究会的活动。随后，陈独秀等人在上海创建中国共产党早期组织，又积极筹备创建青年团组织，金家凤成为中国青年团 8 个发起者之一。当时，金家凤就居住在上海社会主义青年团机关。在此期间，他负责团务工作。团组织在此创办培养革命干部的学校即外国语学社。他还协助俞秀松接待安置全国各地来沪学习的进步青年。

据陈望道回忆，“俞秀松主要负责应付流氓，为发展工会准备条件。那时上海流氓很多，很凶，受工部局指使，大流氓就在巡捕房做事。我们要做工会工作，一定要应付这批人”①。陈望道在这里提到的“工部局”实际上是公共租界的行政管理机构，而渔阳里所在的地方属于法租界，法租界的行政管理机构不是工部局，而是公董局。公董局下设警务处。1856 年，法国代理领事爱棠创议在小东门黄浦滩路设立第一个巡捕房。1862 年，公董局正式成立后，设立总巡办公室管理巡捕房，以隆德为总巡，并设副总巡、典狱、书记官及道路检查员各 1 人，法籍巡捕 23 人。② 随着法租界扩张，法国驻沪总领事白藻泰和公董局总董白尔决定，张榜招考华人

① 陈望道：《回忆党成立时期的一些情况》，《“一大”前后：中国共产党第一次代表大会前后资料选编》(二)，人民出版社 1980 年版，第 24 页。

② 上海市档案馆编：《上海租界志》，上海社会科学院出版社 2001 年版，第 233 页。

巡捕120名。黄金荣的流氓大亨生涯就是从这里起步的。[①] 中国共产党第一次代表大会召开期间，闯入会场的法租界巡捕房的巡捕程子卿就是通过黄金荣的引荐进入法租界的。从这里来看，应付流氓的骚扰确实是一项重要的事务性工作。

外国语学社的财务管理没有任何文件记录，从现有史料来看，只有零星回忆性的文章。据许之桢1955年的回忆，他说“李启汉同志是当时管钱的，他住在一个亭子间里。另外还有一个亭子间，可能是俞秀松同志住的”[②]。在彭述之的记忆里李启汉可能是来外国语学社最早的学员，他和陈为人1920年五六月份就已经来上海了，相对于其他学员对上海的情况了解得相对多一些。外国语学社的团务、事务都是由青年团员负责的，财务由青年团员负责也未尝不可。况且，李启汉当时有多重身份，李启汉既是上海社会主义青年团的创始人之一，又是工会的发起人和工人夜校的负责人。

二、学社经费来源

外国语学社一方面要开展正常的教学活动，学习外国语和马克思主义理论知识；另一方面还要开展革命活动，这就需要一定数额的办学和活动经费。关于外国语学社的经费及其来源至今仍是一个秘密，尚未发现有任何资料详细记载过外国语学社的办学经费问题。近年来关于外国语学社经费问题的研究，大多数学者认为，外国语学社的办学经费，主要来自共产国际的援助，甚至有些学者认为共产国际的支持是外国语学社办学经费的唯一来源。实际上，“唯一来源”这种观点失之偏颇。外国语学社的经费来源并非都来源于共产国际，还有其他方面的经费来源。

---

① 中共上海市卢湾区委党史研究室编：《老话上海法租界》，上海人民出版社1994年版，第139页。

② 中共上海市委党史研究室、中国社会主义青年团中央机关旧址纪念馆编：《觉悟渔阳里：上海社会主义青年团创建史料选辑》，上海人民出版社2017年版，第1361页。

1. 共产国际提供的经费支持

外国语学社的办学经费相当一部分来自共产国际的援助。党史学家杨奎松考证，“还在中共一大正式召开之前，维经斯基就曾经为陈独秀领导的中共上海发起组提供过经济上的援助”①。苏俄派维经斯基同杨明斋，及韩人安某，携款到沪，为苏俄做宣传，并负责组织共产党。毫无疑问，援助也用于由上海共产党早期组织创办的外国语学社。根据俄罗斯密档得知：苏俄与共产国际派来代表的任务，就是让那些醉心社会主义、歌颂十月革命、痛恨帝国主义的知识分子，走出象牙之塔，建立共产党组织，从事有血有肉的革命活动，并在政治上、组织上和经费上给予“帮助”。索特尼克娃在文章中写道：由陈独秀和维经斯基组建的外国语学校(社)，招收那些抱有社会主义态度，希望到莫斯科东方大学学习的青年。1921 年，首批 34 位中国人完成了学习。维经斯基提供资金，送他们去俄国。②

1920 年 4 月，维经斯基受俄共(布)中央远东局海参崴分局外国处派遣来到中国，帮助中国筹备建党，为中国革命事业提供援助。维经斯基在上海接到指示，他被调到东方民族部，并被任命为全权代表，领导该部的工作。他要定期报告中国的情况，并检查收到的资金。中国处的大量和不断深化的工作需要大量资金支持，关于这一点可以通过预算看出来：

> 上海东方民族部外国处的编制人员为 15 人：处长和书记(每人 250 美元)，编辑部 3 人(每人 150 美元)，全权代表 10 人(每人 250 美元)，还有 24 个中国人，担任指导员工作(每个全权代表配 3 名指导员)，他们每人 50 美元，另加每年 9600 卢布，用作旅费和购置衣服和鞋子。薪金的差别说明，处长、书记、全权代表和编辑部人员，由于他们暂时在俄国工作，所以生活最低成本会多些。外国处的出版费用

① 杨奎松：《共产国际为中共提供财政援助情况之考察》，《社会科学论坛》2004 年第 4 期。

② [俄]索特尼克娃：《共产国际与中国共产主义运动的开端》，《中国共产党创建史研究》，上海人民出版社 2011 年版，第 161 页。

为6000美元，还有2000美元的预付费用(包括房屋的秘密维护费用，邮费和电报费，召开会议的费用，工作人员出差费用，传递文献的费用)。在远东俄国领土上工作的中国处的费用还有20000美元。①

东方民族处为筹措经费，曾派遣特使带上价值10万美元的钻石到上海经营生意，并不止一次托人带钱或汇款给维经斯基。② 其中有记载的一次带去经费数目为2000美元。③ 但这些经费是否真正到位，看看共产国际远东全权代表舒米亚茨基是怎么说的。他在1921年1月21日的信函中称：

由于远东工作已经全部转归共产国际远东书记处管，而迄今为止所有的人都想伸手，情况混乱，互相掣肘，又由于中国共产主义组织经费一度支绌，今年1月份后半个月，工作出现停滞。为使之重新启动并得以改善，我不得不采取大胆的办法，举借贷款和使用其他手段，这才挽回了局面。④

由于苏俄方面对华工作严重缺乏经费，承诺的经费(包括售卖钻石所得款项和10万美元)皆未能兑现。⑤

日本警视厅解密档案中所记录的关于1921年逮捕施存统的口供中，也有关于共产国际援助的记载："上海发起组每月接受魏金(维经)斯基宣传费用约1000元，干部等每人每月接受30元报酬。"⑥这只是日本警察厅的记录，尚未发现旁证，其真实性有待进一步考证。

---

① 俄罗斯国家社会政治历史档案馆藏档案：全宗495，目录154，卷宗111，第5—8页。

② 中共中央党史研究室第一研究部译：《联共(布)、共产国际与中国国民革命运动(1920—1925)》，北京图书馆出版社1997年版，第56页。

③ [俄]K. B. 石克强整理，李玉贞译：《俄罗斯新发现的有关中共建党的文件》，《百年潮》2001年第12期。

④ 俄罗斯国家社会政治历史档案馆藏档案：全宗495，目录154，卷宗97，第1—2页。

⑤ 江文君：《中共建党经费来源探秘》，《世纪》2012年第6期。

⑥ [日]《外事警察报》，1922年2月10日。

刘仁静在回忆党的一大前后关于经费的问题时说："关于经费问题，开始他们作了预算，每人每月二十几元生活费。马林看了他们的预算，感到数目字不大，说共产国际可以帮助解决。"①关于接受共产国际的经费问题，无政府主义者区声白、朱谦之甚至还为之讽刺过陈独秀是"'卢布主义'即拿苏俄的钱"②。

由于来华共产国际代表经常变动，提供中国援助的部门和渠道不统一，导致援助经费时断时续。李达回忆起这段历史时说："十二月间，威琴(维经)斯基回到苏俄去了，当时党的工作经费，每月仅需大洋二百元，大家却无力负担，因为当时在上海的党员大都没有职业，不能挣钱。"③

1921 年 1 月维经斯基回国后，上海共产党早期组织"经费无着"，陈独秀主张不依靠第三国际的经济支援，在陈独秀看来"革命是我们自己的事，有人帮助固然好，没有人帮助我们还是要干，靠别人拿钱来革命是要不得的"④。舒米亚茨基向列宁和共产国际的科别茨基通报，这里资金不足，已经"没有钱支持中国组织了"⑤。

根据张国焘的回忆，在中共一大召开前，"一次大会以前经费是自筹的，上海新青年社原来有 2000 元，营业盈利计 4000 元，汉俊设法筹措一些，湖南等处，每月由中央津贴二三十元。(广东不在内)北京因与俄同志接近，募了一些捐款。一次大会以后，中央则有国际津贴"⑥。

陈独秀从广州回上海担任中央局书记开始到中共二大召开期间，共产

---

① 刘仁静：《回忆党的"一大"》，《"一大"前后：中国共产党第一次代表大会前后资料选编》(二)，人民出版社 1980 年版，第 215 页。

② 包惠僧：《回忆党的创立时期》，《"一大"前后：中国共产党第一次代表大会前后资料选编》(二)，人民出版社 1980 年版，第 380 页。

③ 李达：《中国共产党的发起和第一次、第二次代表大会经过的回忆》，《"一大"前后：中国共产党第一次代表大会前后资料选编》(二)，人民出版社 1980 年版，第 9 页。

④ 《包惠僧回忆录》，人民出版社 1983 年版，第 7 页。

⑤ 俄罗斯国家社会政治历史档案馆藏档案：全宗 495，目录 154，卷宗 105，第 20 页。

⑥ [俄]K. B. 舍维廖夫：《张国焘关于中共成立前后情况的讲稿》，《百年潮》2002 年第 2 期。

国际援助的详细经费数额，我们可以从1922年6月30日陈独秀给共产国际的报告中得知："党费，自1921年10月起至1922年6月止，由中央机关支出一万七千六百五十五元；收入计国际协款一万六千六百五十五元，自行募捐一千元。"①从报告可以看出，这期间中国共产党早期组织绝大部分活动经费都来自共产国际援助。

在没有共产国际给予经费支持的情况下，上海共产党早期组织的革命工作依然继续，外国语学社也能艰难地维持，这就否定了一些学者关于中国共产党早期经费全靠共产国际提供的传统观点。但必须肯定，自20世纪20年代起，共产国际就为上海共产党早期组织，其中就包括为外国语学社提供经费援助。共产国际的经费援助，对于外国语学社的顺利办学起过至关重要的作用。

2. 上海共产党早期组织发行报刊的收入

1920年初，陈独秀来到上海后，着手重组《新青年》杂志。他以陈望道、李汉俊等信仰马克思主义的文化人为基础，组成编辑《新青年》的上海同人群体，频繁开展座谈宣传马克思主义与苏俄经验。迁入上海的知识分子无论从哪方面看都堪称是中国文化界现代性最强、最为显赫的一支力量，几乎清一色的新式知识分子。② 陈独秀的寓所环龙路老渔阳里2号兼《新青年》编辑部(今南昌路100弄2号)便成了革命者的聚集场所。20世纪20年代至30年代上海知识分子群体是一个新型的社会阶层，与五四时期前辈不同的是，由于他们是20世纪新型教育体制的产物，所掌握的科学文化知识更为先进，现代意识更强，在知识素养、智能结构和思想倾向、价

---

① 中共上海市委党史研究室、中国社会主义青年团中央机关旧址纪念馆编：《觉悟渔阳里：上海社会主义青年团创建史料选辑(1919.5—1922.5)》，上海人民出版社2017年版，第1430页。

② 忻平：《从上海发现历史——现代化进程中的上海人及其社会生活(1927—1937)》，上海人民出版社1996年版，第133页。

值观念等各方面与封建士子相比更有霄壤之别。①

创办于1915年9月15日的《青年杂志》，从1916年9月1日第2卷第1号起改名为《新青年》，它是20世纪20年代前后中国一份有广泛影响的革命杂志，“在全国各地拥有大量读者，当时销售量一万五六千本”②，在全国的销售处近百家。蔡和森对此盛赞道：“中国第一个五一节宣传很大，《新青年》发行数目多达一万份，所以当时影响是很大的，并且已普遍全国了。”③据李达回忆：“《新青年》社在法租界大马路开了一家‘新青年书社’，生意很好。”④《共产党》月刊是上海共产党早期组织创办的机关性刊物，但销量不大，“《共产党》月刊多半随《新青年》赠送”⑤。《劳动界》是上海共产党早期组织创办最早、公开出售的具有全国影响的工人周刊。邵力子在介绍新刊《劳动界》时写道：“每册铜子两枚。”⑥上述报刊发行收入保障了这些革命报刊的正常编辑出版发行，同时也为外国语学社提供了一部分经费支持。

张国焘后来回忆：“上海小组办了劳动周刊（4000份35期），伙友（2000份），共产党（6期）。”⑦上海凭借发达的文化网络系统和便捷的交通条件，《新青年》和《劳动界》周刊在全国订阅。如1920年9月至1921年3月间，地处内陆的湖南长沙文化书社共计销售杂志40余种，其中，销量最

---

① 忻平：《从上海发现历史——现代化进程中的上海人及其社会生活（1927—1937）》，上海人民出版社1996年版，第132页。

② 汪原放：《回忆亚东图书馆》，学林出版社1983年版，第32页。

③ 《中国共产党史的发展（提纲）》，《“一大”前后：中国共产党第一次代表大会前后资料选编》（三），人民出版社1984年版，第61页。

④ 李达：《中国共产党的发起和第一次、第二次代表大会经过的回忆》，《“一大”前后：中国共产党第一次代表大会前后资料选编》（二），人民出版社1980年版，第9页。

⑤ 《中共“一大”资料汇编》，西安师专马列主义教研室党史组、西北大学政治理论系党史教研室1979年版，第114页。

⑥ 《民国日报》，1920年8月16日。

⑦ ［俄］K. B. 舍维廖夫：《张国焘关于中共成立前后情况的讲稿》，《百年潮》2002年第2期。

大的分别是《劳动界》周刊（5000 本）和《新青年》（2000 本）。①

3. 学社学费等少量收入

外国语学社曾两次在《民国日报》刊登招生广告，均提到要交纳少量的学费。第一次刊登在 1920 年 9 月 28 日至 10 月 2 日的《民国日报》第 1 版，连续刊登了 5 天。招生广告提道："每人选习一班者月纳学费银二元。日内即行开课，名额无多，有志学习外国语者请速向法界霞飞路新渔阳里六号本社报名。"②随着招生规模的不断扩大，越来越多的革命青年冲破封建的牢笼，渴望走出家乡，了解外面的世界。

时隔半年，外国语学社于 1921 年 5 月在《民国日报》副刊《觉悟》刊登外国语学社添招新班的广告，"本社添招英文、俄文、法文、日文学生各一班。有志向学者，请即至法界霞飞路渔阳里六号报名，每班报名者满念名以上即行开课。报名费一元；学费每月两元"③。从外国语学社两次在《民国日报》上刊登的广告来看，在校学习的学生每月学费要求交两元，但实际上对于一些家庭困难的学生，学社是不收钱的。中国著名的现代文学翻译家、北京大学教授曹靖华，早年就曾在外国语学社学习，并加入社会主义青年团。他说："我在这个外国语学社学习，既没交学费，也没交饭费和宿费，全是 S. Y. 包了。"④与曹靖华家庭条件差不多的学生不止一个，外国语学社对这些学生不但不收学费，还免费安排食宿。

4. 上海共产党早期组织成员自我筹集

上海共产党早期组织成员用稿费以及其他形式筹集资金支持外国语学社开展办学。李达回忆，那时上海共产党早期组织的活动经费，包括外国

---

① 《文化书社社务报告》第 2 期，《新民学会资料》，人民出版社 1980 年版，第 283—293 页。

② 《外国语学社招生广告》，《民国日报》，1920 年 9 月 28 日—10 月 2 日。

③ 《外国语学社添招新班》，《民国日报》副刊《觉悟》，1921 年 5 月 20 日—7 月 15 日。

④ 中共上海市委党史研究室、中国社会主义青年团中央机关旧址纪念馆编：《觉悟渔阳里：上海社会主义青年团创建史料选辑（1919. 5—1922. 5）》，上海人民出版社 2017 年版，第 1365—1366 页。

语学社的办学经费“是由在上海的党员卖文章维持的”①，大家写稿子卖给商务印书馆，把稿费充当党的经费。上海共产党早期组织的成员，如李汉俊、李达、沈雁冰等人在外国语学社任教是不拿薪水的，他们通过给上海各大印书馆，特别是当时中国最大的印书馆——商务印书馆译稿就能获得丰厚的收入。

陈望道曾回忆道：“李汉俊、沈雁冰、李达和我都搞翻译，一夜之间可译万把字，稿子卖给商务印书馆，沈雁冰那时在该馆工作。李汉俊译得最快，但文字并不好。一千字四五元，大家动手，可以搞到不少钱。在研究会成立之初，商务印书馆就有人私下来说，你们要钱，可以帮助。我们不要，而是卖稿。”②陈望道白天在复旦大学教书，晚上为《劳动界》周刊译稿，不收取任何报酬。翻译《劳动运动通论》时，一直工作到深夜才脱稿。

另外，《张国焘关于中共成立前后情况的讲稿》提及在1920年冬，李汉俊曾写了一本小册子卖给商务书馆，得了300元。此番论述可旁证李达、陈望道等上海共产党早期组织主要成员回忆经费主要依靠卖文章维持这一说法确系实情。

沈雁冰是上海共产党早期组织成员，同时也是外国语学社的英语教员。他对外国语学社慷慨解囊，捐赠了一批稿费，创办外国语学社图书室，这也成为中国共产党历史上创办最早的图书室。据曾在外国语学社图书室做过管理员的周伯棣讲：“我除读书外，还兼做图书管理员，每月得到六元的补助金，以维持生活。讲到图书室，书本很少，开办时还是靠沈雁冰捐了八十元的稿费成立的。到后来经费无着，连我六元钱的生活费也

① 李达：《中国共产党的发起和第一次、第二次代表大会经过的回忆》，《“一大”前后：中国共产党第一次代表大会前后资料选编》(二)，人民出版社1980年版，第9页。

② 中共上海市委党史研究室、中国社会主义青年团中央机关旧址纪念馆编：《觉悟渔阳里：上海社会主义青年团创建史料选辑(1919.5—1922.5)》，上海人民出版社2017年版，第1319页。

发不出了。”①

5. 外国语学社发起人的捐赠

外国语学社的办学经费还有一部分来自发起人的捐赠，金家凤就是其中的一位。他先后参加了马克思主义研究会和共产党早期组织，并积极筹备创建社会主义青年团组织，成为社会主义青年团8个发起者之一。当时，金家凤就住在社会主义青年团机关。在此期间，他负责团务工作。团组织在此创办培养革命干部的学校即外国语学社后。他协助俞秀松接待安置全国各地来沪学习的进步青年。由于来沪青年较多，安排他们生活和学习的开支很大，陈独秀经济拮据，金家凤写信给家人，向他父母索要赴法国留学的10年费用。其父母向亲友多方筹措，筹款数千银圆，送到上海。金家凤将这些钱款捐赠给上海共产党早期组织，作为在上海的建党建团和开办外国语学社的活动经费。

据金家凤回忆：“陈独秀至沪后，我与上海学生会欢迎他，因而相识。我被开除(被南洋路矿学校开除学籍)前已与往来，并参与筹备上海外国语专门学校(外国语学社)。我学籍开除后即迁入霞飞路铭德里(新渔阳里6号)居住，其时仍准备去法国。陈独秀筹组马克思主义研究会及社会主义青年团，我也参加。见到陈先生生活无着，贫苦之至，活动费、招待费都没有。各地来人渐多(各省通缉的学生，尤其湖南人)，我捐出准备留法的费用6000银圆，作为基本费用。”②金家凤把这笔钱毫无保留地交给陈独秀作为在上海筹备建党建团和开办外国语学社的活动经费。③ 陈独秀深表感谢，为此，写信给北京大学蔡元培校长，推荐金家凤去北京读书。

---

① 中共上海市委党史研究室、中国社会主义青年团中央机关旧址纪念馆编：《觉悟渔阳里：上海社会主义青年团创建史料选辑(1919.5—1922.5)》，上海人民出版社2017年版，第1390页。

② 中共上海市委党史研究室、中国社会主义青年团中央机关旧址纪念馆编：《觉悟渔阳里：上海社会主义青年团创建史料选辑(1919.5—1922.5)》，上海人民出版社2017年版，第1339页。

③ 陆米强：《金家凤在中共创建前后的历史功绩》，《上海革命史资料与研究》第13辑，上海古籍出版社2013年版，第397页。

6. 共青团员定期交纳团费

在党创建时期，为培养革命干部，上海、北京、广州等地相继成立了社会主义青年团。外国语学社的办学经费中，也有少量青年团交纳的团费。马克思主义研究会章程规定：会员每人每月收会费小洋1角。在1922年4月公布的《中国社会主义青年团临时章程》中明确规定：“(团费)每月1角，愿多捐者听。”①至1922年5月，中国社会主义青年团在广州召开第一次全国代表大会，会上通过的中国社会主义青年团章程规定：“经费以团费特别捐及其他收入充之。”②团员入团时，须交纳入团费5角，并须按月交团费1角；但劳动者入团费得免交。关于党费，中共一大并没有明确规定，直到中共二大通过的《中国共产党章程》才开始规定党员要交纳党费：“党员月薪在50元以内者，月交党费一元；在50元以外者，月交党费按月薪十分之一计算；无月薪者及月薪不满20元之工人，每月交费二角；失业工人及在狱党员均免交党费。”③

从总体上来看，外国语学社的办学经费是非常拮据的，学社的许多工作因经费匮乏往往导致停滞，甚至中断。共产党早期组织克服重重困难，把办学经费以一当十使用，早期共产党员和共青团员全身心投入到工作中去，这在一定程度上节省了一部分经费，从而弥补了经费的不足。正是靠着早期共产党员和青年团员的这种革命热情和无私奉献精神，外国语学社才得以逐步创办起来。日后，中国共产党才得以成功地开展一系列革命活动，这为中国共产党发展壮大奠定了坚实的基础。早期的革命青年为党的开创和发展做出了杰出贡献，其精神财富和历史功绩永远值得后人铭记。

---

① 《先驱》第5号，1922年4月1日出版。

② 《先驱》第8号，1922年5月15日出版。

③ 中国革命博物馆编：《中国共产党党章汇编》，人民出版社1979年版，第14页。

第六章　外国语学社的教学工作

外国语学社的教室

外国语学社从创办之日起就有明确的定位，既为上海也为全国各地培养干部；既就地在上海培训，也选送人员到苏俄深造。创办外国语学社是那个特殊时代的需要，它与一般学校相比，在班级设置、教学课程以及教学方法上都呈现出鲜明的特色，这些特色也值得我们今天的各类学校参考和借鉴。

一、班级设置

外国语学社的班级设置充分考虑了当时的办学条件。其招生广告中明确表示按照不同外语种类进行分班。1920 年 9 月 28 日至 10 月 2 日，外国语学社在《民国日报》第 1 版上连续刊登 5 天的招生广告，在招生广告中提道：“本学社拟分设英、法、德、俄、日本语各班，现已成立英、俄、日本语三班。”①

根据彭述之的回忆，1920 年 9 月初创立的外国语学社的首届学员迟至 1920 年 10 月才入学。截至 1920 年 11 月初，学员人数已经达到 30 多人。他把这些大多来自湖南、浙江、安徽、江西等地的学员大体分为两个班：“老战士”班和“新战士”班。“老战士”班按照入学的先后顺序有李启汉、陈为人，这两位学员来得最早，稍后来的是罗亦农、卜士奇、袁达时、吴芳 4 位，以上 6 位学员均来自湖南。“老战士”班中还有来自上海（籍贯江苏无锡）的秦抱朴②。他在《赤俄游记》中写道：“一九二〇年的秋天，我自朋友处得到留俄的消息，听说某团体可以

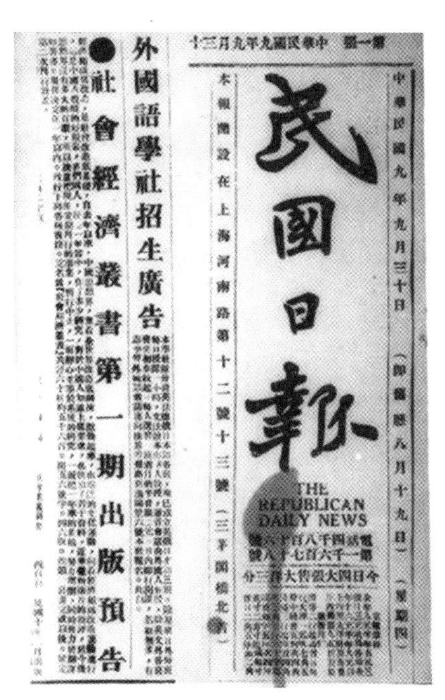
第一張 中華民國九年九月三十日
民國日報
THE REPUBLICAN DAILY NEWS
中華民國九年九月三十日（即舊曆八月十九日）（星期四）
本報館設在上海河南路第十二號十三號
外國語學社招生廣告
社會經濟叢書第一期出版預告

1920 年 9 月 28 日《民国日报》刊登的外国语学社招生广告

① 中共上海市委党史研究室、中国社会主义青年团中央机关旧址纪念馆编：《觉悟渔阳里：上海社会主义青年团创建史料选辑（1919.5—1922.5）》，上海人民出版社 2017 年版，第 1551 页。

② 秦抱朴，又名秦慧僧、秦涤青，江苏无锡人。无政府主义者。1922 年在莫斯科东方劳动者共产主义大学中国班学习时入党，后被开除。1937 年曾在国民党中央宣传部任职。其后情况不详。

替我们做介绍人，我也欣然加入了上海社会主义的青年团，专心学习俄文。”①“新战士”班有黎冰若、彭述之、刘少奇、任弼时、任作民、肖劲光、彭礼何、吴先瑞等湖南革命青年，还有来自江西的傅大庆，来自安徽的有韦素园、曹靖华（河南人）、蒋光慈、吴葆萼等，以及来自浙江的王一飞、韩百华（庄文恭）、谢文锦、华林、叶天底等。这些学员入学时间不长，没有任何政治经验，因此被彭述之称为“新战士”。

曹靖华清楚地记得，他是1920年底来到上海霞飞路渔阳里6号的，当时外面挂的牌子就是“外国语学社”，在这里学俄文。他说：“我来时，那里已经有了许多人。我记得，S. Y. 大多数来自三个省：一个是浙江省，有俞秀松、王一飞等。一个是安徽省，有韦素园（未名社的成员，大约于一九三〇年病故）、蒋光赤（慈）（又名侠僧，是芜湖第五中学的学生）、柯怪君（柯庆施）、吴葆萼等。另一个是湖南省，有刘少奇、任弼时、萧（肖）劲光、罗亦农、卜士畸（道明）、彭述之等。这个班大约有三四十人，以安徽和湖南的人为多。我们这个班，上课时在渔阳里六号，下课就各自回到三个省的同学住宿处。”②实际上，曹靖华确实是从安徽来的，但他不是安徽人，而是河南人。对此，他解释说：“我同刘少奇、任弼时、萧（肖）劲光、蒋光慈、王一飞等都是同班同学。那时，我们几十人在一个大教室上课。课外分成三个小组，即安徽、湖南、浙江等。刘少奇、任弼时等是湖南的，王一飞是浙江的。我是河南的，只我一个，不能成组，所以编入安徽小组。因为我曾在安徽大通小学教过书，另外，我在河南开封二中时，曾组织过一个青年学会，办了一个《青年》半月刊。青年学会不分性别、省别，都可参加。蒋光慈是芜湖五中学生，是安徽人，也参加了。所以，把

---

① 中共上海市委党史研究室、中国社会主义青年团中央机关旧址纪念馆编：《觉悟渔阳里：上海社会主义青年团创建史料选辑（1919. 5—1922. 5）》，上海人民出版社2017年版，第1399页。

② 中共上海市委党史研究室、中国社会主义青年团中央机关旧址纪念馆编：《觉悟渔阳里：上海社会主义青年团创建史料选辑（1919. 5—1922. 5）》，上海人民出版社2017年版，第1365页。

我编入安徽组。按地区分组，在语言、生活习惯上都方便些。”①

刘少奇的夫人王光美也回忆过刘少奇在外国语学社的学习情况。她回忆说：“上海外国语学社设在渔阳里6号，几十人在一个大教室上课，教师有杨明斋，还有一位年轻的女士教俄文。这一班学生有任弼时、王一飞、萧(肖)劲光、蒋光慈、曹靖华等人，编为三个小组。”②

据许之桢回忆：“楼下厢房是教俄文的，也有教法文的。俄文由杨明斋及魏金(维经)斯基的夫人教。法文是由李汉俊教。后来因发展了，楼下客堂也做了教室，请王元玲(龄)教俄文。”③

为培养更多的革命青年，上海共产党早期组织研究决定，在外国语学社再添招新班。1921年5月20日，《民国日报》副刊《觉悟》刊登了添招新班的广告。④

迄今为止，没有查阅到任何外国语学社留下的关于班级设置的学校遗存文件，能做到的就是通过外国语学社学员的回忆文章以及当时的报刊来搜集相关素材。从外国语学社亲历者的回忆来看，这所学校并非像一般学校那样，统一开学，统一分班，而是随到随插班学习的形式。俄语班人数占了绝大多数，其他语种的班人数较少，甚至有的班即便招生广告中列出了，实际上也没有开起来。从前后半年多的两次招生广告中也可以看得出来，第一次列出了“英、法、德、俄、日本语”班，第二次就去掉了德语班。由于外国语学社的定位是培养革命家，在外国语学社短暂学习后，然

① 中央文献研究室第二编研部编：《话说刘少奇——知情者访谈录》，中央文献出版社2000年版，第153页。

② 中共上海市委党史研究室、中国社会主义青年团中央机关旧址纪念馆编：《觉悟渔阳里：上海社会主义青年团创建史料选辑(1919.5—1922.5)》，上海人民出版社2017年版，第1352页。

③ 许之桢：《关于渔阳里六号的活动情况》，《“一大”前后：中国共产党第一次代表大会前后资料选编》(二)，人民出版社1980年版，第59页。

④ 中共上海市委党史研究室、中国社会主义青年团中央机关旧址纪念馆编：《觉悟渔阳里：上海社会主义青年团创建史料选辑(1919.5—1922.5)》，上海人民出版社2017年版，第1555页。

后选送到莫斯科东方大学继续学习，这就决定了绝大部分学生以学习俄语为主，为留俄做前期准备。

二、开设课程

外国语学社是在特定的历史时期创办的革命干部学校，课程设置充分考虑到了以下情况：一是学校的培养目标是有针对性地对青年干部进行系统训练，着力培养职业革命家，因此，在课程设置上没有安排自然科学的课程，社会科学的课程也仅限于马克思主义理论课程。二是在民主主义革命时期中国急需大批用马克思主义理论武装，懂外国语并具有国际视野的青年革命干部，对革命干部安排在校学习时间不宜太长，最好是速成班，重在提高培训实效。学员在校学习时间为 3 到 6 个月不等。三是理论学习和社会实践相结合。课程设置上是上午上课，下午参加活动，有意培养学员的社会动员能力和组织协调能力。这与 1921 年《关于中国共产党的第一个决议》中规定的“除了非常必要的情况以外，不必教若干门不同的课程”①的要求是一致的。

外国语学社的教学内容，安排得相对比较丰富，主要包括外国语课程和马克思主义理论。外国语学社的主课是俄语和马克思主义理论。俄语是外国语学社的主科，由杨明斋、库兹涅佐娃、王元龄教授。外国语学社所开设的马克思主义理论课及其他外语课，多由上海共产党早期组织成员教授。其中李汉俊教法语；李达教日语；陈望道教马列主义课，教学员们阅读和学习《共产党宣言》等理论著作；沈雁冰和青年团员袁振英教英语；俄国青年记者斯托帕尼义务教世界语。② 学科由学员们自选。③

---

① 《共产主义小组和党的“一大”资料汇编》，中国人民大学中共党史系资料室 1979 年版，第 13 页。

② 中共上海市委党史研究室：《中国共产党上海史（1920—1949）》，上海人民出版社 1999 年版，第 99 页。

③ 柯六六：《柯庆施就读上海外国语学社前后》，《江淮文史》2008 年第 6 期。

1. 外国语

按照招生广告中所宣传的，外国语学社分设英、法、德、俄、日本语各班，除星期日外，每天每班授课1小时，文法读本由华人教授，读音会话由外国人教授。许之桢回忆说：“当时教的也不止俄文一种，英、法、日文都教。”①

在任课教师中，上课最多、与学员见面最频繁的就是校长杨明斋。以致有些学员多年后回忆：“教师只有一位：杨明斋。这是一位和蔼可亲的忠厚长者，满口浓重的山东口音，举止稳重的像泰山一样。”②

李达在1957年回忆说：“当时也真的学了外国语——俄文。由维廷（经）斯基夫人任教。”③1958年他又在《七一回忆》中讲道：“上海的团部设在环龙路（霞飞路）铭德里六号两楼两底的房子里，挂了‘外国语学校’的招牌，团员有二十余人，由威丁斯克（维经斯基）夫人教授俄文。”④李达提到的维经斯基的夫人正是与共产国际代表团一同来华的库兹涅佐娃，她被安排在外国语学社教授俄语读音和会话。

库兹涅佐娃随丈夫维经斯基回国后，外国语学社又聘老同盟会会员王维祺之女王元龄，也是张作霖派驻苏俄公使李家鳌之外甥女，哈尔滨中东铁路公司女子商务学校毕业的高才生教俄文。王元龄在1959年有一段回忆：

---

① 中共上海市委党史研究室、中国社会主义青年团中央机关旧址纪念馆编：《觉悟渔阳里：上海社会主义青年团创建史料选辑（1919.5—1922.5）》，上海人民出版社2017年版，第1360页。

② 余世诚、张升善编著：《杨明斋》，中共党史资料出版社1988年版，第13页。

③ 中共上海市委党史研究室、中国社会主义青年团中央机关旧址纪念馆编：《觉悟渔阳里：上海社会主义青年团创建史料选辑（1919.5—1922.5）》，上海人民出版社2017年版，第1343页。

④ 中共上海市委党史研究室、中国社会主义青年团中央机关旧址纪念馆编：《觉悟渔阳里：上海社会主义青年团创建史料选辑（1919.5—1922.5）》，上海人民出版社2017年版，第1345页。

> 我是1920年夏季从哈尔滨毕业的，7月份回上海。冬天杨明斋同志到我的地方来接洽，过了阴历年约二月份初春，我到这里来教书，未到大热天约阴历五月份就结束。我来上课的时间是下午，吃过饭后。结束后，起初据说到法国去，后来知道他们是到苏联去，他们在路途中还用俄文写信给我，这些信现在都找不到了。我在这里教书时，教室在楼下客堂，黑板挂在中间，黑板面朝东。①

据外国语学社学员许之桢回忆："楼下厢房是教俄文的，也有教法文的。俄文由杨明斋和维经斯基的夫人教，袁振英、沈雁冰讲授英文，李汉俊讲授法文，李达讲授日文。"②后来因发展了，楼下课堂也做了教室，请王元玲(龄)教俄文。③

外国语学社还开设了招生广告中未登的世界语课。这是以前所未掌握的史料。世界语由俄国的一名新闻记者斯托帕尼教授。斯托帕尼是意大利人，出生于俄国，据说他为了躲避兵役而从高加索去海参崴，后来到了上海。④ 1919年冬，他从欧洲来沪后与陆式楷(又名陆耀荣)等世界语学者开办了新华学校(也称新华世界语学校)。⑤ 其父是当时苏维埃某地政府的委员长。斯托帕尼本人信仰共产主义，极热心于推广世界语。斯托帕尼来沪之后，积极联络胡愈之等有志之士筹划世界语的推广，先后在外国语学社、新华世界语学校等地教授世界语。郑佩刚在他的回忆录中说，陈独秀、沈玄庐等也曾去新华学校讲演，还提到从俄国来的新华学校教员"Stoping"，可能就是斯托帕尼。有些外国语学社的学员也对世界语产生了

---

① 中共上海市委党史研究室、中国社会主义青年团中央机关旧址纪念馆编：《觉悟渔阳里：上海社会主义青年团创建史料选辑(1919.5—1922.5)》，上海人民出版社2017年版，第1407页。

② 陈科美主编：《上海近代教育史》，上海教育出版社2003年版，第366页。

③ 许之桢：《关于渔阳里六号的活动情况》《"一大"前后：中国共产党第一次代表大会前后资料选编》(二)，人民出版社1980年版，第59页。

④ 《世界语学会追悼会纪》，《民国日报》，1921年4月11日。

⑤ 《世界语学社议订草章》，《民国日报》，1920年4月1日。

浓厚的兴趣，这在廖划平、秦抱朴等学员的回忆以及外国语学社的秘书俞秀松的日记中都有提及。

1921 年 3 月 9 日，外国语学社学员廖划平在赴俄时的信中提到，没有动身去俄国的学员，“只好在上海学习俄语和世界语，俄语是杨明斋教授，每月学费一元，讲义费八角。世界语是一个俄国新闻记者教授，不收学费，每星期两种语言”①。这封信发表在 1921 年重庆出版的《人生》杂志第 2 期上面，信中所提到的教授世界语的俄国新闻记者，经查阅工部局警务日报，可以确定就是当时在上海小有名气的俄国世界语学者斯托帕尼，也有学者翻译为斯托比尼。

> 斯托比尼(斯托帕尼)年轻有为，信仰共产主义，其父是俄国苏维埃政府某地的委员长。斯托比尼(斯托帕尼)热衷于推动和传播世界语事业，他一到上海，就积极联络胡愈之、陆疾侵、苏爱南、王克绥等人，先后在北四川路公益坊建立世界语学会和新华世界语学校，作为在上海传播世界语的基地，还编辑出版《中华世界语月报》。②

该社的秘书俞秀松就是一位世界语的爱好者。他在 1920 年 6 月 29 日的日记中这样写道：“今天我又定了每天的功课，早晨读世界语；上午先读英文，后看书报；下午作四小时工，再预备每夜的教材；夜看书及记日记。”③俞秀松在日记中提到的世界语就是斯托帕尼为学员义务开设的课程，不收取任何费用，很受革命青年的欢迎。

据旅英学者李丹阳讲，1920 年夏建立的外国语学社是共产国际东亚书

---

① 中共上海市委党史研究室、中国社会主义青年团中央机关旧址纪念馆编：《觉悟渔阳里：上海社会主义青年团创建史料选辑(1919. 5—1922. 5)》，上海人民出版社 2017 年版，第 1403 页。

② 朱政：《外国语学社与世界语学者斯托比尼》，《上海革命史资料与研究》第 1 辑，开明出版社 1992 年版，第 181 页。

③ 上海市中共党史学会编：《俞秀松文集》，中共党史出版社 2012 年版，第 17 页。

记处为培养留苏预备人员而设的学校，同时也是中国社会主义青年团的总部。斯托帕尼不仅义务给学社的部分学员开设世界语课程，还热情鼓励学员们去苏俄考察、学习。①

1921年2月，外国语学社学员秦抱朴、佩仙、梦周、廖划平、杜小马、徐敦让等一行10人，经斯托帕尼介绍，踏上赴俄之途。他们由上海乘船到大连，换火车到哈尔滨，待松花江开冻，由松花江、黑龙江取道黑河到赤塔。进入俄国境内，一路上他们出示斯托帕尼开的介绍信，与当地世界语学会取得联系，并得到帮助，最后到达莫斯科。② 秦抱朴在《赤俄游记》中写道："却拿着世界语介绍信，到赤塔世界语学会去，但没找到。"③ 尽管秦抱朴等人拿着世界语的介绍信，但赴俄留学却由外国语学社的校长杨明斋负责。秦抱朴说："他(杨明斋)是上海社会主义青年团的主要人物，留俄的事情完全是他经手的。"④

2. 马列主义著作

外国语学社的学生除了学习外国语，还要学习马列主义理论知识。据肖劲光回忆：我们在这里除了学习俄文，还听马列主义课。我读的第一本马列的书就是外国语学社发的《共产党宣言》，书的封面上有个大胡子的马克思像。对《共产党宣言》我们读起来很费解，尽管字都认得，但好些术语并不明白。书是由陈望道翻译的，马列主义课也由他主讲，每个星期日讲一课。那时陈望道是上海复旦大学的教授，我们都很尊敬他。⑤

陈望道是《共产党宣言》中文全译本的第一位翻译者，用他的原话说，

---

① 李丹阳、刘建一：《一个"安那其布尔什维克"的悲剧——斯托帕尼在上海》，《百年潮》2003年第3期。

② 朱政：《外国语学社学员与世界语学者斯托比尼》，《上海革命史资料与研究》第1辑，开明出版社1992年版，第182页。

③ 抱朴：《赤俄游记》，书林书局2015年版，第11页。

④ 抱朴：《赤俄游记》，书林书局2015年版，第15页。

⑤ 中共上海市委党史研究室、中国社会主义青年团中央机关旧址纪念馆编：《觉悟渔阳里：上海社会主义青年团创建史料选辑(1919.5—1922.5)》，上海人民出版社2017年版，第1355—1356页。

就是“费了平常译书的五倍工夫”，才把这本经典翻译出来。1920 年 2 月，上海《星期评论》周刊特邀从日本留学归来的陈望道翻译《共产党宣言》，准备在这个刊物上转载。于是，陈望道携带戴季陶提供的日文本和陈独秀取自北大图书馆的英文本，在家乡浙江义乌的分水塘村老宅柴房里，凭借一盏油灯、一块铺板、两条长凳、老母亲送来的三餐，借助《日汉辞典》《英汉辞典》，夜以继日地翻译这部红色经典。

《共产党宣言》中文译本原本打算在《星期评论》刊发，不幸的是，《星期评论》因故被迫停刊。这时，上海共产党早期组织刚刚成立，陈独秀与共产国际代表维经斯基商量后，决定以“社会主义研究社”的名义秘密出版此书。于是，陈独秀在辣斐德路成裕里租下一间房子，建立一个小型印刷所，取名“又新印刷所”。

又新印刷所承印的第一本书，就是陈望道翻译的《共产党宣言》。1920 年 8 月，《共产党宣言》初版印刷 1000 册，很快售罄。[①] 这本书印有“社会主义研究小丛书第一种”。由于印刷时排字工人疏忽，封面标题印错了。时隔一个月再版时，书名改为《共产党宣言》，加印 1000 册，又销售一空。之后，又新印刷所又印刷了《马格斯资本论入门》等一批革命书籍，为马克思主义在中国的广泛传播做出了重大贡献。

为了让读者买到《共产党宣言》，沈玄庐通过邵力子，署名玄庐，在《民国日报》副刊《觉悟》上非常巧妙地发了一则新书广告式的短文——《答人问〈共产党宣言〉底发行》。现摘录如下：

> 慧心，明泉，秋心，丹初，P. A：
>
> 你们来信问《陈译马格斯共产党宣言》的买处，因为问的人多，没工夫一一回信，所以借本栏答复你们问的话：
>
> 一、“社会主义研究社”，我不知道在哪里，我看的一本是陈独秀先生给我的，独秀先生是到《新青年》社拿来的，《新青年》社在“法大

① 共青团上海市委员会编：《渔阳里的故事》，上海教育出版社 2004 年版，第 33 页。

马路大自鸣钟对面”。

二、这本书底内容，《新青年》、《国民》(北京大学出版社)、《晨报》都零零碎碎译出过几章或几节。凡研究《资本论》这个学说系统的人，不能不看《共产党宣言》，所以望道先生费了平常译书五倍的工夫，把全文译了出来，经陈独秀、李汉俊两先生校对。可惜还有些错误的地方，好在初版已经快完了，再版的时候，我很希望陈望道先生亲自校一道！①

沈玄庐以答读者的形式，提醒读者此书不得不看，并强调译者是精心翻译的，现已再版，销量不错，引导有志青年去读读这本经典。正如鲁迅所讲：“现在大家都在议论什么‘过激主义’来了，但就没有人切切实实地把这个‘主义’真正介绍到国内来。其实这倒是当前最紧要的工作。望道在杭州大闹了一阵之后，这次埋头苦干，把这本书译出来，对中国做了一件好事。”②

毛泽东在与斯诺的谈话时，提及“有三本书特别深地铭刻在我的心中，建立起我对马克思主义的信仰”③。其中就包括《共产党宣言》，由陈望道译，这是用中文出版的第一本马克思主义的书。毛泽东回忆，读这本书时是1920年夏天。“1920年冬天，我第一次在政治上把工人们组织起来了，在这项工作中我开始受到马克思主义理论和俄国革命历史的影响的指引。”④

外国语学社的学员一般半天上课，半天自修。除学习外，还参加上海工读互助团和马克思主义研究会的活动，并帮助中俄通讯社宣传十月革命。学校是社会主义青年团机关所在地。据肖劲光回忆，“在外国语学社，

---

① 《民国日报》，1920年9月30日。

② 李蓉：《中共一大轶事》，人民出版社2015年版，第102页。

③ [美]埃德加·斯诺：《西行漫记》，董乐山译，外语教学与研究出版社2005年版，第234页。

④ 《中国共产党史稿(1921—1949)》第1卷，中央文献出版社2006年版，第216页。

我和弼时同志一起参加了工读互助团，工读互助团实际上是社会主义青年团的前身，它的机关就在我们俄文班的楼上，刘少奇同志是我们这个组织的负责人。参加这个组织后，我们就不仅仅是学习，同时还参加一些政治斗争。我们一般是上午学俄文，下午除学习外，有时刻钢板、印传单，有时还要到工厂联络，上街散发传单。遇有纪念日，就参加游行。每当游行时走在前面举旗杆的经常是我们这些人"①。

在外国语学社学习期间，学员常抽空阅读《新青年》杂志、《民国日报》副刊《觉悟》、《时事新报》副刊《学灯》等，还借助词典为杨明斋主持的中俄通讯社翻译、校对文稿，配合上海共产党早期组织创办的《劳动界》周刊进行收发、缮写工作。

外国语学社除了提供外语教材，还把上海共产党早期组织成员李汉俊翻译的《马格斯资本论入门》(新青年社出版)、陈望道翻译的《共产党宣言》(社会主义研究社出版)作为必读书籍。

据日本学者石川祯浩考证，新渔阳里6号至同年6月是戴季陶的寓所，距《新青年》编辑部(陈独秀寓所)极近。外国语学社名义上教授外语，李汉俊、李达、杨明斋等似乎也都在这里讲授过初级外语，但实际上是各地学生运动家和冲破封建家庭藩篱的青年慕陈独秀之名来上海后的避难所，或者希望赴苏俄的青年们的留学介绍所。②

的确，外国语学社对学员侧重于外国语和马列主义理论的培养。学习外国语，特别是俄语，是为学员赴俄留学做好语言上的准备；强调马列主义理论的学习，是让学员树立坚定的马克思主义信仰，用马列主义理论武装头脑，确立中国革命必胜的信心。

---

① 中共上海市委党史研究室、中国社会主义青年团中央机关旧址纪念馆编：《觉悟渔阳里：上海社会主义青年团创建史料选辑(1919.5—1922.5)》，上海人民出版社2017年版，第1356页。

② [日]石川祯浩：《中国共产党成立史》，袁广泉译，中国社会科学出版社2006年版，第172页。

三、办学特色

外国语学社是在特定历史条件下创办的，呈现了独特的办学特色，这与上海共产党早期组织的领导是分不开的。1920 年 8 月上海创建了全国第一个共产党早期组织，同月，建立社会主义青年团，紧接着在团址创办培养干部和赴俄青年的外国语学社。外国语学社的工作是上海共产党早期组织工作的一部分，必须服从和服务于党的中心工作。这样一所由共产党早期组织创办的革命学校，从创办之日起就烙下了深深的红色印记，注定与一般的学校不同。

1. 办学理念具有开创性，重点开设俄语课程以利于革命青年留俄之需

从外国语学社两次在当时中国，尤其是在上海有重要影响的报纸《民国日报》上刊登的招生广告可知，外国语学社涉及的外国语语种较多，体现了新型学校的办学特色。两次招生广告都列出了开设的外国语语种。第一次在《民国日报》第 1 版的招生广告中，提到“英、法、德、俄、日本语”①五种外国语班。随着学员人数的不断增加，时隔近 7 个月，外国语学社又在《民国日报》副刊《觉悟》连续刊登近两个月的“外国语学社添招新班”的广告，提到“英文、俄文、法文、日文”②四种外国语班。两则招生广告中，都提到了英、法、俄以及日本语等外国语语种，其中，俄语课在上海各类学校中尚属首次开设，以至有些学生把这所学校称为“俄文专修馆”③。

---

① 中共上海市委党史研究室、中国社会主义青年团中央机关旧址纪念馆编：《觉悟渔阳里：上海社会主义青年团创建史料选辑（1919. 5—1922. 5）》，上海人民出版社 2017 年版，第 1551 页。

② 中共上海市委党史研究室、中国社会主义青年团中央机关旧址纪念馆编：《觉悟渔阳里：上海社会主义青年团创建史料选辑（1919. 5—1922. 5）》，上海人民出版社 2017 年版，第 1555 页。

③ 中共上海市委党史研究室、中国社会主义青年团中央机关旧址纪念馆编：《觉悟渔阳里：上海社会主义青年团创建史料选辑（1919. 5—1922. 5）》，上海人民出版社 2017 年版，第 1355 页。

上海近代教育的发展，建立在传统教育的根基之上，也有外力的推动作用，外力的推动作用是重要因素。上海由一个无名的小渔村发展为东南名邑，其过程是：由浦而得名，进而由镇(南宋末年建镇)而县(元朝建县)而市(1927 年设特别市)。上海教育成为人们关注的对象，则是在 1843 年上海被迫开埠之后，上海近代教育也由此肇端。① 中国人在上海开设学习外国语的学校，可追溯到 1863 年创办的“广方言馆”，这是洋务运动的领袖李鸿章奏请清政府在上海设立的近代新式学堂，开始称“上海外国语言文字学馆”，简称“上海同文馆”。1867 年改名为“上海广方言馆”。

广方言馆初办时，学生额定 40 名，以后续有增加，最多时每届 80 名。学生入学采取保送与考试相结合的办法，年龄限为 14 岁以下，后来改为 15 岁以上，20 岁以下，学制初为 3 年，开始时学生均为免费住馆就读，并由馆方发给伙食费每日一钱，1894 年以后有所变通。学习课程，开始时以外文、算学为主，兼习经史辞章，1870 年以后增加重学、天文、地理、勘探冶炼、机器制造、行海理法等课，由一般的培育外语人才变为培养多方面的科技人才的综合学校。广方言馆所开外语有英、法、德等语种，多聘外国学者如著名的林乐知、傅兰雅、金楷理、璞琚等担任教习。外籍教习不但教授外语，也讲授其他课程。②

在广方言馆之后，是英国传教士傅兰雅和徐寿创办于 1876 年的格致书院(今上海市格致中学)。这是一所中外合作办学以学习近代自然科学为主的科技学校。③ 先是 1874 年，英国驻沪领事麦华陀首先倡议，中外绅士议定募捐银两，创立格致书院，并推选理事。其后两年董事会开了 9 次会议，

① 陈科美主编：《上海近代教育史》，上海教育出版社 2003 年版，第 1 页。

② 张仲礼主编：《近代上海城市研究(1840—1949 年)》，上海文艺出版社 2008 年版，第 784 页。

③ 陈科美主编：《上海近代教育史》，上海教育出版社 2003 年版，第 2 页。

经过选址造房、购置设备，方才准备完成。1879年11月1日，格致书院在《申报》刊登招生启事，称课程分西国语言与格致实学两种，学制三年，书院提供饮食。

格致书院以近代自然科学为主要教学内容。傅兰雅曾专门开列一个《格致书院会讲西学章程》，详细规定了讲授西学的内容和讲授方法。讲授内容凡分6门：一是矿务，二是电务，三是测绘，四是工程，五是汽机，六是制造。①

其后，是创办于1878年的正蒙书院，1881年改为梅溪书院，创办人是张焕纶。这是中国人自己创办的第一所新式学校。

课程有国文、舆地、经史、时务、格致、数学、歌诗，1884年以后添设英文、法文，还有内容丰富的体育游戏，如击球、投沙囊、投壶、习射、蹴鞠、超距、八段锦等。教学方法也较旧式书院有很大改变，自早晨起床到晚间休息，各有定程，吃饭有教师同席，睡觉有教师同舍，师生关系比较融洽，不像旧式书院之俨若猫鼠。张焕纶在梅溪书院，还对学生进行爱国教育和军事训练，中法战争爆发时，他让学生接受军事训练，夜晚则率领他们在上海城内巡逻。后人评论，梅溪是上海最早实行军事训练的学校，同时是上海童子军的老祖师。②

再其后就是创办于1897年的南洋公学（今上海交通大学、西安交通大学前身），这是中国人在上海创办的第一所大学，创始人为洋务派实干家盛宣怀。早在前一年，盛宣怀就请求在京师、上海各设一所达成馆，取成

---

① 张仲礼主编：《近代上海城市研究（1840—1949年）》，上海文艺出版社2008年版，第786页。

② 张仲礼主编：《近代上海城市研究（1840—1949年）》，上海文艺出版社2008年版，第787页。

材之士，专学英、法语言文学。

> 南洋公学设有四院，即师范院、外院、中院、上院。创办之初，仅有师范院 1 班，招生 40 名。先设师范院，意在造就师资，推广教育，是为中国有师范教育之始。师范院所招学生均系所谓“成材之士”，年龄在 20 至 35 岁。这些人于国学素具根底，有些人已是秀才、举人，所以他们入学后一般不再修国学课。学生入学须经严格考试，录取入学后仍不断考核，评定等第，实行淘汰制，不合格者除名。学生不仅不交学费，且享受数量不等的伙食费和奖学金。师范生课程有外语、数学、物理、化学、生物、地理等，学生毕业后或留校任教，或出洋留学，或从事其他职业。①

中国人还于 1898 年在上海开办了中国第一所女子学堂，取名中国女学堂，创办人是浙江商人经元善。学堂开设英语、算术、地理、图画等课程。

从广方言馆、格致书院、梅溪书院、南洋公学、中国女学堂等，我们可以看出，这些由上海官方、中国知识分子以及地方士绅兴办的学校，呈现出共同的特点：一是办学目标明确，都是为了培养国家需要的人才；二是教学内容多参照西方学校，外语与近代自然科学的设置与传统私塾有着质的区别；三是教学方法灵活，注重向西式学校靠近。

单就外语课程来说，广方言馆涉及英文、法文、德文等外国语语种的教学；格致书院开设英语教学；梅溪书院开设英文和法文课程；南洋公学师范生开设外语课程，主要包括英文和法文；中国女学堂也开设了英语课程。不难看出，这些新式学校都没有涉及俄文的课程。外国语学社不仅开设英文、法文的教学，而且还开设了俄文以及日本语的教学课程，充分体

① 张仲礼主编：《近代上海城市研究(1840—1949 年)》，上海文艺出版社 2008 年版，第 789 页。

现了外国语学社办学理念的开创性。

2. 课程设置凸显灵活性，把外国语教学与革命理论相结合

外国语学社在课程安排上，不仅开设了俄、英、法、日本语等课程，还把学习外国语与革命理论相结合。当年的学员肖劲光回忆，在外国语学社学习的是俄文，同时，还学习马列主义的课。在这里读的第一本书就是陈望道翻译的《共产党宣言》。

王光美在回忆刘少奇在外国语学社学习时也提到，刘少奇在外国语学社“学习时间自己看《共产党宣言》《新青年》”①。

魏以新有这样一段回忆，记得当时经常开会，“讨论如何进行工作，都是在晚上八、九点钟开的，一般的会开一两个小时。在开会时，我只见到过一个俄国人（好像就是维廷〔经〕斯基）。他在会上没有发言，但私下谈话时，他介绍十月革命如何好。”②

彭述之回忆说：“作为团员，我们这些外国语学社的学生们首先必须做好即将成行的长期留苏中最大限度地学习的准备；因此，从星期一到星期六，整个白天都用于接受杨明斋和友人浦克不断灌输给我们的语言和意识形态入门课程。”③

外国语学社除了教授俄文的杨明斋、库兹涅佐娃和王元龄之外，其他外国语课由上海共产党早期组织成员担任，教日文的李达、教法文的李汉俊、教英文的袁振英。另外，李达、李汉俊、陈望道还向学生兼授马列主义革命理论课程。有学员评价，“李达是我们研究历史唯物主义哲学的启

---

① 中共上海市委党史研究室、中国社会主义青年团中央机关旧址纪念馆编：《觉悟渔阳里：上海社会主义青年团创建史料选辑（1919. 5—1922. 5）》，上海人民出版社 2017 年版，第 1352 页。

② 中共上海市委党史研究室、中国社会主义青年团中央机关旧址纪念馆编：《觉悟渔阳里：上海社会主义青年团创建史料选辑（1919. 5—1922. 5）》，上海人民出版社 2017 年版，第 1384 页。

③ 中共上海市委党史研究室、中国社会主义青年团中央机关旧址纪念馆编：《觉悟渔阳里：上海社会主义青年团创建史料选辑（1919. 5—1922. 5）》，上海人民出版社 2017 年版，第 1397 页。

蒙人。当我们埋头于马克思政治经济学时，李汉俊成了我们的向导”①。

诚然，外国语学社充分利用上海共产党早期组织中各类精英人才的优势，免费为学员传授知识，这在课程设置上体现得尤为明显。

3. 课外活动体现革命性，强化青年团员的实践历练

外国语学社特别重视学生的社会斗争实践，安排学生到工厂调查、参加工人罢工、到民众中散发传单、到工人夜校教书等多种形式宣传革命理论。据柯庆施讲，学社除学俄文外，还帮做些工作，比如帮助编辑《劳动界》和参加机器工会的工作。

曾在外国语学社学习的许之桢说：“五一节那天，我们把传单拿到天后宫、闸北、永安公司等处散发。我是到永安公司去发的。那时，我们组织了十几个单位，也有学生，但是包探巡捕开来了汽车和武装，包围了渔阳里。”“第一次庆祝纪念‘三八’节也是在这里举行的，当时由高君曼演说（高是陈独秀的妻子）。机器工会成立会在这里开会时，课堂间还未做教室。”②

肖劲光后来回忆：我们“帮助上海共产主义小组编辑出版的《劳动界》《华俄通讯社》等刊物做过抄写、校对工作”③。

外国语学社高度重视学员的社会实践，注重培养学员的组织和领导能力。一些学员在求学期间就崭露头角，比如李启汉在外国语学社学习期间领导工人罢工，成为上海工人运动的开拓者。

李启汉还主持了上海工人联合会成立大会，并在会上号召工人团结起来，为改善生活，争取平等而斗争。李启汉还在沪西小沙渡创办了最早的

---

① 《彭述之回忆外国语学社的情况》，《上海革命史研究资料——纪念建党70周年》，上海三联书店1991年版，第306页。

② 许之桢：《关于渔阳里六号的活动情况》，《“一大”前后：中国共产党第一次代表大会前后资料选编》（二），人民出版社1980年版，第59页。

③ 中共上海市委党史研究室、中国社会主义青年团中央机关旧址纪念馆编：《觉悟渔阳里：上海社会主义青年团创建史料选辑（1919.5—1922.5）》，上海人民出版社2017年版，第1356页。

工人学校——工人半日学校，后将学校改为上海工人游艺会，会员多达400多人。外国语学社的学员陈为人对成立大会做了详细的记录：

> 2月19日，午前12时假上海公学校，开成立大会。会员四百余人。来宾甚多，由李启汉主席报告开会宗旨及进行方针，略说我们从前只是各人苦着，饿着；我们想要免去这些困苦，就要大家高高兴兴地联合起来，讨论办法；我们不独得到这样的游艺而已；什么金钱万能，劳工无能，我们都要改革，打破！会员及来宾演说的甚多。①

为便于与工人交谈，他还认真学习上海话，想方设法打入青帮，利用帮会结交工人，开展文娱活动，吸引工人参加工人半日学校。李启汉通过各种办法，培养了大批得力的工会组织骨干和工人运动的积极分子，致使上海早期的工运活动开展得有声有色，与北京的长辛店同时成为“中国共产党最初职工运动的起点”。②

1921年1月，上海共产党早期组织成立职工运动委员会，李启汉是具体负责人之一。4月，他主持召开有十几个劳工团体参加的上海各界庆祝五一劳动节筹备会，决定发起“五一节”纪念大会。在纪念大会当天，李启汉率领外国语学社20多名学员沿街散发传单。是年7月，李启汉还领导了上海英美烟厂工人大罢工，这是中国共产党领导下的第一次大罢工。在罢工中，李启汉不顾个人安危，脱下学生装，换上工人服装，到工人中间指挥，高喊“还我血汗”的口号。这次罢工持续了20多天，最后厂商妥协，基本答应了工人提出的条件，罢工取得阶段性胜利。在李启汉的领导下，上海工人阶级从新型工会的诞生和罢工斗争的胜利中受到很大鼓舞，更加坚定了开展工人斗争的信心和勇气。

---

① 为人记录：《上海工人游艺会成立大会记》，《劳动界》第20册，1920年12月26日。

② 中共嘉兴市委宣传部等：《中国共产党早期组织及其成员研究》，中共党史出版社2013年版，第148页。

4. 合作办学彰显国际性，培养中国革命需要的领导型青年人才

外国语学社贯彻执行了《青年共产国际纲领》，这一纲领是青年共产国际开展工作的纲领性文件，制定于 1919 年 11 月 20 日至 26 日。纲领明确提出了共产主义青年组织的基本任务："培养自觉的无产阶级战士、共产主义社会未来的建设者。共产主义的意识和战斗力，除了参加政治斗争而外，还要依靠社会主义理论教育才能获得。这样的教育也是反对资产阶级意识形态的斗争的锐利武器，与积极参加政治斗争相结合的社会主义教育，是青年无产阶级战士的教育方法。"①特别要求，共产主义青年组织把马克思主义精神对青年的全面教育，把同时提高革命青年的文化水平作为它的任务。

中国革命需要培养造就千百万的青年革命人才，以推动中国革命事业的发展。设在上海法租界特殊环境下的外国语学社，担当起上海共产党早期组织培训团员和革命青年赴俄留学的特殊任务，起到了掩护党团组织的革命活动以及锻炼青年干部的特殊作用。从这个意义上说，外国语学社是一所新型的培养青年人才的革命干部学校。在外国语学社学习的革命青年，具有双重角色，既是学社的学员，又是革命者，在革命需要时随时可以担当重任。

1921 年 3 月，青年共产国际执行委员会东方部谷林为召开青年共产国际第二次代表会议，给上海社会主义青年团发来选派一位代表出席会议的邀请函。邀请函说："我知道上海的青年团是中国青年团中最好的一个。……亲爱的上海青年团的诸位朋友呀！送给诸位以此种选举一位代表当我们第二次国际会议的邀请。"②这份宝贵的邀请书，给了诞生仅半年的上海社会主义青年团莫大的鼓舞，它意味着上海和中国青年的革命斗争绝非孤立，

---

① 《青运史资料与研究》第 1 辑，中国社会科学院青少年研究所青运史研究室 1982 年版，第 55 页。

② 《青运史资料与研究》第 1 辑，中国社会科学院青少年研究所青运史研究室 1982 年版，第 66 页。

是得到世界革命青年支持的。①

上海共产党早期组织很快开展了选派青年共产国际第二次代表大会代表的工作，决定派上海社会主义青年团的书记俞秀松出席在莫斯科召开的青年共产国际第二次代表大会。俞秀松在1921年4月1日的家书中写道：“我此番单独赴京，因为上海的朋友们推举我为留俄学生代表之一，而且推举我为中国赴俄京第二次国际少年共产党的代表。”②在另一封信中说：“上海我们的团体有派送学生留俄的事，我又被同志们推为留俄学生代表，因此又不能不先往R(俄国)去接洽。”③从这两封家书中不难看出，“我们的团体”已经启动选派学社学员留俄的工作，派送学员到莫斯科东方大学学习的事已刻不容缓，俞秀松作为学社的秘书需要先期到达开展联络工作，并作为正式代表出席在莫斯科召开的青年共产国际第二次代表大会。

有俞秀松、张太雷、陈为人署名的《中国代表团在青年共产国际第二次代表大会上的报告》中写道，社会主义者的组织是有着明确的社会革命目标的组织，中国社会主义青年团是在这一组织的基础上建立起来的。“第一个青年团是在上海成立的，它的目标是，在青年热情的帮助下来准备社会革命。”④

早年在外国语学社学习，后被选送到莫斯科东方大学留学的刘少奇1960年在一次向苏联人民的讲话中深情地说：“为了学习十月革命的经验，1921年春，我和其他几十个青年团员，第一次来到你们的国家。我们从上海到海参崴，经过赤塔到莫斯科……当时，我们这些中国青年，到苏联来

---

① 《上海青运史资料》第3辑，共青团上海市委员会青运史研究室1984年版，第92—93页。

② 上海市中共党史学会编：《俞秀松文集》，中共党史出版社2012年版，第58页。

③ 上海市中共党史学会编：《俞秀松文集》，中共党史出版社2012年版，第59页。

④ 上海市中共党史学会编：《俞秀松文集》，中共党史出版社2012年版，第89页。

就是为了寻找一条中国革命的正确道路。”①任弼时在写给父亲任思度的信中提到的“同行伴友”②就包括刘少奇、肖劲光、王一飞、许之桢、傅大庆等人。有些革命青年为了中国的革命事业，在莫斯科学习了几个月就被党派到国内开展革命工作了。

综上来看，外国语学社做到了三个结合，即专职教师和兼职教师的结合、边学习边实践的结合、语言训练与马列主义理论修养的结合，收到了良好的教学效果。外国语学社的一些创新性的做法，仍值得我们今天的学校，尤其是各级各类党校学习和借鉴。

① 刘少奇：《团结就是生命，团结就是力量，团结就是胜利》，《中国青年》1960年第24期。

② 中共上海市委党史研究室、中国社会主义青年团中央机关旧址纪念馆编：《觉悟渔阳里：上海社会主义青年团创建史料选辑(1919.5—1922.5)》，上海人民出版社2017年版，第1354页。

第七章　外国语学社的学员膳宿

外国语学社的学员膳宿条件非常艰苦，即便这样，也只有少数学员能在学社住宿和用餐，大部分学员在附近租房住。对于家庭条件困难的学员，学社免费提供食宿，并一包到底，直至送到苏俄留学。

一、学员住宿

外国语学社学员的住宿条件很艰苦，创办初期，学员较少时，学社还可以安排学员住在学社内，往往教师和学员混住在一起；学员多时，学社住不下，便安排同一或相近省份的学员一起到外面租房住，但距离一般都不会很远，基本在法租界范围内。

霞飞路渔阳里 6 号楼下是教室，不上课时用于开展其他活动。楼上亭子间分别为校长杨明斋和较早来校的外国语学社的学生李启汉的卧室，房间里放了一张桌子和一张床，陈设非常简单。楼上的客堂是上海社会主义青年团机关办公室，里面放了办公桌和油印机等。楼上东厢房是一部分学生的宿舍，外国语学社的秘书俞秀松，来自湖南的刘少奇和许之桢以及来自安徽的柯庆施等曾住在这里。

柯庆施回忆说："1920 年下半年我们到上海时，住在渔阳里六号(外国语学社所在地)，当时的组织就叫社会主义青年团，对外的名义是外语学校。"在那里待过的还有"少奇、萧(肖)劲光，现在总工会工作的许之谨，另外还有马俊民（现在湖北），彭湃（湖南人，现在北京）。”①柯庆施提到的“许之谨”应为“许之桢”，湖南人。1920 年进入外国语学社学习。1921 年春赴俄进入莫斯科东方大学中国班学习。1922 年加入中国共产党。历任中共湖北省委组织部部长、宣传部部长，汉口地委书记，中央出版局秘书长等职。1948 年后，任中华全总秘书长、书记处书记、副主席。回忆中还提到了“马俊民”，通过查阅资料，很可能是马哲民，湖北黄冈人，字浚。1920 年进入外国语学社学习，在上海参加马克思主义研究会、社会主义青年团，并在武汉与陈潭秋创办中外通讯社。1922 年春，他以新闻界代表身份赴苏俄出席远东各国共产党和各民族团体大会。会后，加入中国共产党。1923 年秋至 1924 年春曾任中共武汉区委委员兼武昌地委委员长。1950 年，任武汉大学法学院院长，1953 年，全国院系调整，任中南财经学院院长。

外国语学社的学员来自全国各地，考虑到语言和生活习惯不尽相同，学社在学员住宿方面按同一或相近省份安排住宿。据曹靖华回忆：“我们这个班，上课时在渔阳里六号，下课就各自到三个省的同学住宿处……我记得好像是在法租界南成都路附近一间大房间，没有家具，没有床铺，就睡在地板上。”②

周伯棣回忆：“学习俄文的人不很多，大部分是住在外面的，只有一小部分住在 6 号，大约有七、八个人，多数是湖南人，姓名都记不起来了。我和柯庆施同志同班，罗亦农那时叫罗觉。柯庆施同志住在渔阳里 6

---

① 中共上海市委党史研究室、中国社会主义青年团中央机关旧址纪念馆编：《觉悟渔阳里：上海社会主义青年团创建史料选辑（1919. 5—1922. 5）》，上海人民出版社 2017 年版，第 1358 页。

② 中共上海市委党史研究室、中国社会主义青年团中央机关旧址纪念馆编：《觉悟渔阳里：上海社会主义青年团创建史料选辑（1919. 5—1922. 5）》，上海人民出版社 2017 年版，第 1365 页。

号里。”①

二、学员膳食

外国语学社自办伙食，学员用餐不做强制要求。据许之桢回忆：“那时这里还是自办伙食的，但也没有一定，有时在外边买些糍饭油条吃吃也就算了。通常吃饭时在楼下厢房里的。”②

外国语学社的大部分学员生活很艰苦，每月生活费只有四五元，常常五人包四个人的饭，省下一个人的饭钱以作他用。③ 这与 1924 年钱希均回忆在上海社会主义青年团机关伙食的标准相差无几。她回忆说：“当时 S. Y. 机关设在闸北会文路一幢石库门两层楼的老房子里，里面布置很简单……我们自己很少烧饭吃，都在食堂吃包饭，每月每人三元。”④1920 年 5 月，毛泽东参加驱张运动，由京转沪，在上海住了长达 2 个多月，生活费用是“每月仅有 3 元零用钱，生活十分俭朴，伙食费不够时他们经常吃蚕豆煮饭，既可省一些饭钱，也可节省一些菜金”。毛泽东为了补贴生活费的不足，找了一份替别人洗衣服的工作。他在给友人的信中说：“洗衣服不苦，只是因为接送要搭电车，洗衣服所得的钱又转耗在车费上了。”⑤ 肖劲光在回忆录中也提到当时在外国语学社吃的是包饭，“我们几个人住

---

① 中共上海市委党史研究室、中国社会主义青年团中央机关旧址纪念馆编：《觉悟渔阳里：上海社会主义青年团创建史料选辑（1919. 5—1922. 5）》，上海人民出版社 2017 年版，第 1388 页。

② 中共上海市委党史研究室、中国社会主义青年团中央机关旧址纪念馆编：《觉悟渔阳里：上海社会主义青年团创建史料选辑（1919. 5—1922. 5）》，上海人民出版社 2017 年版，第 1361 页。

③ 共青团上海市委员会编：《渔阳里的故事》，上海教育出版社 2004 年版，第 13 页。

④ 中共上海市委党史研究室、中国社会主义青年团中央机关旧址纪念馆编：《觉悟渔阳里：上海社会主义青年团创建史料选辑（1919. 5—1922. 5）》，上海人民出版社 2017 年版，第 1387 页。

⑤ 乐基伟主编：《寻踪觅影：静安“红色之旅”撷英》，上海辞书出版社 2006 年版，第 3 页。

在法租界贝勒路的一个亭子间里，吃着最便宜的包饭”①。从以上回忆来看，每月生活费 3 到 5 元开支，实属极为节俭。

了解了当时上海的米价，就知道他们为什么吃最便宜的包饭了。“一九〇〇年每市担一元九角三分，一九一〇年每市担四元一角四分，上涨了一倍多。”②据 1920 年 5 月上海的《星期评论》刊登的上海工人生活费用的一个材料，说夫妻二人生活每月至少需要十七元五角。③ 由此可见，外国语学社学员的生活费相较于工人的生活费标准低不少。而 1920 年，上海纱厂工人的工资约为每日二角七分至三角，合每月工资七元三角至八元一角。工资较高的机器业，工人每月工资约为十四元一角至十六元八角。④

据《近代上海城市研究(1840—1949 年)》记载：“1905 年前后，上海纺织工人平均日薪为 2 角 4 分，木工日薪为 7 角 3 分，厨师月薪 15 至 18 元。童工工资更低，通常是成年工的一半或三分之二。这些工资仅相当于英国同类工人的六分之一到四分之一。”⑤不言而喻，工人在租界受到资本家的残酷压榨和剥削，加之外国资本家的傲慢和歧视，工人生活极其困难，终年挣扎在饥寒交迫的死亡线上。关于当时上海工人，日文书中也有记载：“就他们出入工厂的服装看来，(男工)穿着又破又脏的棉布衣服，戴着脏了的小帽，女工则围个红围巾，手中提着竹筐，里面放着两餐食物，在工厂所设的饮水处，以酱豆腐之类佐食，就算进餐了。”⑥以此来看，外国语

---

① 《肖劲光回忆录》，解放军出版社 1987 年版，第 16 页。

② 张静如、王朝美等编著：《中国共产党的创立》，河北人民出版社 1881 年版，第 27 页。

③ 张静如、王朝美等编著：《中国共产党的创立》，河北人民出版社 1881 年版，第 28 页。

④ 张静如、王朝美等编著：《中国共产党的创立》，河北人民出版社 1881 年版，第 27 页。

⑤ 张仲礼主编：《近代上海城市研究(1840—1949 年)》，上海文艺出版社 2008 年版，第 557 页。

⑥ 张仲礼主编：《近代上海城市研究(1840—1949 年)》，上海文艺出版社 2008 年版，第 558 页。

学社学员的生活状况就不难理解了。

对此，曹靖华深有体会："各地来的穷学生，分散居住，集中学习，除外语外，还可阅读《新青年》、《共产党宣言》、《时事新报》的副刊《学灯》、《民国日报》的副刊《觉悟》以及介绍苏联、宣传马克思主义的小册子，我如饥似渴地接受新思想的熏陶。更叫我感到新鲜的是不但没有照招生广告上说的'月纳学费银二元'，而且管吃、管住，大家劳动，扫地，干活，参加社会活动，开展批评自我批评，到时开饭，过着全新的公社生活。"①他在回忆录中也讲道：在这个外国语学社学习，既没交学费，也没交饭费和住宿费，全是 S. Y. 包了。② 曹彭龄在回忆父亲曹靖华在外国语学社学习时也谈道：大家都十分珍惜这样的学习机会，努力学习，并不觉得苦，"因为绝大多数学员都和父亲一样，本来就是穷苦人家子弟，对他们来说，能管吃管住已经很不错了"③。

外国语学社虽然登了招生广告，但学社的学员大部分经组织或个人介绍来校的，陈独秀、毛泽东、贺民范 、陈望道、俞秀松等人都曾介绍不少革命青年到外国语学社学习。介绍来校的外地家庭困难学生的住宿、膳食等费用，均由上海共产党早期组织负责安排。

---

① 张羽等编：《一束洁白的花——缅怀曹靖华》，文化艺术出版社 1988 年版，第 228 页。

② 中共上海市委党史研究室、中国社会主义青年团中央机关旧址纪念馆编：《觉悟渔阳里：上海社会主义青年团创建史料选辑(1919. 5—1922. 5)》，上海人民出版社 2017 年版，第 1366 页。

③ 中国社会主义青年团中央机关旧址纪念馆编：《难以忘却的思念——纪念外国语学社创办 90 周年访谈录》，中共党史出版社 2012 年版，第 82 页。

第八章　外国语学社的师资力量

外国语学社的教师多是上海共产党早期组织成员，如讲授日语的李达，讲授法语的李汉俊，讲授英语的沈雁冰和袁振英，讲授俄语的杨明斋等。此外，学社邀请库兹涅佐娃、王元龄讲授俄语，斯托帕尼讲授世界语。

一、外籍教员

第一位外籍教员是库兹涅佐娃。1920 年 3 月，因共产国际接到海参崴方面电报，了解到中国发生了声势浩大的五四运动，很重视中国革命，于是决定派维经斯基率代表团到中国，代表团成员有库兹涅佐娃、马马耶夫和翻译杨明斋等人①。

代表团又像旅行团，维经斯基、妻子库兹涅佐娃，秘书马马耶夫、妻子马迈耶娃，翻译杨明斋。随后从海参崴赶来的萨赫扬诺娃和从哈尔滨赶来的斯托扬诺维奇，也是俄共(布)党员，协助代表团进行工作。当时，维经斯基的公开身份是筹办“俄华通讯社”的俄文《生活报》新闻记者。实际上他们此行的主要任务是了解中国国内的情况，考察在中国建立共产党的可能性。

1920 年 4 月，库兹涅佐娃随代表团一行来到北京，通过北京大学两位俄籍教授柏烈伟和伊凡诺夫介绍，结识了李大钊。这时，远东书记处另一

① ［苏］C. A. 达林：《中国回忆录(1921—1927)》，侯均初等译，中国社会科学出版社 1981 年版，第 26 页。

成员萨赫扬诺娃也从海参崴来华，与维经斯基一行会合。在李大钊的引荐下，维经斯基、库兹涅佐娃、萨赫扬诺娃和杨明斋很快去上海，准备找陈独秀商量建党问题。马马耶夫则留在北京，帮助李大钊开展建党准备工作。

1920 年秋，在维经斯基的帮助下，上海共产党早期组织在法租界霞飞路新渔阳里 6 号创办了外国语学社，维经斯基的妻子库兹涅佐娃被聘为外国语学社俄语教员。外国语学社由杨明斋负责，“由维经斯基夫人(即库兹涅佐娃)讲授俄文”①，主要担任学员俄语的读音和会话教学工作。李达回忆说，在法租界渔阳里“设了一个外国语学校(地址是渔阳里 2 号)，由吴廷康的夫人教授俄文。当时脱离家庭的找自由的青年学生，都被介绍到这里住下，并学习俄文”②。此处回忆外国语学社的地址有误，不是渔阳里 2 号，而应是新渔阳里 6 号。

1921 年春，维经斯基、库兹涅佐娃和萨赫扬诺娃从中国回伊尔库茨克。是年 1 月，共产国际执行委员会决议建立远东书记处，驻地选在伊尔库茨克，故亦称伊尔库茨克局，由共产国际委派舒米亚茨基于 1921 年 2 月末 3 月初组建完成，负责人是舒米亚茨基和明斯克尔。维经斯基一行从中国回苏俄后即在远东书记处工作。因舒米亚茨基兼职很多，是西伯利亚党政军几方面的负责人，工作很忙，所以远东书记处的日常工作，一般都由当时担任秘书工作的维经斯基负责处理。③ 书记处成员还包括少共国际远东代表达林等。“维经斯基是和他的妻子库兹涅佐娃以及那位布里亚特族的萨赫扬诺娃，一起从中国回到伊尔库茨克”④，后被安排在伊尔库茨克远东书记处工作，致力于妇女运动。

第二位外籍教员名字叫斯托帕尼，意大利人，1900 年出生于俄国。其

① 《维经斯基在中国的有关资料》，中国社会科学出版社 1982 年版，第 463 页。

② 《李达自传(节录)》，《党史研究资料》第 2 辑，四川人民出版社 1981 年版，第 2 页。

③ 《维经斯基在中国的有关资料》，中国社会科学出版社 1982 年版，第 467 页。

④ 叶永烈：《红色的起点：中国共产党建党始末》，四川人民出版社 2016 年版，第 215 页。

父亲是俄国苏维埃政府某地的委员长。斯托帕尼热衷于推动和传播世界语事业。他从欧洲到上海后，就积极联络胡愈之等人，建立世界语学会和新华世界语学校。当时在上海学习和宣传世界语，都受到特务的监视。新华世界语学校经常聚集很多进步人士和革命青年，因而很快引起当局的严密注意，工部局警务日报上也屡屡出现斯托帕尼的名字。然而，斯托帕尼没有屈服于这种险境，除专心致志于世界语学会工作、规划世界语的推广外，还不辞劳苦，为传播世界语四处奔走。① 斯托帕尼年轻有为，宣称自己是布尔什维克党，同时，他又赞成无政府主义。“他如此解释这种看上去自相矛盾的立场，即无政府主义作为终极理想是正确的，适合促进人民觉醒，但不能一蹴而就；既然如此，也就不太适合‘革命’。在这个意义上，布尔什维克主义是无政府主义者到达真幸福和真自由这一理想的第一阶段，在现时，不得不借助布尔什维克主义。实际上，列宁也并不反对无政府主义，而是相信无政府主义必定会实现。”②持这种立场的斯托帕尼在上海讲授世界语，关心社会主义和苏俄的革命青年喜欢上了世界语，而斯托帕尼也不辞辛劳介绍革命青年赴俄深造。

斯托帕尼为外国语学社的学生义务开设了世界语课程，不收任何费用，很受学生的欢迎。他积极向学生介绍俄国革命情况，激发起不少青年人对俄国这个十月革命故乡的向往。其中，曾担任外国语学社秘书的俞秀松就在他的日记中提到过在外国语学社学习世界语的事情。

自称布尔什维克党的斯托帕尼，在促成了廖划平、秦抱朴、杜小马等外国语学社学员赴俄之后，不知什么原因，他于 1921 年 3 月 27 日饮弹自尽，翌日死去。③ 对于斯托帕尼的死亡，秦抱朴在《赤俄游记》中提到过，他写道：“我把上海世界语学者斯督片尼（斯托帕尼）托带的信给他（张民

---

① 朱政：《外国语学社学员与世界语学者斯托比尼》，《上海革命史资料与研究》第 1 辑，开明出版社 1992 年版，第 181 页。

② ［日］石川祯浩：《中国共产党成立史》，袁广泉译，中国社会科学出版社 2006 年版，第 173 页。

③ 《少年俄人自戕之检验》，《民国日报》，1921 年 3 月 31 日。

权)，这信是在斯氏未自杀前写的，我们俱叹息他的死，但我们也不知他自杀的真原因。”①斯托帕尼自杀的真正原因我们无从详知，但有一点不可排除，一个天真纯洁、易于冲动，并且理想主义色彩浓厚的年轻人，在遭受致命精神打击时，无法在内心与外部的种种矛盾和严重分裂的状态下找到一种平衡，毁灭自己的生命便成为无可逃遁的不二选择。值得肯定的是，斯托帕尼作为一个安那其布尔什维克，坚持不懈为世界语在中国的传播以及中国革命事业的发展做出了一定的贡献。

二、上海早期党团组织的教员

外国语学社教员的大多数来自上海共产党早期组织成员，他们大多拥有海外留学背景，掌握一种或几种外国语，马列主义理论功底深厚。外国语学社的创办者充分利用共产党早期组织的这一优势，主动承担外国语学社的教学工作。来自上海党团组织的外国语学社教员有杨明斋、李汉俊、李达、陈望道、沈雁冰、袁振英等。《近代上海教育史》高度肯定上海共产党早期组织创办的这所学校，并提到了学社的教员：“共产国际派遣来华的魏金(维经)斯基的夫人和杨明斋讲授俄文，袁振英、沈雁冰讲授英文，李汉俊讲授法文，李达讲授日文”②。据《1921—1933：中共中央在上海》一书所讲：“日文教员是李达，法文教员是李汉俊，英文教员是沈雁冰和袁振英。”③

外国语学社校长兼俄文教员杨明斋，原名好德，化名和贤，生于1882年，山东平度人。1901年春，杨明斋被逼无奈，决定出走海参崴，开始了一段“闯天涯”的生活。十月革命前，他光荣地加入了列宁领导的布尔什维克党，被安排在帝俄的外交机关，秘密为布尔什维克党工作。1920年3月，经共产国际批准，俄共(布)中央给远东局海参崴分局发去电报，要求

---

① 抱朴：《赤俄游记》，书林书局2015年版，第12页。

② 陈科美主编：《上海近代教育史》，上海教育出版社2003年版，第366页。

③ 中共上海市委党史研究室：《1921—1933：中共中央在上海》，中共党史出版社2006年版，第26页。

派遣一个代表团前往中国。杨明斋陪同维经斯基先在北京会见了李大钊，后在李大钊的引荐下去上海拜见了陈独秀。1920 年 5 月，杨明斋等人应陈独秀邀请商讨成立马克思主义研究会。1920 年夏，在维经斯基的帮助下，上海开始筹建共产党组织，杨明斋是主要创建者。在中国共产党创建的过程中，由杨明斋负责的中俄通讯社，为传播马克思主义和党的成立做了舆论的准备。1920 年 9 月，在共产国际的帮助下，上海共产党早期组织创办了外国语学社。杨明斋任学社校长，同时承担讲授俄语的授课任务。1921 年初，上海共产党早期组织在新渔阳里 6 号成立教育委员会，担任教育委员会副主任。在这期间，青年团从外国语学社中选派了 30 多名学员分三批送往苏俄学习。这些学员多数进入莫斯科东方大学，其中很多人后来成为中国革命和建设的卓越领导者。1922 年 7 月，中国共产党第二次全国代表大会在上海举行，杨明斋作为上海代表出席了这次会议，成为 12 名正式代表之一。1925 年 10 月，杨明斋受党中央的委托，负责在上海选派学员并护送从全国招收的第二批学员去莫斯科中山大学学习。到校后，他被留下负责学校的总务工作。1938 年 2 月，杨明斋在苏联以被捏造的罪名逮捕，是年 5 月牺牲。1989 年 1 月，苏共中央为杨明斋恢复了名誉，8 月，杨明斋由我国民政部门公布为革命烈士。

外国语学社法文教员李汉俊，原名李书诗，又名李人杰，号汉俊，曾用名海镜、厂晶、漱石、汗、人杰、先进、均等①。中国共产党和中国社会主义青年团的主要创始人之一。1890 年出生于荆楚大地一个贫寒的知识分子家庭，早年留学日本，接受马克思主义。1904 年，年仅 14 岁的李汉俊东渡日本，求学于东京法国教会学校晓星中学，后考入东京帝国大学土木工科，成为清政府的官费留学生。1918 年底，李汉俊毕业回国，从日本带回了大量英、德、日文的马克思主义书籍和报刊，以极大的热情和忘我的精神昼夜伏案翻译和写作，积极研究、宣传马克思主义。回上海后不

---

① 张静如等编：《五四以来历史人物笔名别名录》，陕西人民出版社 1986 年版，第 179—180 页。

久，他就参加了《星期评论》周刊的编辑工作，并成为主要撰稿人。1920年初，李汉俊和李大钊、陈独秀等先进知识分子开始着手创建中国共产党。他还积极为党刊《共产党》撰稿，担任《劳动界》周刊主编。参与创建马克思主义研究会和上海共产党早期组织，参与发起社会主义青年团，担任外国语学社法语教员。12月，他成为上海共产党早期组织的代理书记，负责全面领导工作。1921年7月23日，中国共产党第一次全国代表大会在李书城、李汉俊的家中召开。他作为上海的两名代表之一出席了这次大会，并用学识和智慧保卫了中共一大会议会场的安全。1923年，他与陈潭秋组织声援京汉铁路大罢工。第一次国共合作时期加入中国国民党，并先后担任湖北省政府教育厅长、国民党湖北省党部青年部长。1924年，李汉俊脱党，虽然离开了党组织，但他对共产主义的信仰没有变，对共产党从事的伟大事业仍在默默支持。1927年，四一二反革命政变后，反动当局大肆屠杀共产党员和共青团员，李汉俊利用担任国民党湖北省党部教育厅长和青年部长的合法身份，把被捕入狱的共产党员和革命先进分子二三百人全部营救出狱。1927年12月27日，李汉俊被军阀胡宗铎以“共产党首领”等罪名逮捕并于当晚秘密杀害，牺牲时年仅37岁。中华人民共和国成立后，李汉俊为首批被追认的革命烈士。

外国语学社日文教员李达，生于1890年，湖南零陵(今永州)人，名庭芳，字永锡，号鹤鸣，曾用名鹤、江春、胡炎、立达、H. M、李特、达、李永锡、平凡等①。李达1905年考入永州中学，开始接触新知识新思想。从1909年到1918年，他三次东渡日本留学，探求救国真理，受俄国十月革命的影响，最终选择了马克思主义。1920年夏，李达从日本回国，立即投身于上海共产党早期组织的创建工作，与陈独秀同住老渔阳里2号。他以留日学生会理事的身份，在博文女校参加中国学生联合总会的领导工作。是年8月，上海共产党早期组织在法租界老渔阳里2号正式成立了中

① 张静如等编:《五四以来历史人物笔名别名录》，陕西人民出版社1986年版，第184—185页。

国第一个共产党组织，李达是主要成员之一。9月，上海共产党早期组织创办外国语学社，李达担任学社日语教学工作。11月，上海共产党早期组织创办《共产党》月刊，这是中国共产党的第一个机关刊物，李达任主编。1921年2月代理上海共产党早期组织书记。同年6月初，共产国际代表马林和共产国际远东书记处代表尼克尔斯基先后到达上海，并与上海共产党早期组织成员李达等建立联系。7月，作为上海代表与李汉俊一起出席中国共产党第一次全国代表大会，当选为中央局宣传主任。9月，李达作为中共主管宣传工作的领导人，创办中国共产党第一个出版机构——人民出版社，出版马克思列宁主义的著作和革命丛书。1922年，领导创办上海平民女学，兼任校务主任。1923年秋，李达在党的有关政策问题上与陈独秀发生激烈争执，随后中断了与陈独秀主持的中共中央的联系。1949年5月，李达赴北平参加中国人民政治协商会议和新中国的筹建工作。同年12月，由刘少奇做介绍人，毛泽东、李维汉做历史证明人，经党中央批准，李达重新加入中国共产党。在离开党组织26年后，李达终于回到了他亲自参加创建的中国共产党。以后历任湖南大学、武汉大学校长。1966年8月24日逝世。李达是马克思主义在中国最早的传播者之一，也是中国共产党的重要创始人和党创建时期的重要领导人之一。

外国语学社英文教员沈雁冰，浙江桐乡乌镇人，生于1896年，原名沈德鸿，字雁冰，笔名茅盾，曾用名P生、M、MD、小凡、子渔、方保宗、方璧、文直、孔常、风、韦、元枚、止敬、玄珠、四诊、冬芬、未名、叶明、冯虚女士、仲方、余声、履霜等①。1913年，沈雁冰考入北京大学预科第一类。1916年北京大学预科毕业后，入上海商务印书馆编译所工作。1920年，任《小说月报》主编。同年5月，陈独秀邀请沈雁冰等人商讨成立马克思主义研究会。沈雁冰是上海共产党早期组织的主要成员之一。外国语学社创办后，在学社讲授英语。《共产党》月刊创办后，沈雁冰为主要撰

① 张静如等编：《五四以来历史人物笔名别名录》，陕西人民出版社1986年版，第304—310页。

稿人之一。他还是社会主义研究社的主要成员。1922 年 5 月任中共上海地方兼区执行委员会委员，负责宣传工作，五卅运动中参编《公理日报》，当选为中国济南会委员。12 月与恽代英等组成国民党上海特别市党部。1926 年 4 月当选中共上海区委委员。1927 年大革命失败后，避居上海景云里，从事写作，始以茅盾笔名作《蚀》三部曲。1930 年加入“左联”。1932 年完成长篇小说《子夜》及短篇小说《林家铺子》等。1936 年 6 月当选中国文艺家协会理事。1946 年回上海，投身反内战反迫害的民主运动。1949 年后，从事文化部门领导工作，历任文化部部长、全国文联副主席、全国作协主席等职。1981 年 3 月 27 日在北京病逝。

外国语学社马列主义著作教员陈望道，生于 1891 年，浙江义乌人，曾用名一介、一个义务人、V. D、不齐、任重、毕铭、齐明、东阜、张华、佛突、融、陈参一、春华、春华女士、南、南山、道、雪帆、晓、瑰琦、薜凡、陈晓风等①。1915 年赴日本留学。在日本结识了河上肇、山川均等日本著名早期社会主义者。1919 年回国，在浙江省立第一师范学校任教。1920 年 2 月，回老家分水塘潜心翻译《共产党宣言》。1920 年春，到上海编辑《新青年》杂志。5 月，上海成立了马克思主义研究会，陈望道是主要成员之一。8 月，上海共产党早期组织诞生，陈望道和陈独秀、李达、李汉俊等成为主要创建者。同月，上海社会主义青年团在新渔阳里 6 号成立，陈望道是最早的 8 个团员之一，且在外国语学社教授《共产党宣言》等马列主义原著课程。1921 年底任中共上海地方委员会书记。1923 年至 1927 年任上海大学中文系主任、教务长等职。后任复旦大学中文系主任。1947 年参加中国共产党领导的上海地区教授联谊会，并以理事会主席的身份参加反内战、反饥饿的民主革命运动。1948 年在中共上海地下党组织办的夜大学任教。后任复旦大学新闻系主任。新中国成立后，陈望道历任华东军政委员会文化教育委员会副主任兼文化部部长、华东高教局局长、复旦大学

① 张静如等编：《五四以来历史人物笔名别名录》，陕西人民出版社 1986 年版，第 257—258 页。

校长、中国科学院哲学社会科学学部委员、全国人大第四届常务委员会委员、全国政协第三第四届常务委员会委员、上海市政协副主席、民盟中央副主席、民盟上海市委员会主任委员等职。著有《修辞学发凡》《美学概论》等。1957 年 6 月，根据陈望道本人的请求，经中共上海市委报请中共中央批准，由中央直接吸收他为中国共产党党员。1977 年 10 月 29 日在上海病逝。

外国语学社英文教员袁振英，生于 1894 年，曾用名震瀛、震雷、震英、震寰、振赢、无梦青年、觉情和尚、黄龙道友、仲斌旦郎等①，广东东莞人。1915 年，袁振英考入北京大学西洋文学系。1919 年在菲律宾当教员，并组织全菲律宾华侨工党，鼓吹无政府工团主义。1920 年 2 月回到香港，任香港《晨报》兼广州《新民国报》编辑。上海共产党早期组织成立后，为了团结教育革命青年，于 1920 年 8 月 22 日创立了共青团的前身社会主义青年团，袁振英是该组织的 8 个发起人之一。不久，社会主义青年团创办了旨在培养干部的外国语学社，他又兼任学校的英语教员。随后，参与编辑《新青年》，担任“俄罗斯研究”专栏主编，还参与了共产党纲领草案的讨论。同年底，随陈独秀到广州，任陈独秀和吴廷康的粤语翻译。广州共产党早期组织成立后，为该组织成员之一。《新青年》迁至广州后，继续负责该刊“俄罗斯研究”的编辑和撰稿。以“震瀛”为笔名，撰写、翻译了大量文章、译作，介绍和宣传俄国十月革命及马克思主义理论。1921 年 8 月前往法国里昂中法大学学习，从此离开了党组织。1924 年 9 月回国后，大部分时间主要从事教育教学工作，曾先后在广州中山大学、武汉中央军校、暨南大学、山东大学等学校任职。1928 年初，因“共产党嫌疑”被国民党广东当局监禁一年多。新中国成立后，在周恩来的帮助下，在广东省文物保管委员会、广东省文史馆工作。1979 年 1 月去世。

---

① 张静如:《读〈袁振英传〉序所想到的》,《党史研究与教学》2014 年第 3 期。

三、社会选聘的教员

外国语学社俄文教员王元龄，号起民，原籍上海，1902 年 2 月 8 日出生于日本东京。1910 年，8 岁的王元龄由姨父李家鳌领养。李家鳌上奏清廷，建议由政府出资开办俄语学校，招收 20 名男童、20 名女童，培养他们成为俄国通。这一提议很快被批准，王元龄于是成为第一批女童之一。清王朝被推翻后，王元龄转入哈尔滨中东铁路公司女子商务学校预备班学习。1920 年 5 月，王元龄学业期满回到上海老家。同年 9 月，外国语学社创办，当时社会上许多向往俄国十月革命的进步青年，纷纷进入外国语学社学习。由于学生越来越多，且原先教授俄语的库兹涅佐娃回国，外国语学社的师资渐感不足。陈独秀与王元龄的父亲王维祺在日本相识，当他得知王元龄精通俄语，正在上海，即向王维祺提出外国语学社迫切需要俄语教师，希望能请王元龄到外国语学社执教。当时王元龄还只是一个 18 岁的女孩子，甚至比很多外国语学社的学员年龄还要小，王维祺对她能否胜任这份工作放心不下。于是，陈独秀安排杨明斋前往接洽，终于打消了王维祺的顾虑。王元龄成为外国语学社的俄文教员。1923 年左右，王元龄随姨父李家鳌赴苏，李家鳌是当时中苏复交后中国第一任驻苏联公使。王元龄在使馆协助姨父做秘书工作。1927 年回国。新中国成立后，王元龄的主要职业是教授俄语。1982 年 3 月 29 日，王元龄在上海病逝。

综上来看，外国语学社的教员基本由外籍教员、上海共产党早期组织成员以及社会选聘的教员构成，在这些教员当中，绝大多数都是兼职工作，不收取任何报酬。他们凭着对马列主义的信仰和对中国革命的热情，充分发挥自身的优势和学识，为中国革命倾力培养青年干部。

第九章　外国语学社培养的学员

由于外国语学社办学时间较短，没有留下所培养学员的名册，从现有史料来看，有关外国语学社学员的信息主要集中于外国语学社学员的回忆录。这些回忆录所指向的时间不同，学员人数也存在较大差别。相当一部分学员事迹已较为清晰，也有一部分学员囿于史料所限事迹尚不清楚。

一、不同时间段的学员人数

外国语学社的学员人数在不同时间段有不同的统计数字。究竟在外国语学社学习的学员有多少人，现在尚未发现确切的统计数据。从现有的相关史料来看，回忆性的史料居多。

1.“二十多人说”

作为上海共产党早期组织的发起人，同时是外国语学社日语兼任教师的李达回忆，维经斯基到上海后，曾介绍苏俄也有青年团的组织，于是，上海共产党早期组织就“将各地来沪的青年挑选了二十来人组织了社会主义青年团”①，让这些团员全部进入外国语学社学习，并准备在这些青年团员中培养预备党员。他在《七一回忆》中，再一次提到，外国语学社团员有20余人。

---

① 中共上海市委党史研究室、中国社会主义青年团中央机关旧址纪念馆编：《觉悟渔阳里：上海社会主义青年团创建史料选辑（1919.5—1922.5）》，上海人民出版社2017年版，第1342页。

《韦素园传》一书记载，“先后来这里学习的，有刘少奇、任弼时、萧(肖)劲光、蒋光慈、曹靖华、吴葆萼、廖化平、许之桢、彭湃、罗亦农、马念一(马哲民)、李启汉(李启森)等二十多人”①，先后被分为三批派往莫斯科东方大学深造。

作为上海共产党早期组织从事宣传和教育工作的包惠僧，在回忆中讲道：新渔阳里6号办了一个俄文补习班，由杨明斋任教，有十几个学生在那儿学俄文，这些学生中有刘少奇、许之桢、傅大庆、李启汉、罗亦农以及彭述之、卜士奇等。② 他在后来的回忆录中说：外国语学社的主要任务是“选择青年团的优秀分子送莫斯科留学，团员约有二十余人，也有几个信仰无政府主义，如李中、彭湃、曾平等。约在四月间送了十几个学生赴莫斯科，我记得有刘少奇、许之桢、罗觉(当时都是团员)，还有彭述之、卜士奇、韩平的、蒋热血等”③。他还多次忆及湖北的两三位团员：“一九二一年一月间，我带着武汉的三个青年团员马念一(现任武汉大学法学院院长，改名马哲民)、丁勒生等到上海，即住在此。”④“我原在武汉工作，一九二一年一月间我带着两个青年团员(S. Y.)准备到莫斯科学习。”⑤“我从武汉带着马念一等几个青年团员到上海，准备去莫斯科。”⑥值得留意的是，包惠僧回忆中多次提到马念一和丁勒生的名字，尤其是丁勒生，到底是何许人？他没有点明去向。不过，从他的另两段忆述中，可以掌握到有关信息。包惠僧于当年9月第二次去广州找陈独秀让其回沪主持党的工作，返回时，“我一到上海就派丁竹倩(即丁默村，团员)去告诉张国焘说，陈

---

① 黄胜风：《韦素园传》，安徽文艺出版社2020年版，第44页。

② 《共产党第一次全国代表会议前后的回忆》，《“一大”前后：中国共产党第一次代表大会前后资料选编》(二)，人民出版社1980年版，第304页。

③ 《包惠僧回忆录》，人民出版社1983年版，第32页。

④ 包惠僧：《回忆渔阳里六号和中国劳动组合书记部》，《“一大”前后：中国共产党第一次代表大会前后资料选编》(二)，人民出版社1980年版，第352页。

⑤ 《包惠僧的一封信》，《“一大”前后：中国共产党第一次代表大会前后资料选编》(二)，人民出版社1980年版，第432页。

⑥ 包惠僧：《党的一大前后》，《一大回忆录》，知识出版社1980年版，第29页。

独秀回来了”①。“《劳动周刊》的通讯处是在马霍路马德里一个两楼两底房屋的楼上的一个统楼……是我住的地方。柯庆施、丁勒生同志也在这个房子里住过。”②这便表明，后来返乡建立常德团组织的丁勒生，应该就是丁默邨。这一点从籍贯相同上可以映印。③

《任弼时》一书记载，1920 年 10 月，任弼时和肖劲光，还有任弼时的堂兄任作民和另一个同学，一共四个青年，乘坐船离开长沙，去上海。第二年春天，任弼时的父亲收到一封寄自黄浦江边的家信。信中写道：现今社会存亡生死，亦全赖我辈青年。将来造成大福家世界，同天共乐，此亦我辈青年的希望和责任，达此便算成功！④ 以改造天下为己任的事业心和责任感，促使包括任弼时等大批革命青年离开家乡奔赴革命的中心城市上海。

肖劲光确实是与任弼时一起去上海的青年，他在回忆录中写道：“一九二〇年八月，我和弼时同志等六人，在长沙乘一条小船到岳阳，然后登上一艘江轮，顺流而下，踏上了去上海的旅途。”⑤肖劲光回忆外国语学社时说，“我们一起学习的大约有二三十人，除了我们一起来的 6 个人外，还有刘少奇、罗觉(罗亦农)、卜士奇等同志，他们比我们到上海早一些。任作民同志也比我们早到，他是任弼时同志的叔伯兄弟，在上海的一个纺织厂做工，从工厂来外国语学社的。还有吴芳、谢文锦同志，都是江苏人。记得和我们先后到这来学习的还有彭述之、廖划平、许之桢、傅大

---

① 包惠僧：《回忆党的创立时期》，《“一大”前后：中国共产党第一次代表大会前后资料选编》(二)，人民出版社 1980 年版，第 388 页。

② 包惠僧：《回忆渔阳里六号和中国劳动组合书记部》，《“一大”前后：中国共产党第一次代表大会前后资料选编》(二)，人民出版社 1980 年版，第 354—355 页。

③ 石军：《对包惠僧建党回忆若干内容的解读》，《上海革命史资料与研究》第 1 辑，上海古籍出版社 2014 年版，第 43 页。

④ 《任弼时》，湖南人民出版社 1979 年版，第 27—28 页。

⑤ 《肖劲光回忆录》，解放军出版社 1987 年版，第 15 页。

庆、马念一(马哲民)、曹靖华、韦素园、蒋光慈等”①。

1920年秋进入外国语学社学习的魏以新回忆说:“1920年底，S.Y.举行过聚餐，大概是庆祝新年吧。地点在四川馆‘都益处’。当时约有20多人参加，坐三个圆桌，陈独秀、罗亦农都去了。我在这一天，第一次看见沈雁冰。”②

来自浙江的外国语学社学员周伯棣在其自传中写道:“外国语学社的学生并不多，经常不过二三十人，除老同学俞秀松(他半工半读)外，还有柯庆施亦在一起读书，那时我们经常在一起。”③周伯棣在外国语学社读书期间，还兼任了图书管理员的工作。尽管外国语学社图书室的图书并不多，但这个图书室算是党创办的干部学校中最早的图书室了。

在“二十多人说”中提到的外国语学社学员有刘少奇、许之桢、傅大庆、李启汉、罗亦农、彭述之、卜士奇、李中、彭湃(江西)、曾平、韩平的、蒋热血、任弼时、肖劲光、蒋光慈、曹靖华、吴葆萼、廖划平、彭湃、马念一(马哲民)、丁勒生(丁默邨)、吴芳、谢文锦、韦素园、周伯棣，加上在外国语学社半工半读的俞秀松共计26人。

2.“三十多人说”

彭述之是第一批从湖南到外国语学社学习的学员，在他的回忆中提道:截至1920年11月初，全部学员包括晚报到者共达29至30人之多，其成员来源是湖南16人，浙江7人至8人，安徽4人，江西1人，上海1人。他认为在这里学习的学员形成了一个大家庭，在这个大家庭里又形成

① 中共上海市委党史研究室、中国社会主义青年团中央机关旧址纪念馆编:《觉悟渔阳里:上海社会主义青年团创建史料选辑(1919.5—1922.5)》，上海人民出版社2017年版，第1356页。

② 中共上海市委党史研究室、中国社会主义青年团中央机关旧址纪念馆编:《觉悟渔阳里:上海社会主义青年团创建史料选辑(1919.5—1922.5)》，上海人民出版社2017年版，第1384页。

③ 中共上海市委党史研究室、中国社会主义青年团中央机关旧址纪念馆编:《觉悟渔阳里:上海社会主义青年团创建史料选辑(1919.5—1922.5)》，上海人民出版社2017年版，第1390页。

了两个小家庭。他写道：

> 来自湖南的年轻人虽经贺民范逐个选出，但仍是一个不很一致的大家庭。这个大家庭包括两个小家庭："老战士"家庭，由罗亦农、卜士奇、袁达时、吴芳4人(八九个月前到上海)和李启汉、陈为人2人(五六个月前到上海)组成；"新战士"家庭，由黎冰若、彭述之、江××(五六个星期前到上海)和刘少奇、任弼时、任作民、肖劲光、彭礼何、彭××、吴××(两三天前到上海)组成。来自上海本地的青年名叫抱朴，和罗亦农及其他三同志一样，是上海工读互助团的老成员，自然是个"老战士"了，但他并没能(也永远没有)摆脱无政府主义。来自江西的青年人是傅大庆；来自安徽的4个青年是韦素园、曹靖华、蒋光慈和一个我现已记不起姓名的小伙子；来自浙江的7到8个青年是王一飞、庄文恭、谢文锦、华林、天底等人，几乎都是象(像)黎冰若、我和刘少奇一样的新手，没有任何政治经验的活动分子，到上海还不到两个月，因此自然都是"新战士"了。①

从来自湖南16名革命青年的情况来看，包括最早来到上海的李启汉、陈为人、罗亦农、卜士奇、袁达时、吴芳6个人，其中，李启汉和陈为人比其他4人要早到两三个月。之后，黎冰若、彭述之、江××、刘少奇、任弼时、任作民、肖劲光、彭礼何、彭××、吴××分两批先后来到外国语学社学习。

先看彭述之提到的湖南16人，有3个人叫不出名字，其中，吴××可以确定是吴先瑞。据刘少奇夫人王光美的回忆："少奇出走，从长沙往上海同行共7人，有彭述之、吴先瑞、刘汉芝(后两个人都为革命牺牲了)，

---

① 中共上海市委党史研究室、中国社会主义青年团中央机关旧址纪念馆编：《觉悟渔阳里：上海社会主义青年团创建史料选辑(1919.5—1922.5)》，上海人民出版社2017年版，第1397页。

还有周庠，因为新娶了漂亮妻子，难以割舍，半路落荒而去。”①周庠不算外国语学社的学员。另外，提到的彭××、江××，现有资料还没有查到他们的真实姓名。

浙江 7 到 8 个青年可以确定是王一飞、庄文恭、谢文锦、华林、叶天底、周伯棣、梁柏台。来自安徽的 4 名青年除了韦素园、曹靖华、蒋光慈外，还有柯庆施。“韦素园是 1921 年初，作为新文化和学生运动的积极分子被推选到上海外国语学社的。”②曹靖华尽管来自安徽，但他并非安徽人。他在谈到社会主义青年团情况时说：“我在 S. Y. 读书时，只我一人是河南人，因我是从安徽来的，所以我就住在安徽同学的住处。”③抱朴全名叫秦抱朴，祖籍江苏无锡。

党史专家沈建中认为，最早的团员是外国语学社的学生任弼时、罗亦农、肖劲光、蒋光慈、曹靖华、汪寿华、李启汉、李中、王一飞、谢文锦、梁柏台、陈为人、许之桢、雷晋笙、吴芳等 30 多人。④

外国语学社学员彭述之与党史专家沈建中持“三十多人说”的观点，这里包括来自湖南、浙江、安徽、河南和上海等地的学员，名单是李启汉、陈为人、罗亦农、卜士奇、袁达时、吴芳、黎冰若、彭述之、吴先瑞、刘汉芝、刘少奇、任弼时、任作民、肖劲光、彭礼何、江××、彭××、王一飞、韩百华(庄文恭)、谢文锦、汪寿华、李中、华林、雷晋笙、叶天底、周伯棣、梁柏台、韦素园、蒋光慈、柯庆施、曹靖华、秦抱朴，共计 32 人。

---

① 中共上海市委党史研究室、中国社会主义青年团中央机关旧址纪念馆编：《觉悟渔阳里：上海社会主义青年团创建史料选辑(1919. 5—1922. 5)》，上海人民出版社 2017 年版，第 1352 页。

② 黄圣凤：《韦素园传》，安徽文艺出版社 2020 年版，第 42—43 页。

③ 中共上海市委党史研究室、中国社会主义青年团中央机关旧址纪念馆编：《觉悟渔阳里：上海社会主义青年团创建史料选辑(1919. 5—1922. 5)》，上海人民出版社 2017 年版，第 1365 页。

④ 沈建中：《陈独秀在上海》，中共党史出版社 2018 年版，第 36 页。

3.“四十多人说”

《任作民和他的革命一家》一书写道：这个俄语培训班共有40多人，教室就在这幢房子一楼的厢房，前面的墙上挂着一块木质黑板。每天清早，40多个青年便坐进了教室，开始学习俄文。① 曹靖华说：“这个班大约有三四十人，以安徽和湖南的人为多。”②他还清楚地记得学生上课的地址就在新渔阳里6号。

《难以忘却的思念——纪念外国语学社创办90周年访谈录》列出了41位学员名字，分别是刘少奇、任弼时、肖劲光、罗亦农、汪寿华、谢文锦、王一飞、梁柏台、李启汉、陈为人、任作民、傅大庆、蒋光慈、韦素园、曹靖华、周伯棣、李中、庄文恭、许之桢、吴芳、周兆秋(周昭秋)、胡士廉、陈启沃、卜士奇、马哲民、魏以新、廖化平(廖划平)、秦抱朴、吴葆萼、张学琅、吴溶沧、任岳、严信民、雷晋笙、叶天底、彭述之、柯庆施、华林、金家凤、袁达时、董锄平等。学员少时有二三十人，多时有五六十人。团组织在这些学生中发展了三十几名团员。③

4.“五十多人说”

王元龄约于1921年2月到外国语学社教书。她回忆说：“我在这里教书时……学生约有50人，课桌放得很挤。中间有两条走道，里面课桌紧靠6扇平门，平门是关着的。教师前面不另放桌椅。我站的地方空位不多，我的书就放在前一排学生的课桌上。”④根据柯庆施的女儿柯六六的研究，外国语学社现在还能知道名字的就有58位，其中的一部分人成长为中国第

① 李曙新、刘承萱：《任作民和他的革命一家》，中共党史出版社1999年版，第19页。

② 中共上海市委党史研究室、中国社会主义青年团中央机关旧址纪念馆编：《觉悟渔阳里：上海社会主义青年团创建史料选辑(1919.5—1922.5)》，上海人民出版社2017年版，第1365页。

③ 中国社会主义青年团中央机关旧址纪念馆编：《难以忘却的思念——纪念外国语学社创办90周年访谈录》，中共党史出版社2012年版，第3页。

④ 中共上海市委党史研究室、中国社会主义青年团中央机关旧址纪念馆编：《觉悟渔阳里：上海社会主义青年团创建史料选辑(1919.5—1922.5)》，上海人民出版社2017年版，第1407页。

一代革命家。[①]《渔阳里的故事》一书中提到，外国语学社学生多时达五六十人，上海社会主义青年团在这些学生中发展了二十几名团员。[②]

《开创新纪元的外国语学社》一书中，列出了54位学员的名单：刘少奇、任弼时、罗亦农、肖劲光、柯庆施、王一飞、曹靖华、蒋光慈、任作民、华林、庄文恭、许之桢、刘汉芝、严信民、杜小马、万虞、马念一(马哲民)、韦素园、存一、李若虚、吴先瑞、吴芳、吴葆萼、吴溶沧、何彚、汪寿华、汪冠群、张学琅、陈为人、陈启沃、曹平、周昭秋、周伯棣、胡士廉、秦抱朴、袁了悟、袁达时、徐敦让、佩仙、崔惠权、梁柏台、彭述之、彭湃(江西)、董淑清、董锄平、蒋热血、韩平的、傅大庆、谢文锦、雷晋笙、廖划平、霍丘、魏以新、任岳。[③]

慕水在《外国语学社师生名录》中列出了外国语学社教员和学员名单共计65人，除去教员外，学员人数59人，其中有20人事迹不详。名录如下：俞秀松、庄文恭、华林、何今亮(汪寿华)、梁柏台、谢文锦、王一飞、叶天底、刘少奇、罗亦农、肖劲光、任弼时、吴芳、彭述之、卜士奇、任岳、任作民、胡士廉、许之桢、陈为人、张学琅、袁达时、蒋光慈、吴葆萼、曹靖华、韦素园、傅大庆、秦抱朴、金家凤、周伯棣、魏以新、柯庆施、严信民、雷晋笙、李中、李启汉、董锄平、马念一(马哲民)、彭湃(江西)、周昭秋、陈启沃、曹平、蒋热血、韩平的、廖划平、汪冠群、何彚、万虞、杜小马、徐敦让、佩仙、存一、袁了悟、崔惠权、李若虚、董淑清、吴先瑞、刘汉芝、吴溶沧。[④]

5.“六十多人说”

赴苏俄留学的学生主要来自杨明斋创办的外国语学社。这所学校在1920年大约有60个学生，大多数是社会主义青年团员。负责派遣赴苏俄

① 柯六六：《柯庆施就读上海外国语学社前后》，《江淮文史》2008年第6期。

② 共青团上海市委员会编：《渔阳里的故事》，上海教育出版社2004年版，第12页。

③ 孟庆和主编：《开创新纪元的外国语学社》，上海外语教育出版社2021年版，第7页。

④ 慕水：《外国语学社师生名录》，《上海革命史研究资料》第1辑，开明出版社1992年版，第183页。

留学事务的是当时李汉俊为代理书记的上海中共临时中央下属的一个教育委员会。①

《上海近代教育史》中记载，外国语学社“是中国共产党上海发起组创办的一所重要学校。它是专门为培养党的干部而办的……各地革命团体选送了不少同志前来学习，最多时约有60人。”②这与葛萨廖夫在《中国共产党的初期革命活动》中提到外国语学社的学生人数相当，“这个学校在一九二〇年大约有六十个学生，大多数是社会主义青年团员(中国有的地方团比党先成立，有的地方同时成立)。”③

张学琅在赴俄后的通信中说：“A. 人数：此次来俄的共60人——前被阻者在外，一沿途有碍，分为6组出现，现在有3组——30人——到了莫斯科，还有两组未出发，一组在海参崴，前因那方面俄新旧党正在打仗不能经过，一组现在不知怎样?”④

6.“八十多人说”

秦抱朴在《赤俄游记》中写道：“次年(1921年)的春天，各地陆续到沪的学生已有八十余人，但团体中的主持人骤将名额自五百名减至五十名，路费也自三十元增至一百余元。于是一般穷学生顿绝了留俄的希望，那有钱的朋友也急急想起身了。但他们又把行期迟延了，因此我们不要团体的介绍，竟离开了上海。”⑤秦抱朴只是提到了到沪学习的大概学生人数，并没有列出具体人员名单。

不管是“二十多人说”，还是“八十多人说”，只是统计的时间段不同而已。根据不同时间段对外国语学社学员的统计，反复提到的学员名单如下：俞秀松、庄文恭、华林、何今亮(汪寿华)、梁柏台、谢文锦、王一

---

① 李志学：《20世纪20年代中国旅俄(苏)留学运动始末》，《俄罗斯中亚东欧研究》2009年第2期。

② 陈科美主编：《上海近代教育史》，上海教育出版社2003年版，第366页。

③ [苏]葛萨廖夫：《中国共产党的初期革命活动》，《党史资料》1953年第7期。

④ 蕴良：《游俄通信》，长沙《大公报》，1922年2月4日。

⑤ 抱朴：《赤俄游记》，书林书局2015年版，第2页。

飞、叶天底、刘少奇、罗亦农、肖劲光、任弼时、吴芳、彭述之、卜士奇、任岳、任作民、许之桢、陈为人、张学琅、袁达时、蒋光慈、吴葆萼、曹靖华、韦素园、傅大庆、秦抱朴、金家凤、周伯棣、魏以新、柯庆施、严信民、雷晋笙、李中、李启汉、董锄平、马念一(马哲民)、廖划平、刘汉芝、叶天底、丁勒生(丁默邨)……这些学员名字在相关史料中被反复提及，其事迹较为清楚。

二、事迹清楚学员的名录

外国语学社为党和国家以及各条战线培养了大批的卓越人才，有一部分被送到苏俄留学并在那里加入了党组织，成为党的生力军；有一部分没来得及出国留学就投入轰轰烈烈的革命斗争。他们中一部分人在革命斗争中献出了宝贵的生命。当然，还有一部分在大革命中走上了歧途。

1. 革命中牺牲的英烈

为了理想和信念，为了民族和国家的美好未来而献身的革命先烈们，如一座座丰碑展现在人们面前，不论是威慑还是恫吓，不论是许诺还是诱惑，他们都高扬起头颅，不惜牺牲生命，这些忠贞不屈的爱国先烈们，将在历史的长河中留下永远的记忆，让人们永久怀念。在外国语学社培养的学员中，就有几十位革命先烈在轰轰烈烈的革命斗争中献出了宝贵生命。他们有中国共产党的早期领导人罗亦农；中国共产党和中国社会主义青年团的主要创始人俞秀松；中国最早的工人运动领袖李启汉、汪寿华、王一飞；第一次国共合作和北伐战争时期，为苏联军事政治顾问鲍罗廷和军事顾问加伦将军做翻译并得到好评的译员谢文锦、傅大庆；在白色恐怖的上海，将个人生死与病痛置之度外，完好地保存中共中央文库2万多件档案史料的老党员、第一批赴俄探路的陈为人；在俄国学习后回国到中央苏区主持司法工作，起草《中华苏维埃共和国宪法》《苏维埃共和国婚姻条例》和《苏维埃政府组织法》等法令的司法专家、人民法制和人民司法的开拓者和奠基人梁柏台；地方早期主要领导人吴芳、雷晋笙；中国共产党早期优秀党员叶天底、刘汉芝等。

罗亦农，生于1902年，湖南湘潭人。又名罗觉，曾用名觉、善扬、慎斋、振纲、亦农、林子谷、布哈诺夫、罗一农、李汉樵等①。中国共产党的早期领导人之一。1919年夏，罗亦农离开家乡到上海边工边读。1920年，经陈独秀介绍，入外国语学社学习，并成为社会主义青年团的第一批团员。1921年春，由上海共产党早期组织选派，去莫斯科东方大学学习。同年冬，转为中国共产党党员，并被推选为中共旅莫斯科支部书记。同时，介绍刘少奇转为中国共产党党员。1923年，被推选为莫斯科东方大学中国语言组书记，专门从事留苏中国学生的组织工作。1925年3月，党中央召罗亦农回国，先以中共中央特派员身份赴广州参加全国第二次劳动大会的筹备工作，并出席了广东农民协会成立大会。会后，奉命留在广州，担任中央驻粤临时委员会委员，中共广东区委宣传部长。同年10月，被中央调往北方区委党校主持工作。1926年1月，出任中共江浙区委书记。同年夏，为直接领导工人武装起义，根据中央军委和中央江浙区委决定，兼任上海军事委员会主任。1927年6月，在中共第五次全国代表大会上当选为中央委员。大革命失败后，调任湖北省委书记。在党的八七会议上，被选为临时中央政治局委员。同年9月，中共中央迁往上海后，被任命为中共中央长江局书记。1927年11月，在中央政治局扩大会议上，被补选为中共中央政治局委员，常务委员，并兼任中央组织部部长。1928年4月15日不幸在上海公共租界内戈登路望德里被租界巡捕逮捕，在狱中写下绝命诗："慷慨登车去，相期一节全；残躯何足惜，大敌正当前。"②21日英勇就义于上海龙华，年仅26岁。

俞秀松，生于1899年，浙江诸暨人。原名寿松，字柏青，在苏俄留学

---

① 张静如等编：《五四以来历史人物笔名别名录》，陕西人民出版社1986年版，第319页。

② 《罗亦农文集》，人民出版社2011年版，第400页。

时俄文名为那利曼诺夫[1]，在新疆工作时化名王寿成，别号长山道人[2]。中国共产党和中国社会主义青年团的主要创始人之一。1916 年考入浙江省立第一师范学校，开始接受新文化运动的洗礼。1919 年底赴北京，参加北京工读互助团。1920 年 3 月到上海参加星期评论社工作。1920 年 5 月参加马克思主义研究会。是年 8 月，创建中国最早的青年团组织——社会主义青年团，并担任书记。[3] 参加《劳动界》编辑工作。9 月在外国语学社学习并任秘书。1921 年 3 月，俞秀松接受少共国际的邀请，赴俄出席共产国际第三次代表大会和少共国际第二次代表大会，并在大会上当选为中央执行委员会委员，后又被选为书记。1922 年 1 月，他参加了远东各国共产党和民族革命第一次代表大会，并受到列宁的接见。同年 1 月 30 日至 2 月 2 日，又以中国代表团代表的身份参加了远东青年团代表大会。3 月，俞秀松回国，在杭州等地筹建团组织。9 月 2 日，在上海参加团中央执行委员会第 16 次会议，被选为中央执行委员会书记。1925 年 10 月，俞秀松带领一批进步青年赴莫斯科中山大学学习。1933 年，俞秀松被派到苏联远东地区工作，任联共(布)边区党委机关报《工人之路》副总编辑。1935 年 6 月，受联共(布)中央委派，到新疆做盛世才的统战工作。1937 年 12 月，俞秀松被诬陷为“托派”，在新疆遭到逮捕并被押赴苏联。1939 年 2 月，俞秀松在苏联肃反扩大化中被害，时年 40 岁。1961 年，俞秀松被国家民政部追认为革命烈士。

李启汉，生于 1898 年，湖南江华人。乳名志生，又名李森，化名李士森。早年就读于江华县立高小、衡阳三师和长沙岳云中学。1920 年赴沪进入外国语学社，并加入社会主义青年团。1921 年上海共产党早期组织发起

---

① 《共产国际执行委员会东方书记处处务委员会会议第 33 号记录》，1930 年 11 月 10 日，莫斯科，秘密档案。

② 张静如等编：《五四以来历史人物笔名别名录》，陕西人民出版社 1986 年版，第 371 页。

③ 《青运史资料与研究》第 3 辑，中国社会科学院青少年研究所青运史研究室 1983 年版，第 93 页。

筹备五一节纪念大会，由他多次出面主持。党成立后设立中国劳动组合书记部，他担任干事并兼任《劳动周刊》编辑。1922年英美烟厂工人大罢工，党派他领导这次罢工。不久被捕入狱，1924年10月被释放。1925年，李启汉奉党的指示，奔赴广州，为在广州召开的第二次全国劳动大会做筹备工作。5月31日，中共广东区委召开了党团员会议，决定发动广州各界群众于6月2日举行规模盛大的反帝示威大游行。李启汉受中共广东区委委托，负责主持和领导这次示威游行活动。李启汉接受党的任务后，通过工会组织，向工人进行宣传鼓动，同时与各工会领袖商议，决定与香港工人采取一致行动，实行罢工，这就是历史上著名的省港大罢工。1927年，反动军警疯狂逮捕了李启汉等共产党员和革命积极分子。4月22日，李启汉高唱《国际歌》从容就义，年仅29岁。

汪寿华，生于1901年，浙江诸暨人。原名何纪元，字介尘，化名何今亮、何松林、宋林、何绍元、孔伯生、松龄、何景亮、何介尘等①。1920年6月，汪寿华来到上海霞飞路渔阳里6号，在外国语学社学习俄语，加入了社会主义青年团。翌年，汪寿华与许多同学一道，离开上海，赴苏俄学习。1922年，汪寿华被选为海参崴工人苏维埃委员。他还作为远东代表，赴莫斯科出席国际反帝同盟东方局会议。汪寿华在1924年10月回国，参与上海学生联合会的领导工作。五卅运动爆发后，他当选为上海总工会宣传部主任、上海总工会党团负责人、上海总工会代理委员长，领导开展工人运动。1927年4月11日，杜月笙以“有机密大事商议”为由，“邀请”汪寿华赴“晚宴”，后将汪寿华活埋。

谢文锦，生于1894年，浙江永嘉人。原名用绣，字聚霞，又名文进、文晋。1911年考入浙江省立第十中学。后考入浙江省立第一师范学校学习。1920年，谢文锦加入社会主义青年团，进入外国语学社学习俄语，为赴苏俄学习做准备。1921年4月，谢文锦由上海共产党早期组织选派，到

---

① 张静如等编：《五四以来历史人物笔名别名录》，陕西人民出版社1986年版，第158—159页。

莫斯科东方大学学习。1924 年，谢文锦奉命回国参加革命工作。1927 年 10 月，谢文锦、侯绍裘在大纱帽巷 10 号召开了地委紧急扩大会议。深夜 2 时会议还在进行中，反动派突然包围会场，谢文锦、侯绍裘等 10 人不幸被捕。凶残的匪徒们使用了极其残酷的刑罚，谢文锦宁死不屈，表现出共产党人的崇高革命气节，最终被秘密杀害，时年 33 岁。

王一飞，生于 1898 年，浙江上虞人。原名燕鹏，又名兆鹏，化名陆崇文，曾用名亦飞、飞、鹏、维德、德、阮维鹏，在苏俄(苏联)留学时取名王伊维。① 1910 年考入绍兴山会初级师范学堂读书，1913 年毕业后回家乡执教，任小学校长。1920 年进入外国语学社学习，与刘少奇、任弼时、肖劲光、罗亦农、曹靖华等为同学。不久，加入社会主义青年团。② 1921 年夏，赴莫斯科东方大学学习。1922 年，在莫斯科东方大学由社会主义青年团团员转为中国共产党党员，从此，他选择了职业革命家的道路，决心为共产主义事业奋斗一生。1924 年 6 月，王一飞受社会主义青年团旅莫支部委托，以中国社会主义青年团正式代表的身份，参加在莫斯科召开的青年共产国际(少共国际)第四次代表大会。同年夏，以中国共产党列席代表的身份参加了在莫斯科召开的共产国际第五次代表大会，并担任出席此次大会的中共正式代表的翻译。1925 年 8 月，奉命回国，到中共中央军事委员会工作。9 月，任中共上海区委书记兼宣传部主任。1927 年四一二反革命政变后，王一飞仍然留在上海坚持地下斗争。4 月，在党的五大上，当选为中央委员。1927 年 12 月 10 日，王一飞领导发动了长沙“灰日”暴动，并任暴动总指挥。1928 年 1 月，王一飞在长沙召开秘密会议时被捕。18 日，王一飞被国民党反动派杀害于长沙教育会坪。

梁柏台，生于 1899 年，浙江新昌人。又名殿栋，字越庐，号鹤朋。1918 年，梁柏台考入浙江省立第一师范学校。1920 年 9 月，来到上海，并进入外国语学社学习俄语，为赴俄做准备。不久，梁柏台在这里加入了社

① 余沈阳主编：《王一飞传略·文存》，中共党史资料出版社 1988 年版，第 3 页。

② 陈国治、钱茂竹：《绍兴名人佳话》，新华出版社 1991 年版，第 261 页。

会主义青年团，成为中国最早的青年团员之一。1921 年 4 月，新婚刚刚 7 天的梁柏台踏上了赴苏的征途。1931 年 5 月，梁柏台为国内迅速发展的革命形势所吸引，将一子一女寄于苏联国际儿童院，偕妻回国，到苏区参加中华工农兵苏维埃第一次全国代表大会筹备工作。梁柏台时任宪法起草委员会委员、负责起草《中华苏维埃共和国宪法大纲》及《宪法草案》《婚姻条例》《政府组织法》等法令。嗣后，担任中华苏维埃共和国临时中央政府司法委员会委员、司法人民委员部副部长和部长、最高法院委员、临时检察长等职。1934 年 10 月，中央工农红军长征后，梁柏台奉命留守中央苏区领导游击斗争，任中共中央分局成员、中华苏维埃共和国中央政府办事处副主任。1935 年 3 月 4 日，梁柏台率部通过敌人封锁线，在激战中左臂负重伤被俘，后被杀害于江西省大余县。①

傅大庆，生于 1900 年，江西临川人。傅大庆早年就读于江西省立第七中学，品学兼优，酷爱外国语。1920 年冬，傅大庆进入外国语学社，并加入了社会主义青年团。1921 年 2 月，傅大庆与任弼时、肖劲光等外国语学社学员赴莫斯科东方大学学习，在苏俄加入中国共产党。1924 年夏，傅大庆应国内革命斗争的需要回国，被派到大革命的中心城市广州，担任苏联代表团团长鲍罗廷以及军事顾问加伦将军的翻译。1927 年，傅大庆赶赴南昌，参加周恩来等领导的八一南昌起义后，受党组织派遣回临川与农民建国军联系，做宣传教育工作。同年 12 月，赴广州参加张太雷、叶剑英等领导的广州起义。起义失败后，转移到香港。1930 年 5 月，根据共产国际东方局的指示，傅大庆参与领导成立了马来西亚共产党中央委员会，当选为常委兼宣传部长。全民族抗战开始后，傅大庆经宋庆龄营救出狱，在周恩来、叶剑英的直接领导下，先后在武汉八路军办事处、重庆中共中央南方局军事组工作。1941 年 10 月，傅大庆毅然接受中央派遣，带着妻子和刚出生的女儿，历尽艰难，来到日军占领的北平，筹建秘密电台。后与党中央失去联系。1946 年初，叶剑英专门派李克农调查此事，才证实傅大庆已

① 倪兴祥主编：《中国共产党创建史辞典》，上海人民出版社 2006 年版，第 637 页。

在抗战胜利前夕惨遭日军杀害，时年44岁。

吴芳，生于1899年，湖南华容人。又名吴桂吾，别名师丹，曾用名武芳。1915年考入岳阳湖滨中学。1917年转入长沙岳麓山下的船山学社学习。1919年春，船山学社校友会成立，当选为会长，结识毛泽东。1920年8月，毛泽东、贺民范等发起组织湖南俄罗斯研究会，被选为会员。是年10月，毛泽东在长沙创建社会主义青年团组织，他成为中国最早的青年团员之一。从船山学社毕业后，他由湖南俄罗斯研究会介绍到外国语学社学习俄语。1921年4月，经上海共产党早期组织介绍，同刘少奇、任弼时、肖劲光等10多人首批赴苏俄学习。到莫斯科后，应邀旁听了正在召开的共产国际第三次代表大会，进入莫斯科东方大学学习。1921年12月，莫斯科东方大学组建中国共产党旅俄支部，他同刘少奇一道转为中共党员。1925年春，奉命回国，按照中央指示去南京开展党的工作。1926年9月，任中共山东省地方执行委员会书记。1927年5月，代表山东党组织前往武汉，出席中共第五次全国代表大会。1930年7月，由于叛徒出卖，不幸被捕，牺牲时年仅31岁。后被追认为革命烈士。

雷晋笙，生于1898年，陕西西安人。又名凤仪、凤翼，化名李克平①。1915年后考入陕西省立甲种农业学校。1919年考取公费生，入上海法国天主教会办的震旦大学法政科。1920年进入外国语学社学习，由李启汉、严信民介绍加入社会主义青年团。1921年7月中国共产党成立后，转为中共党员。1925年8月，参与组织国民党陕西临时省党部。10月，参与建立和整顿共青团西安特别支部的工作。1927年1月，出席国民党陕西省第一次代表大会，和于右任等一起当选为省党部监察委员。10月，被中共中央派往开封任中共河南省委秘书长。1928年2月在开封不幸被捕，受尽酷刑，始终坚守党的机密。年底，经共产党人南汉宸营救获释。1929年11月，任山东省委书记。1930年2月，正当他为建立新的山东省委机关日夜

---

① 张静如等编：《五四以来历史人物笔名别名录》，陕西人民出版社1986年版，第479页。

奔波时，因交通员叛变而在济南被捕入狱。雷晋笙在狱中坚贞不屈，坚持斗争，1931 年 4 月 5 日与邓恩铭等在济南英勇就义。①

陈为人，生于 1899 年，湖南江华人。原名陈蔚英、曾用陈洪涛、陈福涛、陈涛、伟人、蔚英、维英、为人、张惠生、张道立、张道惠、张惠高、张明、张敏等②。1918 年秋，陈为人进入湖南省立第三师范学校学习。1920 年夏在上海参加沪滨工读互助团。9 月入外国语学社学习，加入社会主义青年团。同年秋，任李启汉主持的小沙渡工人半日学校教员，积极为《劳动界》写稿。同年冬，赴莫斯科东方大学学习。1921 年 7 月在莫斯科参加青年共产国际二大。同年底回国后加入中国共产党。1922 年到山海关开展工人运动。1923 年出席中共三大。后任中共北方区委组织部长、职工运动委员会书记、满洲省委书记等职。1929 年到上海，在中共中央机关工作。1931 年，陈为人领到了一项重要任务——负责中共中央文库的保管整理工作。1937 年 3 月 13 日，党的早期共产主义战士陈为人走完了一生的战斗旅程，临终前还凝聚起全身的力量说："我可不能死啊，我还要工作呢！"1945 年中共七大会议期间，中共中央追认陈为人为革命烈士。

叶天底，生于 1898 年，浙江上虞人。原名霖蔚，学名天瑞，又名天砥。1916 年秋叶天底进入浙江省立第一师范学校学习。1920 年进入外国语学社学习。1925 年 9 月，中共上海区委委派侯绍裘在乐益女中秘密主持建立了中共苏州独立支部，直属上海区委领导，叶天底任支部书记，这是苏州第一个中共组织。在叶天底等努力下，1926 年 7 月上虞县第一个党组织——上虞县直属支部成立。1927 年 11 月，中共浙江省委遵照八七会议精神，决定组织浙东秋收大暴动。同年，叶天底在上虞被捕，不久被转押到杭州浙江陆军监狱。1928 年 2 月 8 日，刚满 30 岁的叶天底在刑场英勇就义。人们感叹："天底真是头可断而志不移的大丈夫！"③

---

① 倪兴祥主编：《中国共产党创建史辞典》，上海人民出版社 2006 年版，第 658 页。

② 吕芳文：《陈为人传》，人民出版社 1997 年版，第 7 页。

③ 倪兴祥主编：《中国共产党创建史辞典》，上海人民出版社 2006 年版，第 458 页。

刘汉芝，生于1897年，湖南望城人。又名汉芝、良佐、聘三。刘汉芝早年在湖南省立甲种工业学校、湖南省立第一师范学校读书。1920年秋入外国语学社。1921年赴莫斯科东方大学学习，其间加入中国共产党。1922年底回国。1923年3月被派往长沙县铜官陶业工厂工作，协助郭亮建立陶业工会，创办工人夜校，领导工人进行抗税斗争，取得胜利。4月中共铜官支部成立，任书记。1924年4月起到湘潭锰矿、岳州开展工人运动。1926年重建水口山铅锌矿党组织，任书记。1927年11月调任中共临澧县委书记、湘西特委委员。1928年6月临澧县委遭破坏。不久因叛徒出卖被捕，在常德牺牲。①

2. 各条战线的精英人才

外国语学社为中国革命事业造就了一大批杰出人才，在各条战线上发挥着重要作用。他们中有早期青年运动和工人运动的领袖，后来成为党和国家领导人的刘少奇、任弼时；有我党早期的政治活动家任作民；有既懂军事理论又善于指挥战役的军事家肖劲光；有著名的翻译家、作家、诗人曹靖华、韦素园、蒋光慈；有20世纪30年代起在大学经济系任教，著有《中国货币史纲》《国际经济概论》，晚年著《中国财政史》的经济学家周伯棣。②

刘少奇，曾用名刘士奇、老戴、赵之启、肇启、胡服、K. V、之启、莫文华、刘作黄、尚陶、戴先生、赵启、刘绍选、六渭璜、刘绍基、刘卫黄、C. T、刘祥、凯风、周先生、邵琪、陶尚行、刘校长、开风、三敬、吕文、华云、刘光明、刘仁、虎伏、刘士其、能、实、赵子琪等③。刘少奇是伟大的马克思主义者，伟大的无产阶级革命家、政治家、理论家，党和国家主要领导人之一，中华人民共和国开国元勋，是党的第一代中央领

① 倪兴祥主编：《中国共产党创建史辞典》，上海人民出版社2006年版，第479—480页。

② 陈绍康、刘荣珠：《略论外国语学社几个特点与人才的作用》，《上海革命史资料与研究》第2辑，上海三联书店2002年版，第271页。

③ 张静如等编：《五四以来历史人物笔名别名录》，陕西人民出版社1986年版，第106—108页。

导集体的重要成员。1898 年 11 月 24 日，刘少奇出生于湖南省宁乡县炭子冲的一个耕读之家。1920 年，进入外国语学社学习。通过在外国语学社期间的学习，刘少奇成为第一批选派赴苏俄学习的学员之一。1921 年 7 月，中国共产党在上海诞生。这一年的冬天，莫斯科东方大学旅莫支部宣告成立，罗亦农被推选为中国共产党旅莫支部书记。刘少奇等人，由社会主义青年团团员正式转为中国共产党党员。1922 年春，刘少奇从苏联学成回国，即被中共中央分派到设在上海公共租界北成都路 19 号的中国劳动组合书记部工作。刘少奇还担任了书记部机关报《劳动周刊》的编辑工作。1925 年 5 月，刘少奇参加了在广州召开的第二次全国劳动大会，并在会上当选为首届中华全国总工会副委员长。6 月上旬紧急返回上海，被分配担任上海总工会总务科主任，负责上海总工会内部日常工作。大革命失败后，刘少奇继续战斗在白色恐怖笼罩之下的国民党统治区。在第二次国内革命战争时期，刘少奇曾经三度在上海领导白区斗争和工人运动。1932 年冬，刘少奇离沪赴中央苏区。相隔十几年，直到全国解放之后，刘少奇才再次来到上海。1969 年 11 月 12 日在河南开封逝世。

任弼时，学名培国，名二南，曾用名任培国、陈林、史林、彭德生、辟世、胡少甫、辟古、P. S、史村、诗圃、布林斯基等①，中国共产党主要领导人之一。1904 年出生于湖南湘阴县，家境贫苦。1920 年秋，进入外国语学社学习，并加入社会主义青年团。1921 年春，他同刘少奇等人一同到莫斯科东方大学学习。1922 年他正式成为中国共产党党员。1924 年 7 月 23 日，任弼时结束了在莫斯科东方大学的学习生活，与陈延年、郑超麟等返程回国，8 月抵达上海。1927 年，在八七会议上被选入政治局，这时他年仅 23 岁，可以说是中国共产党有史以来年纪最轻的政治局委员。1933 年在湘赣边区任红六军团和后来的红二方面军的领导人。1940 年在延安任中共中央秘书长。1945 年任中共七大秘书长，会后与毛、刘、周、朱并列

① 张静如等编：《五四以来历史人物笔名别名录》，陕西人民出版社 1986 年版，第 146—147 页。

为中央五大书记。1950年，他终因疲劳过度，病情恶化，于10月27日与世长辞，享年46岁。

肖劲光，生于1903年，湖南长沙人，原名玉成。1920年，肖劲光进入外国语学社学习并加入社会主义青年团。1921年赴莫斯科东方大学学习。1922年加入中国共产党。1925年秋，肖劲光完成了莫斯科东方大学的学业，立即回国投身于大革命的洪流。大革命失败后，他再次踏上了赴苏学习的征途，在苏联军政院校系统学习军事理论和政治理论知识。1930年毕业回国，被派往苏区工作。第五次反“围剿”失败后，长征到达陕北。全民族抗战开始后，先后任八路军后方留守处主任、八路军留守兵团司令员等。抗战胜利后进入东北，参与领导东北解放战争。东北解放后率军南下。1949年10月中旬，衡宝战役的炮声刚刚停息，毛泽东急电肖劲光进京，命令他组建海军。受命组建海军后，他任海军司令员兼第一海军学校校长，长期主持海军工作。1955年被授予大将军衔。“文化大革命”开始后受到错误批判。1971年重新主持海军工作。1979年6月当选为第五届全国人大常委会副委员长。1989年3月29日在北京逝世。

柯庆施，生于1902年，安徽歙县人。笔名怪君，曾用名柯乃康、何乃康①。早年在南京读中学，参加学生运动。1920年秋，在外国语学社学习，同年冬加入社会主义青年团。1922年1月，出席远东各国共产党及民族革命团体第一次代表大会。同年夏加入中国共产党，在社会主义青年团中央机关工作。同年秋参与平民女校的管理及基督教同盟运动。1923年春，陈独秀派其到安庆、芜湖筹建青年团组织，6月任青年团安庆地方执委会委员长。1924年春在上海的中共中央秘书处工作。同年冬，赴海参崴做华工工作。1927年后历任中共安徽临时省委书记、中共中央秘书长、中共上海中央执行局军委书记、中共中央北方局组织部部长等。抗日战争时期，任中共中央党校副校长、中共中央统战部副部长等职。解放战争时

---

① 张静如等编：《五四以来历史人物笔名别名录》，陕西人民出版社1986年版，第348页。

期，任河北省石家庄市市长等。新中国成立后任中共江苏省委第一书记、中共上海市委第一书记、上海市市长、中共中央华东局第一书记、国务院副总理等职。中共第八届中央政治局委员。① 1965 年 4 月 9 日在成都逝世。

任作民，生于 1899 年，湖南湘阴人。曾用名王敬功、作民、任培度、蒋鼎、张富等②。1920 年，进入外国语学社学习俄文，并接受马克思主义教育。是年 10 月，加入社会主义青年团。1921 年，到莫斯科东方大学学习。1922 年 1 月，由刘少奇、罗亦农介绍加入中国共产党，2 月由共产国际分配到远东负责苏联境内的中国工人运动，先后任远东职工会中国分会会长、赤塔工联中国工人部部长，主编赤塔《工人之路》报。1925 年 4 月奉调回上海，在中共中央秘书处工作，任中共中央秘书兼做会计工作。1927 年 1 月，赴武汉筹划党中央机关搬迁工作，任总书记办公室负责人。9 月，被党中央派往开封任中共河南省委宣传部部长。1932 年 10 月，任中共山东省委书记。1933 年 2 月 27 日，因叛徒出卖，被国民党特务绑架，施以酷刑，他坚贞不屈。1937 年 10 月 6 日，经董必武营救出狱，回到八路军驻武汉办事处。1940 年 2 月到达延安，10 月任中共中央西北局秘书长。1942 年 2 月 20 日在延安病逝。

蒋光慈，原名蒋宣恒，自号侠生、侠僧，初用笔名光赤，后改为光慈，曾用名蒋资川、华西里等③。1901 年 9 月 11 日出生于安徽省金寨县。1917 年夏，入安徽省立第五中学读书，投身新文化运动。1920 年，他进入外国语学社学习，并且加入了社会主义青年团。第二年夏天，与刘少奇、肖劲光等一同去莫斯科东方大学学习。1922 年，由社会主义青年团团员转为中国共产党党员。他翻译了大量马列主义著作和苏联文学论著，同时写下了许多热情洋溢的诗篇，歌颂列宁和十月革命，号召中国人民起来走十

---

① 倪兴祥主编：《中国共产党创建史辞典》，上海人民出版社 2006 年版，第 588 页。

② 张静如等编：《五四以来历史人物笔名别名录》，陕西人民出版社 1986 年版，第 144—145 页。

③ 张静如等编：《五四以来历史人物笔名别名录》，陕西人民出版社 1986 年版，第 458 页。

月革命的道路。1924 年回国后，他在上海大学任政治经济学教授，连续发表《无产阶级革命与文化》等理论文章，提出建立无产阶级革命文学的主张，成为中国无产阶级革命文学的奠基人之一。翌年，受党的派遣，担任冯玉祥的苏联顾问翻译。1930 年 3 月，中国左翼作家联盟在上海成立，蒋光慈当选为常务候补委员，主编“左联”机关刊物《拓荒者》。1931 年 8 月 31 日病逝，时年 30 岁。

韦素园，生于 1902 年，又名漱园，出生于小商之家，天资聪颖，8 岁入私塾，11 岁与四弟丛芜入霍邱县立小学。后考入位于阜阳的安徽省立第三师范学校。1919 年，韦素园离开阜阳三师来到北京，参加段祺瑞的参战军。1920 年，韦素园离开安庆进入外国语学社学习，并成为社会主义青年团团员。同年夏，与刘少奇、任弼时、曹靖华、蒋光慈等一同前往莫斯科东方大学学习。回国后，在北平专修学校继续学习俄文。1922 年秋，他进了北京俄文法政专门学校学习。1923 年春，他和李霁野一起到了北京，韦素园继续在俄文法政学校学习，李霁野进了崇实中学读高中。他们一面学习，一面开始翻译苏俄文学作品。1932 年 6 月，离他病逝只有一个多月的时间，听说地下党员赵赤坪又被捕了，在与疾病的斗争中，他写了一首题为《怀念我的亲友》的诗，勉励自己的同志。韦素园一生勤于文学翻译，译著有果戈理小说《外套》，俄国短篇小说集《最后的光芒》，北欧诗歌小品集《黄花集》，俄国校罗勃的《邂逅》等。同时还创作了大量散文、小品、诗歌等文学作品。韦素园病逝后，鲁迅写作《忆韦素园君》加以怀念。

曹靖华，生于 1897 年，原名曹联亚，河南卢氏人。我国享有盛誉的作家、翻译家和教育家。1906 年，曹靖华随父亲到朱阳关义学，开始读四书五经。1921 年，曹靖华进入外国语学社学习，同年加入社会主义青年团，后被派往莫斯科东方大学读书。1922 年底回国，与鲁迅有了初步接触，并常向瞿秋白请教。他的第一篇译稿《蠢货》交瞿秋白订正，并在《新青年》第 2 期予以发表。自此曹靖华开始大量翻译、引进苏联革命文学作品。1940 年初，曹靖华在重庆见到周恩来，在周恩来的直接提名和领导下，参加中苏文化协会和中华全国文化界抗战协会的工作。1956 年入党。曾被选为全国人大第一、二、三届代表，中国作家协会书记处书记，国务院学位委员会委员。译有《铁流》等。1987 年 9 月 8 日在北京逝世。

周伯棣，生于 1900 年，浙江余姚人。自幼立大志，勤奋读书，成绩优异。从余姚县高等小学毕业后，考入浙江省立第一师范学校。1919 年 11 月周伯棣等人创办了激进刊物《浙江新潮》。1920 年，周伯棣进入外国语学社学习，从此开始了新的生活。8 月 22 日社会主义青年团建立后，为了满足团员和青年的求知需要，外国语学社设置了"图书室"，这是中共党史上第一个"图书馆"，周伯棣担任图书管理员。1927 年他又进入东亚同文书院学习。3 年后卒业，即赴日本大阪商科大学银行系深造。1933 年毕业后进入中华书局工作，担任经济学方面的编辑。周伯棣担任过多所大学的经济学教授。他一边教学，一边从事著述，撰写的《租税论》《中国货币史纲》《国际经济概论》等作品，当时被列为大学参考书。周伯棣在晚年搜集了大量的财政金融资料，编著了近 50 万字的《中国财政史》。1982 年 1 月，周伯棣在上海病逝。

李中，生于 1897 年，湖南湘乡（今双峰）人。原名李声澥，字印霞。1913 年考入湖南省立第一师范学校，其间参与毛泽东组织的一师学友会，担任人文学部图书组组长；到工人夜校组织工人学习。① 1918 年夏毕业，在一师附小执教，不久赴沪，在出售古董玩器的克明公司当会计。1920 年改名李中，结识陈独秀，接受马克思主义，入江南造船所做钳工，从事工人运动，并协助发起沪滨工读互助团和上海机器工会。同年 8 月加入社会主义青年团，不久转为中国共产党党员。多次以工人名义为《劳动界》撰文。参与发起组织上海机器工会，为办事员，主持日常会务。1921 年后，因受合作主义思想影响，脱离中国共产党和青年团，仍从事工人运动。曾在五卅运动中组织工人罢工。四一二政变后执教于浙江水产学校，曾被国民党逮捕，经营救获释。后回原籍，任双峰中学校长多年。② 未赴俄。大

① 倪兴祥主编：《中国共产党创建史辞典》，上海人民出版社 2006 年版，第 504 页。

② 熊月之主编：《上海名人名事名物大观》，上海人民出版社 2005 年版，第 89 页。

革命失败后脱党。1951 年毛泽东曾 3 次致信，邀请他赴京，7 月在赴京途中病逝。

庄文恭，生于 1901 年，浙江绍兴人。原名韩春龄、韩百华、韩伯画，又名韩少雷、韩曼涛、韩白骅、韩慕涛等①。1918 年考入浙江省立第一师范学校。1920 年，进入外国语学社学习。不久，加入社会主义青年团。1921 年 1 月，与华林、罗亦农等 12 名青年赴莫斯科东方大学学习。1922 年 6 月回上海，并由青年团团员转为中国共产党党员，在中共中央机关报《向导》周报任代理发行人。1924 年 7 月，受党中央派遣，出任中共上海地方委员会书记兼组织部部长。1926 年春，上海地委扩组为中共上海区委员会，改任区委委员、组织部部长。1927 年 4 月 27 日至 5 月 9 日，作为正式代表参加在武汉举行的中国共产党第五次全国代表大会，并当选为中央候补委员。中华人民共和国成立后，庄文恭先后在财政部税务总局、农产品采购部财会局、商业部财会局等单位工作。1965 年 11 月，在北京病逝。

许之桢，生于 1898 年，湖南汉寿人，曾用名许豪。1913 年至 1919 年，先后在长沙乙种工业学校和甲种工业学校读书。1919 年秋入上海造纸厂当练习生。1920 年进入外国语学社学习。1921 年 2 月加入社会主义青年团。1922 年 11 月抵苏俄，入莫斯科东方大学学习。1922 年 12 月陈独秀看望莫斯科东方大学中国班学生时，被吸收为中共党员。1924 年 4 月回国，先后任中共湖北省委组织部部长，汉冶萍总工会委员长，中共汉口地委书记等职。1928 年 8 月，在中国侨居苏联远东地区的职工中工作，任《工人之路》报总编辑。1938 年 6 月回国。到延安后，先后任中共中央干部教育委员会委员、马列学院编译部部长、中共中央出版局秘书长等职。新中国成立后任中华全国总工会秘书长、书记处书记、副主席等职。第一、第二届全国人民代表大会代表。1964 年 10 月 26 日逝世。

魏以新，生于 1898 年，湖北保康人。原名魏以恒，曾用名墨浓、希葛

① 张静如等编：《五四以来历史人物笔名别名录》，陕西人民出版社 1986 年版，第 101 页。

等，笔名志方。1915 年入武昌私立中华大学中学部。1919 年 3 月 1 日，与林育南等创办宣传新文化的刊物《新声》。1920 年 1 月 22 日参与发起成立利群书社；同年秋进入外国语学社学习，加入社会主义青年团。1922 年初退团。后毕业于同济医工专门学校德文科。1927 年在武汉中央军事学校图书馆工作，曾任同济大学中学部图书馆主任，从事德文翻译。① 译有《兴登堡自传》《格林童话》等。1986 年在上海病逝。

吴葆萼，生于 1900 年，安徽泾县人。1914 年入安徽省立第五中学读书。五四运动期间，参加一系列学生爱国活动。高中毕业后，进入外国语学社学习，加入社会主义青年团。1920 年，党组织派他同刘少奇、任弼时、肖劲光、曹靖华等赴莫斯科东方大学学习。1924 年回国。北伐战争开始后，吴葆萼去中共芜湖市委工作。1927 年，四一二反革命政变后，从事教育工作。1940 年任茂林广益中学教师，积极参加抗日救亡运动。次年，皖南事变后，他积极设法帮助新四军干部夏征农、方联百等人脱离险境，安全归队，因而被国民党逮捕。在狱中备受折磨，坚贞不屈。后经营救获释。曾任中国民主同盟芜湖市委员会副主任委员。离休后，回到故乡泾县茂林村。1981 年 3 月病逝。

任岳，生于 1903 年，湖南湘阴人。1920 年上半年，在长沙船山学社读书。1920 年 8 月，加入俄罗斯研究会。同年秋，进入外国语学社学习，加入社会主义青年团。次年春，赴莫斯科东方大学学习。1923 年转为中共党员。1924 年春回国。同年 10 月，任中共安源地方执行委员会组织部部长。创办中共安源党校。1925 年 9 月，调任中共衡阳地委组织部部长，后任国民革命军总司令部苏联军事顾问的翻译。1927 年，参加南昌起义。同年 10 月，再赴莫斯科中山大学学习。1932 年转为联共党员。1935 年任新疆保安管理处副处长。1937 年到苏联伊尔库茨克工作。1952 年回国，任公安部办公厅副主任。② 1954 年 5 月在北京逝世。

---

① 倪兴祥主编：《中国共产党创建史辞典》，上海人民出版社 2006 年版，第 672 页。

② 倪兴祥主编：《中国共产党创建史辞典》，上海人民出版社 2006 年版，第 467 页。

严信民，生于1902年，陕西澄城人。1919年赴北平求学，受五四运动影响，次年到上海参加了社会主义青年团，进入外国语学社学习。1922年由李启汉、雷晋笙介绍加入中国共产党。1924年1月，赴莫斯科东方大学学习，次年秋回国，由李大钊派往河南国民军二军从事联络工作。1927年初，因工作需要，由中共陕西省委派往西安中山学院任教，同时兼任国民革命军驻陕总司令于右任秘书。后因国民党右派举行“清党”，严信民在避难中与党中央失去联系。1942年，加入中国民主政团同盟。1946年夏，严信民辗转进入陕甘宁边区，与毛泽东、周恩来等中共中央领导多次会晤。1947年2月，在中国农工民主党召开的第四次全国干部会议上严信民被选为中央执行委员。新中国成立后历任政务院参事、中央民族事务委员会参事室主任、中央民族学院院长、中国农工民主党中央委员会副主席等职。全国人大第一、二、三届代表、全国政协第五、六届常委。1988年8月15日在北京逝世。

华林，生于1893年，原名挺生，浙江富阳人。1916年从浙江两级师范学堂毕业后在孝丰县任教。1918年在浙江省教育会任干事。1920年9月进入外国语学社学习，其后加入社会主义青年团。1921年3月赴苏俄留学，9月到达伊尔库茨克，在共产国际远东书记处做留学人员接待工作，后被派到赤塔远东总工会任《工人报》编辑。1922年3月在赤塔加入俄共(布)，7月入莫斯科东方大学学习，年底由俄共(布)党员转为中共党员。1924年8月回国。1925年9月起任中共杭州独立支部书记、中共宁波地委书记、中共杭州地委宣传部部长等职。1927年4月出席中共五大，会后任武汉国民政府劳工部书记；10月回上海，与党组织联系未果。1931年后在开明书店工作。新中国成立后在上海电机制造学校图书馆工作。1973年在上海病逝。①

董锄平，生于1894年，湖北京山人，又名方城、楚屏、水如、火如。1916年考入湖北省法政专科学校法律系。五四运动时期，董锄平参加并领

① 倪兴祥主编：《中国共产党创建史辞典》，上海人民出版社2006年版，第469页。

导了学生运动。1920 年到上海，结识了李汉俊、陈独秀等人，进入外国语学社学习，随后加入中国共产党。不久，成为中国劳动组合书记部负责人之一。1921 年初赴俄未成。1925 年，他同刘少奇、李立三等领导武汉工人运动。1927 年参加八一南昌起义，均在党内担任重要职务。1928 年冬被捕入狱，释放后与中共中央失去联系。直到 1937 年，才与周恩来取得联系，中央指示其留党外工作。1949 年 7 月，董锄平担任中共中央国防联络委员会秘书长；同年 12 月，由董必武、李立三介绍，重新加入中国共产党，任中央人民政府劳动部政策研究室主任。1969 年逝世。

马念一，生于 1899 年，字浚，号铁肩，又名哲民，湖北黄冈人。早年就读于湖北省立第一中学，1920 年毕业于湖北文科大学。1921 年 1 月进入外国语学社学习；是年 5 月，为去苏俄求学转道海参崴，滞留两个月，因故折返。回国后在武汉青年团任职员并入党。后赴沪，任汉口《正义报》驻上海记者。不久，经陈独秀推荐，以武昌和武汉报界联合会代表身份出席远东大会。① 同年到莫斯科东方大学中国班学习。1926 年毕业于日本早稻田大学政治系。1942 年加入中国民主政团同盟，任民盟中央常委。新中国成立后，历任武汉大学法学院院长、中南财经学院院长，民盟第一、二届中央常委和湖北省委第二届主任委员，是第一届全国人大代表。著有《国际帝国主义史论》《社会经济概论》等。②

胡士廉，湖南人。1920 年 8 月加入湖南俄罗斯研究会，不久赴上海进入外国语学社学习。1921 年春赴莫斯科东方大学学习，不久加入中国共产党。1924 年回国后，至安源路矿工作，曾任安源路矿工人俱乐部青年部委员会委员，青年团安源路矿地方委员会教育委员，青年团安源路矿地方委员会第四、五届正式委员会兼管团的宣传工作。其后情况不详。

张学琅，生于 1900 年，字蕴良，又名张蕴良，湖南新化人。1917 年

---

① 李玉贞：《关于远东人民代表大会》，《上海革命史资料与研究》第 7 辑，上海古籍出版社 2007 年版，第 815 页。

② 《中国人名大辞典 · 当代人物卷》，上海辞书出版社 1992 年版，第 59 页。

秋入长沙船山学社读书。1920 年秋加入湖南俄罗斯研究会，不久进入外国语学社学习，并加入社会主义青年团。1921 年春赴莫斯科东方大学学习。1922 年春回国，在中国劳动组合书记部从事工人运动工作。1922 年至 1923 年间加入中国共产党。中共中央迁北京后担任中共中央文书工作。1924 年任安源路矿工人俱乐部文书、工人补习学校教员；同年 7 月回上海，在中共中央机关工作。1930 年任中共湖南省委组织部部长兼秘长。1931 年被捕，出狱后脱党。新中国成立后，任湖南省农业生产资料局副局长、省政协委员等。

金家凤，生于 1903 年，江苏吴县人。字冠三，曾化名费君忍。南洋附中学生会代表和上海学生联合会成员之一，因参加进步活动，被校方开除。1920 年 5 月在上海参加马克思主义研究会。8 月 22 日，与俞秀松、施存统等 8 人共同发起创建社会主义青年团并协助青年团书记俞秀松开展团务工作。同年秋，经陈独秀介绍，前往北京参加共产党早期组织，从事青年运动和劳工运动。1922 年 4 月，以北京社会主义青年团的名义，发起成立“北京非基督教大同盟”；在长辛店铁路工人和唐山煤矿工人中，开展革命活动。5 月，在广州参加第一次全国劳动大会和中国社会主义青年团第一次全国代表大会。会后在北京和上海等地从事党团宣传及发展工作。同年 8 月底，为开展国共合作，跟随李大钊、蔡元培前往上海拜见孙中山。1923 年春在北京协助李大钊、李石曾策动举行“首都裁兵大会”，事情泄露后遭军阀政府通缉。同年 9 月，在安庆地筹建共产党和青年团组织。1926 年 2 月被捕。1927 年出狱后在家乡休养，与党组织失去联系。后任轮船公司职员。1944 年被日军逮捕，后释放。1953 年因“罗斯陶”事件被捕，1975 年获释。后移居香港。① 1979 年在香港去世。

3. 误入歧途的少数青年

丁默邨，生于 1903 年，湖南常德人。原名丁勒生，后改名丁默邨。曾就读于湖南省立第二师范学校。1921 年 1 月进入外国语学社学习，成为

---

① 倪兴祥主编：《中国共产党创建史辞典》，上海人民出版社 2006 年版，第 578 页。

"共产主义青年团的活动分子"①。1922 年 10 月任常德地方团委书记。后任国民革命军总司令部秘书、军事委员会及调查统计局第三处处长少将参议等职。1938 年转任军委会少将参议，武汉特别市政府参事、秘书长；同年冬，潜赴上海日占区与李士群组建亲日特工队伍。1939 年 5 月，任汪伪国民党中央执行委员、常委，中央社会部部长，中央特务委员会副主任兼特工总部主任。1940 年 3 月，任汪伪中央政治委员会委员、军委会委员，行政院社会部部长。1945 年 1 月，任汪伪最高国防会议秘书长，军委会政治保卫部副总监，汪伪国民党浙江省党部主任委员、军委会驻杭州绥靖公署主任、省保安司令，同年 9 月被捕。1947 年 2 月，以卖国罪被判处死刑，不久在南京执行。②

袁达时，生于 1901 年，湖南湘潭人。又名袁笃时、袁大时、袁大石、正道等。长沙船山学社学生。1920 年 6 月，在上海发起沪滨工读互助团；同年秋，进入外国语学社学习，加入社会主义青年团。1921 年春赴莫斯科东方大学学习。1922 年转为中共党员，同年 8 月，担任中国劳动组合书记部上海分部主任，参与和帮助建立金银业工人俱乐部和浦东烟草印刷工人俱乐部，开展工人运动。1923 年任安源路矿工人俱乐部讲演股股长，6 月出席中共三大。1925 年后任共青团安源地委书记兼宣传部部长、中华全国总工会上海办事处组织部部长，全国总工会执行委员。大革命失败后，任中共江苏省委常委、组织部部长、中共湖南省委组织部部长等。中共第五届中央候补委员。1928 年 6 月被捕叛变。③

廖划平，生于 1891 年，四川内江人。字维中，别名华屏，又名华平、化平。1920 年 9 月进入外国语学社学习，加入社会主义青年团。1921 年 3 月，廖划平从上海起身到苏俄；5 月底，入莫斯科东方大学中国班学习；6

① 《共产主义小组和党的"一大"资料汇编》，中国人民大学中共党史系资料室 1979 年版，第 365 页。

② 徐友春主编：《民国人物大辞典》，河北人民出版社 1991 年版，第 44 页。

③ 倪兴祥主编：《中国共产党创建史辞典》，上海人民出版社 2006 年版，第 604—605 页。

月列席共产国际三大。1922 年初回国后，受团中央委派回四川建立团组织。1924 年 1 月，他同吴玉章、杨闇公等人一道，创建了中国青年共产党；不久又加入了中国共产党，成为四川早期党员之一。1928 年任中共四川省委常委、宣传部部长。1929 年任中共鄂北特委书记，后赴上海在中共中央军委工作。1930 年 3 月奉调任中共中央北方局军委书记，8 月改称中共顺直省委，仍任军委书记。同年 11 月任中共冀鲁豫边特委书记。1931 年夏被北平宪兵司令部逮捕后叛变。曾任军统局临澧特训班政治总教官。抗日战争爆发后，任军统局兰州特训班副主任，军统局监察室主任、督察司法处少将处长。1945 年起任军统局财产清理委员会主任委员，国防部保密局督察室少将主任。1949 年到台湾，1952 年去世。

卜士奇，生于 1902 年，湖南益阳人。字士畸，曾用名卞士吉、卜世畸、卜道明、卜士琦。长沙船山学社毕业后，于 1919 年入上海复旦大学旁听，参加工读互助团。1920 年经湖南俄罗斯研究会介绍到外国语学社学习，不久加入社会主义青年团。1921 年 5 月被上海共产党早期组织选派到苏俄学习，8 月初抵达莫斯科，入莫斯科东方大学学习。1921 年冬由社会主义青年团团员转为中国共产党党员，参加中共旅莫支部领导工作。1922 年回国后，任上海大学俄文讲师、中国社会主义青年团中央干事。1923 年 8 月至 9 月任中国社会主义青年团第二届中央执行委员会临时中央局委员、秘书。1924 年 6 月代表中国共产党出席共产国际第五次代表大会，代表中国社会主义青年团出席青年共产国际第四次代表大会；9 月因泄密受到留团察看处分，停止其青年团中央委员等职务。1924 年夏赴广东，任黄埔军校校长蒋介石的俄文翻译、苏联军事顾问加伦将军的翻译。1928 年 6 月作为指定及旁听代表，参加在莫斯科召开的中国共产党第六次全国代表大会。大会结束后，任莫斯科中山大学政治经济学讲师和列宁学院中国班政治经济学讲师。不久脱离中共组织关系。1949 年 10 月去台湾，任国际关系研究会理事长等职。1964 年 5 月 24 日在台湾病逝。

秦抱朴，江苏无锡人。又名秦惠僧、秦涤青，常用名抱朴。1921 年 1 月，秦抱朴进入外国语学社学习并加入社会主义青年团，同年 3 月进入莫斯科东方大学学习，不久入党。在莫斯科东方大学求学期间，秦抱朴就表现出与俞秀松、罗亦农等人相左的观点，甚至莫斯科东方大学东方部主任霍霍洛夫金当面说秦抱朴就是无政府党。秦抱朴的回应是：“我不愿与你争论这些，将来我回中国后，你自然能知道，我是个什么东西！”①由于他倾向于信奉无政府主义，1923年，被中共旅莫支部开除出党。1925年，他在中国驻海参崴领事馆任职。1937年在国民党中央宣传部任职。其后情况不详。

彭述之，生于1894年，湖南邵阳人。化名张次南，曾用名彼得罗夫等②。1919年入北京大学学习，积极参加五四运动。1920年秋进入外国语学社学习，加入社会主义青年团。1921年春去莫斯科东方大学学习，同年冬转为中共党员，是中共旅莫支部负责人之一。1922年1月参加远东各国共产党及民族革命团体第一次代表大会。1924年出席共产国际五大。1925年在中共四大上当选为中央执行委员、中央局委员，兼任宣传部主任和《向导》周报主编。1927年5月，在中共五大上当选为中央委员；9月任中共北方局委员；12月任中共顺直省委书记。后因不同意中央的路线而被解除领导职务。1929年11月因与陈独秀等人组织托派被开除党籍。后当选为中国共产主义同盟中央委员等。1932年在上海被国民党当局逮捕，1937年获释。1949年后长期流亡国外。③ 1983年在美国病逝。

三、事迹不详学员的名单

俄罗斯国家社会政治历史档案馆藏档案记载，1921年7月“参加青年共产国际第二次代表大会的中国社会主义青年团代表团致第三国际资格审查委员会的声明”中，有来自莫斯科的中国社会主义青年团团员，按签名顺序依次是：袁笃实（袁达时）、任岳、卜士畸（卜士奇）、平的（韩平的）、

---

① 抱朴：《赤俄游记》，书林书局2015年版，第25页。

② 张静如等编：《五四以来历史人物笔名别名录》，陕西人民出版社1986年版，第449页。

③ 倪兴祥主编：《中国共产党创建史辞典》，上海人民出版社2006年版，第642—643页。

韩伯画(庄文恭)、陈启沃、吴先瑞、彭泽、曹雪春、彭图炜、陈为人、吴芳、彭湃(江西)①。在参加青年共产国际第二次代表大会的这些原外国语学社的学员全部来自莫斯科东方大学，其中，韩平的、陈启沃、吴先瑞、彭泽、曹雪春、彭图炜、彭湃等7位学员生平事迹尚不清楚。

《肖劲光回忆录》提道：“俄罗斯研究会准备派第一批学生赴俄勤工俭学，我和弼时同志都被选上了。和我们一批的共6个人，还有任岳、周昭秋、胡士廉和陈启沃。”②肖劲光提到的6位中，尚有周昭秋、陈启沃两位事迹不详。

在俄罗斯解密的档案中，有一份1921年7月13日由青年共产国际东方部书记达林签署的申请书，“请授予中国社会主义青年组织代表秀松同志以表决权，张太雷、陈为人同志以发言权……其他14位同志是吴先瑞、罗泽、任狱(任岳)、平的、陈启沃、何其波、吴芳、韩图伟、曹雪春、张秀兰、彭泽、袁笃实(袁达时)、澎(彭)湃、韩伯画。他们都是上海社会主义青年团组织成员”“一行14人，来自上海”。③。在这14人名单中，事迹清楚的只有任狱(任岳)、吴芳、袁笃实(袁达时)、韩伯画(庄文恭)，其余10位学员事迹不详，有待进一步考证。

1921年2月，外国语学社学生秦抱朴、佩仙、梦周、廖划平、杜小马、徐敦让等十人踏上赴俄之旅。④ 其中，秦抱朴、廖划平事迹已明确，其他人事迹不详。

1920年10月进入外国语学社学习的湖南学生彭述之在回忆中说，截

---

① 中共上海市委党史研究室、中国社会主义青年团中央机关旧址纪念馆编：《觉悟渔阳里：上海社会主义青年团创建史料选辑(1919.5—1922.5)》，上海人民出版社2017年版，第1464页。

② 《肖劲光回忆录》，解放军出版社1987年版，第13页。

③ 中共浙江省委党史研究室编：《俞秀松纪念文集》，当代中国出版社1999年版，第315—316页。

④ 李蓉：《中共一大轶事》，人民出版社2015年版，第123页。

至11月初，全部学生包括晚报到者共达29至30人之多。① 他曾经提到过，但事迹不详的有黎冰若、彭礼何两位。

1920年秋进入外国语学社的秦抱朴在赴俄途中写给他的同学高尔柏的信中写道："当时我底朋友佩仙便决意往俄，我晓得这回事，也就陈启沃决意前去！因为我觉得那真实的学问，并不是一定要在正式的学校里才可造成的，家庭虽然困苦，实在较苦的更多着哩，所以我也决意去了。立刻同佩仙补习俄文，我友存一、了悟得到这个消息也从青浦来了。务本女学底崔惠权从朋友处晓得这回事，也来习俄文了。伊底同学立觉和梦周——尔柏底法律上的未婚妻——也有同伊一样的志趣。"②从这段文字我们可以了解到，和秦抱朴一起在外国语学社学习的同学有佩仙、存一、了悟（袁了悟）、崔惠权、立觉、梦周、高尔柏等7位，现生平事迹尚不清楚。

秦抱朴的外国语学社同学廖划平在《旅俄通信》中写道："同秦惠僧（秦抱朴）一路过俄国的，只在小马、徐敦让同我三人……上海的空气，不算大好，哲民、佩刚、遗恨都到广州去了，民犬到南洋去了……此次在上海，最帮忙的是慧僧、佩仙们，天研对于我们也很好。"③廖划平在信中提到的"小马"即杜小马，在秦抱朴的信中提到过。"哲民"则是马哲民，"佩刚"就是郑佩刚。还提到的遗恨、民犬、天研应都是外国语学社的学员，但事迹不详。

李达在1957年的回忆中，谈到外国语学社时，他提道："魏金（维经）斯基教俄文，李达教日文。陈望道、高语罕、沈泽民、赵立志、穆见卜、

① 中共上海市委党史研究室、中国社会主义青年团中央机关旧址纪念馆编：《觉悟渔阳里：上海社会主义青年团创建史料选辑（1919.5—1922.5）》，上海人民出版社2017年版，第1397页。

② 抱朴：《关于"为婚姻而烦闷事"的通信》，《民国日报》副刊《觉悟》，1921年第7卷第4期。

③ 中共上海市委党史研究室、中国社会主义青年团中央机关旧址纪念馆编：《觉悟渔阳里：上海社会主义青年团创建史料选辑（1919.5—1922.5）》，上海人民出版社2017年版，第1403页。

钟复光等在该校读书和教书。”①显然，李达的回忆有一些出入，在外国语学社教俄文的是维经斯基的夫人库兹涅佐娃，而不是维经斯基。陈望道确定是外国语学社的教员。沈泽民于1920年7月赴日本帝国大学学习，1921年1月回沪，4月加入上海共产党早期组织，参与筹建平民学校，并任该校英文教员②，而不是外国语学社的英文教员。施存统的夫人钟复光直到1923年后才到上海，她是上海大学的学生，并非外国语学社的学生。高语罕与陈独秀是同乡，早年就认识，他于1919年冬来到上海，并推荐在芜湖的安徽省立第五中学学生蒋光慈、吴葆萼入外国语学社学习。从现有史料来看，赵立志、穆见卜是否为外国语学社的学员，有待进一步考证，也把他们列入事迹不详名单。

包惠僧回忆时说，团员中有几个无政府主义者，如李中、彭湃、曹平等，约在四月间送过十几个学生赴俄，其中包括刘少奇……韩平的、蒋热血等。③ 在《包惠僧回忆录》中他讲道：“选择青年团的优秀分子送莫斯科留学，团员有二十余人，也有几个无政府主义，如李中、彭湃、曾平等。”④从包惠僧的两次回忆来看，他提到的曾平和曹平有可能是同一个人。学者叶累、丘作健对外国语学社的研究也提到学员有“刘少奇……曹平、蒋热血、韩平的、卜士奇、彭湃（江西人，与广东海陆丰的彭湃同名，后牺牲）、华林等”⑤。包惠僧的回忆和叶累等人的研究都提到曹平、蒋热血、韩平的、彭湃等至今事迹不详。

许之桢在回忆渔阳里6号的活动情况时，讲道：“一九二一年六月，我和傅大庆、王一飞、梁百达等十一二人动身由海路去莫斯科。……韩平

---

① 李达：《回忆党的早期活动》，《党史资料丛刊》第1辑，上海人民出版社1980年版，第23页。

② 倪兴祥主编：《中国共产党创建史辞典》，上海人民出版社2006年版，第536页。

③ 包惠僧：《回忆新渔阳里六号》，《党史资料丛刊》第1辑，上海人民出版社1980年版，第34—35页。

④ 《包惠僧回忆录》，人民出版社1983年版，第32页。

⑤ 叶累、丘作健：《外国语学社》，《党史资料丛刊》第1辑，上海人民出版社1980年版，第175页。

的已死了、蒋热血完全变质，现在武汉。何今亮就是汪寿华，后来牺牲的。赵庆华是无政府主义者。”①许之桢提到的韩平的、蒋热血、赵庆华事迹尚不明确。

在慕水的研究中，现保存下来的外国语学社的学员名单共59人，其中，包括曹平、蒋热血、韩平的、汪冠群、何骧、万虞、杜小马、徐敦让、佩仙、存一、袁了悟、崔惠权、李若虚、董淑清、吴先瑞、刘汉芝、吴溶沧等人。② 在这些学员中除了上面提到过的外，还有汪冠群、何骧、万虞、李若虚、吴溶沧五位学员事迹不详。

陈绍康综合各种史料，初步查知外国语学社的学员进入莫斯科东方大学学习的约有30人，其中安徽方面有蒋光赤(光慈)、吴葆萼、韦素园、章人功4名学员，章人功事迹不详。

在华林对外国语学社学员赴俄情况的回忆中，提到何公冕、许之桢、梁柏台、谢文晋(锦)等和他一起到达伊尔库茨克，后华林去赤塔，何公冕回国，许之桢等人后来进入莫斯科东方大学中国班。③ 华林提到的何公冕也应是外国语学社的学员，何公冕到伊尔库茨克后没有去莫斯科东方大学，而是回国了，更具体的生平事迹不详。

据学者陈斌、唐莲英考证：“与刘少奇一道从长沙到上海的，还有彭述之、吴先瑞、谭明德、刘汉芝、周庠、董漱(淑)清等人。”④上文已提到周庠中途返回，不能算是外国语学社的学员，其他如谭明德、董淑清2位学员事迹不详。

---

① 中共上海市委党史研究室、中国社会主义青年团中央机关旧址纪念馆编：《觉悟渔阳里：上海社会主义青年团创建史料选辑(1919.5—1922.5)》，上海人民出版社2017年版，第1363—1364页。

② 慕水：《外国语学社师生名录》，《上海革命史研究资料》第1辑，开明出版社1992年版，第200—201页。

③ 中共上海市委党史研究室、中国社会主义青年团中央机关旧址纪念馆编：《觉悟渔阳里：上海社会主义青年团创建史料选辑(1919.5—1922.5)》，上海人民出版社2017年版，第1394—1395页。

④ 陈斌、唐莲英：《刘少奇如何成长为马克思主义者》，《解放日报》，2018年12月4日。

由孟庆和主编的《开创新纪元的外国语学社》一书中，列出了外国语学社部分学员名录一览表，包括廖划平、霍丘、魏以新等，其中，霍丘事迹不详。

按照目前所掌握的史料，曾在外国语学社学习的学员，有名字的有 82 位，现事迹清楚的占到一半，仍有 41 位学员事迹不详。列表如下：

序号	姓名	籍贯	是否莫斯科东方大学学生
1	陈启沃	湖南	是
2	曹雪春	不详	是
3	韩平的	不详	是
4	吴先瑞	湖南	是
5	彭　泽	不详	是
6	彭图炜	不详	是
7	彭　湃	江西	是
8	周昭秋	湖南	是
9	罗　泽	不详	是
10	何其波	不详	是
11	张秀兰	不详	是
12	吴溶沧	不详	不祥
13	杜小马	四川	不详
14	徐敦让	重庆	不详
15	佩　仙	不详	不详
16	梦　周	不详	不详
17	黎冰若	不详	不详
18	彭礼何	不详	不详
19	存　一	不详	不详
20	袁了悟	不详	不详
21	崔惠权	不详	不详
22	立　觉	不详	不详

续表

序号	姓名	籍贯	是否莫斯科东方大学学生
23	高尔柏	不详	不详
24	赵立志	不详	不详
25	穆见卜	不详	不详
26	曹　平	不详	不详
27	蒋热血	不详	不详
28	遗　恨	不详	不详
29	民　犬	不详	不详
30	天　研	不详	不详
31	韩图伟	不详	是
32	赵庆华	不详	不详
33	汪冠群	不详	不详
34	何　骧	不详	不详
35	万　虞	不详	不详
36	李若虚	不详	不详
37	董淑清	湖南	不详
38	章人功	不详	不详
39	何公冕	不详	不详
40	谭明德	湖南	不详
41	霍　丘	不详	不详

通过以上对外国语学社学员的分析，进入莫斯科东方大学学习的学员人数与俄国学者维克托·乌索夫研究的结果基本一致。他认为："早在1921年，进该校学习的中国革命者就有36人，一年后有42人。"①

我们有理由相信，随着史料的不断挖掘，会有越来越多的外国语学社学员被熟知，越来越多现在事迹不详的学员也会逐步清晰起来。

① ［俄］维克托·乌索夫：《苏联情报机关在中国：20世纪20年代》，赖铭传重译，焦广田、冯炜初译，解放军出版社2007年版，第58页。

第十章　外国语学社的历史地位

外国语学社这所在特殊历史时期创办的革命干部学校，从创办之日起就烙下了永不磨灭的红色印记，成为在中国创办最早的培养职业革命家的摇篮，在中国青年运动史、中国工人运动史以及中共创建史中具有重要历史地位。

一、外国语学社在中国青运史中的地位

中国共产主义青年团最早的名称叫“中国社会主义青年团”，它是在俄国十月社会主义革命的影响下，在中国共产党早期组织的领导下建立起来的，创建地址在上海法租界渔阳里——外国语学社所在地。

如果说上海渔阳里是中国红色征程的起点，那么老渔阳里 2 号和新渔阳里 6 号就是红色征程起点上两颗耀眼的明珠，其中外国语学社所在地的新渔阳里 6 号诞生了中国最早的青年团，要追溯中国共产主义青年运动史的源头，需要从这里开始。20 世纪 20 年代的上海，这里属于法租界中区，早期革命青年在这里活动，经常受到巡捕房和军阀的干扰和破坏。反动势力或派密探监视，或直接搜查，或发电发布告造谣中伤，活动于这里的革命青年时刻面临被逮捕，甚至杀头的危险。① 如创办于老渔阳里 2 号的《共产党》月刊刚排出第 3 期，突遭密探查抄，编辑部在此期一页空白纸上写下“此页被上海法捕房没收去了”一行字，向社会抗议帝国主义走狗的罪

① 陈绍康编著：《上海共产主义小组》，知识出版社 1988 年版，第 13 页。

行；1921年初改版后的《新青年》月刊出版，第8卷第6号“排印将完的时候，所有稿件尽被辣手抓去”（见第9卷第1号“编辑室杂记”）；1921年为筹备五一劳动节活动，在渔阳里6号几次开会的情况，也都被公董局《警务日报》记下。但他们的威胁与压迫，并没有吓倒上海共产党早期组织成员，也没有能够中断早期组织成员的建党活动。① 青年团就是在这样的处境下创建起来的。

五四运动使中国青年受到空前的革命洗礼，在黑暗中看到了一线黎明的曙光。一些思想激进的青年，在革命认识上起了变化，“在俄国革命影响下，人们开始意识到：要拯救中国人民，就必须注意劳苦大众的生活；在中国不能像现在这样让军阀官僚和国会掌权，而应由劳动人民掌权”②。这一时期，先进的知识分子以各种形式组织进步社团，出版进步报刊，传播马克思列宁主义，积极探索救国救民的道路。激进青年们认为：“在青年之间开展活动是刻不容缓的最重要的任务之一。”③创办于上海的《新青年》《星期评论》以及《民国日报》副刊《觉悟》等进步刊物在五四运动期间经常答复各地青年的问题，向有志青年指明革命道路。

在上海共产党早期组织的领导下，“第一个青年团建于上海，其原则是准备社会革命”④。团址设于上海法租界霞飞路渔阳里6号的石库门住宅里，社会主义青年团和外国语学社都在此地开展教学和革命活动。社会主义青年团的发起人或担任外国语学社的教师，或在外国语学社学习；外国语学社的教员和学员，或是社会主义青年团的组织者，或是团员。比如俞秀松既是社会主义青年团的书记，也担任外国语学社的秘书；杨明斋既是社会主义青年团的组织者，也是外国语学社的校长兼俄语教员。亲历者陈

---

① 陈绍康编著：《上海共产主义小组》，知识出版社1988年版，第14页。

② 陈绍康编著：《上海共产主义小组》，知识出版社1988年版，第31—32页。

③ 《青运史资料与研究》第1辑，中国社会科学院青少年研究所青运史研究室1982年版，第46页。

④ 《中国社会主义青年团代表在青年共产国际第二次代表大会上的报告》，原载《远东人民》1921年第4期，译载《青运史研究》1984年第3期。

望道说，社会主义青年团的成立，带有培训班的性质。五四运动后，青年要求进步、要求找出路的心很迫切，很需要有人指点。①

青年团的“八个发起人”，都是当时一些进步知识青年，党通过他们出面组织青年团。实际上，上海共产党早期组织以公开办学的形式来掩护青年团的革命活动，同时，借助外国语学社加强对革命青年的教育和培养。

《青年共产国际纲领》明确提出了青年组织的基本任务，是培养自觉的无产阶级战士、共产主义社会未来的建设者。共产主义的意识和战斗力，除了参加政治斗争以外，还要依靠社会主义理论教育才能获得。② 共产主义青年团的作用就是团结青年，对他们进行共产主义教育，把他们引向共产主义革命战士的行列。共产主义青年组织要竭尽全力促进自己组织的“年轻化”，这个过程是通过把年长成员迅速输送到共产党内的群众运动来体现的。③

青年团的创建者们对青年组织的任务和作用了然于胸，并按照《青年共产国际纲领》有条不紊地进行。在上海共产党早期组织的领导下，首先在外国语学社的学生中开展建团工作，发展了团员 20 余人。当时，上海的团员(包括外国语学社中的团员)有：李启汉、李中、叶天底、罗觉(罗亦农)、王一飞、谢文锦、金家凤、吴溶沧、袁达时、刘少奇、任弼时、肖劲光、任作民、胡士廉、任岳、陈启沃、周昭秋、彭述之、许之桢、傅大庆、柯庆施、华林、严信民、雷晋笙、陈为人、吴芳、魏以新、梁柏台、卜士奇、蒋光慈、吴葆萼、韦素园、曹靖华等。④ 外国语学社的学员，也是青年团团员的魏以新还记得，开团的会议，“有时陈独秀和杨明斋也来

① 《青运史资料与研究》第 1 辑，中国社会科学院青少年研究所青运史研究室 1982 年版，第 137 页。

② 《青运史资料与研究》第 1 辑，中国社会科学院青少年研究所青运史研究室 1982 年版，第 55 页。

③ 《青运史资料与研究》第 1 辑，中国社会科学院青少年研究所青运史研究室 1982 年版，第 60—61 页。

④ 陈绍康编著：《上海共产主义小组》，知识出版社 1988 年版，第 32 页。

参加”①。

为了帮助团员提高政治觉悟和学习马列主义，上海社会主义青年团每周有一次政治报告会，内容多半由党组织决定，常由俞秀松主讲。有时，星期天举办报告会，邀请陈独秀、沈玄庐、李达等去演讲。一些团员还参加了上海共产党早期组织的活动：如李中帮助陈独秀组织上海机器工会；李启汉主持工人半日学校，并同由他介绍入团的雷晋笙一起从事工人教育；团员袁达时、陈为人，还为《劳动界》周刊撰文；团员许之桢等参加五一劳动节运送和散发传单的活动。② 这些活动很好地锻炼了外国语学社的学员，也扩大了团的影响。

俞秀松作为上海社会主义青年团书记，同时，还担任外国语学社的秘书，做了大量卓有成效的工作，由于出色的表现被委任为出席少共国际第二次代表大会的正式代表。他于1921年3月29日动身，经长途跋涉，至4月中抵达莫斯科，一方面为接洽外国语学社派送的一批革命青年赴苏学习的事宜，并进行参观学习，以弥补自己的“知识慌”，另一方面，也为参加同年7月召开的少共国际二大做准备。他在出席这次会议前后进莫斯科东方大学学习。据早年赴俄的秦抱朴在《赤俄游记》中提及：他在1921年8月5日到莫斯科第二天，“当晚即到秀松与陈为人那里去谈话，他们俩是我最好的朋友，此次他俩代表中国社会主义青年团，加入青年共产国际大会”③。

为共产国际第二次大会起草的“共产国际关于青年运动的议题”中明确指出，要“援助各国青年同盟，在没有青年同盟的国家建立青年同盟，在国际上宣传共产主义和青年运动的思想”④。中国社会主义青年团的加入为

① 《青运史资料与研究》第1辑，中国社会科学院青少年研究所青运史研究室1982年版，第146页。

② 陈绍康编著：《上海共产主义小组》，知识出版社1988年版，第33页。

③ 抱朴：《赤俄游记》，书林书局2015年版，第21页。

④ 《青运史资料与研究》第1辑，中国社会科学院青少年研究所青运史研究室1982年版，第51页。

青年共产国际注入了新的活力，正如《共产国际执行委员会就创立青年共产国际致青年共产国际和全世界青年无产者书》中所写的那样：“一支新的年轻而活泼的队伍加入了我们的行列。共产国际将青年共产国际编入自己的队伍中。这件事给予我们胜利完成我们大事业以信心。”①

1921 年，中国社会主义青年团代表在青年共产国际第二次代表大会的报告中提道：上海社会主义青年团于 1920 年 8 月 22 日正式定名成立之前，“起初这个团叫青年社会革命党，只是在第九次会议之后才改变了团的名称”②。陈独秀曾用“社会党”名称，上海的青年团也曾叫过“青年社会革命党”，但这些都只是发生在 8 月或 8 月之前的一种暂时称呼。

上海社会主义青年团发起不久，北京、广州、长沙、武昌等地，也发起了同样的团体，这宣告了社会主义青年团的成立。张太雷起初在团内担负很大责（1920 年以后，青年团的工作主要是俞秀松和他二人搞的），可是他在 1920 年底或 1921 年初去莫斯科参加少共国际的代表大会了，在国外停留了很久。这件事对青年团的“无形停顿”起很大影响。③

1921 年 11 月，中国社会主义青年团正式恢复，并成立了临时中央局，确定中国社会主义青年团为信奉马克思主义的团体。从恢复起到 1922 年第一次全国代表大会前，全国成立了 17 处地方团，即上海、北京、南京、天津、保定、唐山、塘沽、武昌、长沙、杭州、安庆、广州、潮州、梧州、佛山、新会、肇庆。团员达 5000 余人，大多数为工人，其次为学生。④ 这就为团的一大召开，创造了条件。⑤

① 《青运史资料与研究》第 1 辑，中国社会科学院青少年研究所青运史研究室 1982 年版，第 48 页。

② 《中国社会主义青年团代表在青年共产国际第二次代表大会上的报告》，原载《远东人民》1921 年第 4 期，译载《青运史研究》1984 年第 3 期。

③ 《青运史资料与研究》第 1 辑，中国社会科学院青少年研究所青运史研究室 1982 年版，第 139—140 页。

④ 赵朴：《青年团的组织史资料》，《青运史资料与研究》第 1 辑，中国社会科学院青少年研究所青运史研究室，1982 年版，第 37 页。

⑤ 《上海青运史资料》第 3 辑，共青团上海市委青运史研究室 1984 年版，第 93 页。

达林是最早来华的少共国际代表。1922 年 3 月，达林抵达上海，住在公共租界的一个高尔察克军医家里。到沪后，立即会见了中共领导人和筹备社会主义青年团全国代表大会组织处成员陈独秀、张太雷、瞿秋白、刘仁静等 7 人，商讨了有关召开团的一大事宜，确定张太雷(代表青年团)、瞿秋白(代表中共)、达林(代表少共国际)3 人负责草拟团的纲领、章程，筹划大会一切准备工作。①

1922 年 1 月，负责旅日中国共产主义小组的施存统回到上海。不久，被中央局书记陈独秀指派负责团临时中央局，全力以赴进行团的组织整顿、发展工作，筹备团的一大，同时兼顾上海地方团的工作。

同年 5 月 5 日，中国社会主义青年团第一次代表大会在广州举行。曾任外国语学社秘书的俞秀松、外国语学社发起人之一的金家凤等青年团员出席了这次会议，方国昌(施存统)当选为全国社会主义青年团的书记。

施存统做团的工作，到 1923 年，团的二大后止，他因身体原因辞去团中央的工作；俞秀松做团的工作，到 1924 年任青年团杭州地委后补委员时止。两人做团的工作在时间上虽有不同，但就做团的工作高度责任、对团的贡献、热爱青年成为青年良师益友而言，则并无差别。这是两人在早期青年运动有重要的历史地位与榜样作用最显著的特点。②

中国社会主义青年团第一次全国代表大会的胜利召开和加入少共国际，无疑是中国青年运动和团史上的大事。中国社会主义青年团的诞生，是中国革命运动和青年团运动发展的必然产物，特别值得一提的是，外国语学社为中国社会主义青年团的创建和发展，培养了大批青年团员，这些团员为中国青运做出了重要贡献。

二、外国语学社在中国工运史中的地位

上海是中国工人运动的摇篮，外国语学社所在的渔阳里街区是工会组

① 《上海青运史资料》第 3 辑，共青团上海市委青运史研究室 1984 年版，第 94 页。

② 陈绍康：《俞秀松、施存统在建团中的地位与作用》，《中国青年研究》1992 年第 3 期。

织的发祥地，外国语学社则是中国成立最早的工会组织的发起地，为工人运动培养了大批卓越的领导者，极大地推动了中国工运史的发展。

自 1840 年以来，列强对中国入侵的同时，他们的对立面——工人阶级随之壮大。资本主义列强最早在沿海沿江的通商口岸兴办企业，中国最早的产业工人就来自这里。开埠前的上海在中国城市中排名仅 12 位，人口 20 多万，而到 20 世纪 20 年代，上海人口已达 229 万，一跃成为世界第六大都市、中国第一大城市。上海是中国第一商埠，工厂最多，劳动者之数，不下 50 万人。① 据当时上海劳动状况的调查，全国工人发展到 194. 6 万人，其中上海有近 51. 38 万人，占全国工人总数四分之一强。②《近代上海城市研究(1840—1949 年)》一书也列出了具体数据，"1920 年上海有工人 514068 人，占全国工人总数 26. 4%"③。

在 20 世纪 20 年代初期，从事工业生产的青年工人约占中国工人总数的四分之一。1922 年，中国代表在远东革命青年第一次代表大会上的报告中指出，在 200 万中国工业工人中，有 26 万 18 岁至 25 岁的青年工人，而青年工人的总数为 50 万，占中国工业无产者总数的 25%。后几年青年在无产阶级中的比重一直上升。④

有了新的工人阶级的发展必然会产生工人的罢工运动。1914 年以前的罢工，多数是失败的，并未引起各阶级的注意。自 1914 年起，工人罢工主要集中在香港、上海、广州、安源等地，规模有大有小，有胜利，也有失败。据日本的统计：

一九二〇—一九二一年罢工共四十七次，参加人数共七万六千，

---

① 《上海劳动界的趋势》，《共产党》第 6 号，1921 年 7 月 7 日。

② 《上海劳动状况》，《新青年》1920 年第 7 卷第 6 号。

③ 张仲礼主编：《近代上海城市研究(1840—1949 年)》，上海文艺出版社 2008 年版，第 557 页。

④ 《青运史资料与研究》第 3 辑，中国社会科学院青少年研究所青运史研究室 1983 年版，第 298 页。

到一九二一——一九二二年，罢工共三十七次，参加人数共四万四千人，但这些罢工是自动的、普遍的。而在此自动罢工期中，工人阶级已形成工人初步的组织，一九一九年广东有二十六个工会，到一九二二年香港机器工人罢工胜利之后，使南部工人尤其是广州工人受了很大的刺激，由二十六个工会增加到一百个工会了，但不过是幼稚的职业组合罢了。

上海的码头工人和日本纱厂工人是参加了的（罢工），他们是做个政治罢工为反日帝国主义的，是正式参加了反帝国主义运动的，不过此时参加因为没有自己的党的领导和指（导），所以不像现时“五卅”运动的有意义、有力量。工人此次的参加是一时的爱国热忱而罢工的。他们一方面恨激压迫侵略；〔一〕方面又被学生、政客利用而被动地参加了，政客的青红帮或一小部分工人首领接近而造成的，故在客观上这个罢工是有意义的，但在主观上是无产阶级的意识和政党的指导。①

上海是产业工人集中的地区之一，但开展工人运动并不容易。工人生活苦、工时长、文化程度低，形形色色招牌的工会向工人进行欺骗宣传，封建帮会势力控制着工人。工人没有受教育的财力与权利，封建迷信的“天命论”也时刻影响着他们，总以为“做工是天生命苦”，不了解受苦的根源在于阶级剥削和不合理的社会制度。早期共产主义者从事劳工运动，为工人说话，向工人灌输革命道理，就必须用通俗易懂的语言，结合工人生活与工人斗争的事例，深入浅出地宣传马克思主义。② 在上海创办的《劳动界》，在北京创办的《劳动音》，在广州创办的《劳动者》都是向工人进行革命教育的政治读物。

上海共产党早期组织的领导人陈独秀，外国语学社教授法文的李汉俊、教授日文的李达等纷纷在《劳动界》撰文，唤醒工人的觉悟。李汉俊在

---

① 中央档案馆编：《中共党史报告选编》，中共中央党校出版社 1982 年版，第 4—6 页。

② 陈绍康编著：《上海共产主义小组》，知识出版社 1988 年版，第 24 页。

《金钱与劳动》一文中写道："因为我们工人农夫，不晓〈得〉钱是代表劳力的东西。不晓得做了几多工就要几多钱。使做东家、有钱的人，把我们劳力做出来的钱拿去了，来压制我们的缘故。"①李达在《劳动者与社会主义》中指出："劳动者要怎样才能不饿死不冻死呢？……最大的根本解决方法，就是社会主义。"②陈独秀在《真的工人团体》中大声疾呼，"觉悟的工人呵！赶快另外自己联合起来，组织真的工人团体呵！"③

《劳动界》的宣传工作，在革命青年中引起强烈的反响。上海电灯厂工人陈文焕写信给陈独秀，说他买了几份《劳动界》，"送给我们同伴的工人，我们的同伴工人多喜欢你们所办的《劳动界》"④。后来担任外国语学社秘书的俞秀松在1920年4月的一封家书中表示，"决定去进工厂，但那(哪)种工厂还没有定，大约先去进机器工厂"⑤。俞秀松是说到做到的实干家，他果真去了厚生铁厂做工，并给工人讲课。他所在工厂的一些工人受他启发，后来成为上海机器工会会员。《俞秀松传》一书中讲：

> 俞秀松是中国先进知识分子中自觉、主动地到工厂当工人，走与工人相结合道路的先行者。1920年3月，俞秀松从北京来到上海参加《星期评论》社工作后不久，就打破知识阶级的观念，改名换服到上海厚生铁厂做工。他一边在工厂参加劳动，一边进行组织与推动工人运动的实践。⑥

在陈独秀和杨明斋等上海共产党早期组织成员的指导下，最先组织起来的是上海机器工会，该会的发起人是江南造船厂的锻工李中和杨树浦电

① 汉俊：《金钱与劳动》，《劳动界》第2册，1920年8月22日。
② 立达：《劳动者与社会主义》，《劳动界》第16册，1920年11月28日。
③ 独秀：《真的工人团体》，《劳动界》第2册，1920年8月22日。
④ 《通信》，《劳动界》第5册，1920年9月12日。
⑤ 上海市中共党史学会编：《俞秀松文集》，中共党史出版社2012年版，第55页。
⑥ 《俞秀松传》编委会编：《俞秀松传》，浙江人民出版社2012年版，第77—78页。

灯厂的钳工陈文焕。其中，李中是外国语学社的学员。社会主义青年团成立后，李中被发展为团员并在陈独秀、杨明斋等人的指导下酝酿成立工会组织。毛泽东在1920年的一封信中提道："李君声澥以一师学生在江南造船厂打铁，……他现寓上海法租界渔阳里2号，帮助陈仲甫先生等组织机器工会。"①

1920年10月，在霞飞路渔阳里6号召开了上海机器工会发起会。《民国日报》上写道：

> 10月3日下午5时至7时，上海机器工会，在霞飞路渔阳里6号外国语学社开发起会，各工厂所到发起人共80名外，有参观者6人。当由筹备会书记李中为临时主席，报告一切。吾们办的是机器工会，则机器工人以外的工人，当然不便加入。今天承陈独秀、杨明斋、李汉俊、李启汉、王平、吴溶沧诸先生惠然来会。吾敬代表发起同志表绝大之欢迎，并欢迎为名誉会员。②

到会的有江南造船厂、杨树浦电灯厂、厚生铁厂、恒丰纱厂等80余工人代表。李中任会议临时主席，在会上宣布了机器工会的宗旨，"谋本会会员底利益，除本会会员底痛苦"。为实现该会宗旨明确提出了"五个不要"："第一不要变为资本利用的工会；第二不要变为同乡观念的工会；第三不要变为政客和流氓把弄的工会；第四不要变为不纯粹的工会；第五不要变为只挂招牌的工会。"③陈独秀、杨明斋等人以嘉宾的身份出席了会议。杨明斋在会上发表了热情洋溢的演说，"大意说：我们为甚么要组织机器工会，无非为减轻自己底苦痛救济自己底生活。现在这个时代的生活，都拉到资本家手里去了。所以我们劳工的生活，也就在资本家手里拿着了。

① 《毛泽东给罗荣熙》，《新民学会资料》，人民出版社1980年版，第72页。
② 《本埠机器工会开会记》，上海《民国日报》，1920年10月6日。
③ 《上海机器工会开发起会纪略》，《劳动界》第9册，1920年10月10日。

换句话说，就是资本家打了无数的铁锁，把我们锁住了”①。他运用所掌握的马列主义理论知识向工人讲述了受剥削的真正原因。陈独秀则鼓励工会会员：“我听说有七八十个机器工人，发起这个上海机器工会，算得是一个很好的事。我希望这个工会到了明年今天，就有几千或几万的会员，建设一个大力量的工会。”②会上陈独秀、杨明斋、李汉俊、李启汉、王平、吴溶沧 6 人，被选为名誉会员。③

在上海共产党早期组织的帮助下，上海机器工会于 11 月 21 日在白克路(今凤阳路)上海公学正式成立。前来参加成立大会的嘉宾有近千人，孙中山、陈独秀、杨明斋等都到会祝贺。世界工人联合会工人执行部总干事罗卜郎，曾于当年 12 月致电上海机器工会，“希望你们的成功”④。这是中国工人自己创办的工会首次得到国际工人组织的支持和鼓励。

上海机器工会成为中国共产党领导下的第一个产业工人的新型工会组织，在我国工运史上具有重要地位。机器工会在渔阳里 6 号刚开过发起会，淞沪护军使何丰林就电告北洋军阀政府，称“社会党陈独秀来沪，勾结俄党与刘鹤林在租界组织机器工会。并刊发杂志，鼓吹社会主义，已饬军警严禁”⑤。对此，机器工会理事会开会做出决议予以驳斥。

此后，在上海共产党早期组织的关怀和领导下，上海印刷、纺织等工会组织相继成立。为更好地开展工作，机器工会和印刷工会还分别创办了他们的期刊《机器工人》《友世画报》。《共产党》月刊发表评论，认为这两个工会“办理得有精神有色彩”⑥。这说明党的早期组织高度重视工会在引导和推动工人运动中的作用。葛萨廖夫也提道：“最先组织成功的是机器

---

① 《上海机器工会开发起会纪略》，《劳动界》第 9 册，1920 年 10 月 10 日。
② 《上海机器工会开发起会纪略》，《劳动界》第 9 册，1920 年 10 月 10 日。
③ 《本埠机器工会开会记》，《民国日报》，1920 年 10 月 6 日。
④ 《美国 I. W. W 致上海机器工会书》，《劳动界》第 24 册，1921 年 1 月 23 日。
⑤ 《专电二》，《申报》，1920 年 10 月 16 日。
⑥ 《上海劳动界的趋势》，《共产党》第 6 号，1921 年 7 月 7 日。

工会，接着是印刷工会和纺织工会。”①据斯穆尔吉斯1921年底所见，这个工会（印刷工会）在最近两年中成立过两次，而现在又在准备第三次成立。而纺织工会会员极少，组织相当薄弱。②

上海共产党早期组织为了教育、争取工人，曾写信给工商友谊会的一些人，要他们到渔阳里6号外国语学社开会，以便面商关于店员周刊的事。经过商议，以新青年社名义代该会编辑店员周刊——《上海伙友》，在上海共产党早期组织的帮助下，1920年10月10日《上海伙友》出版。陈独秀为这一期刊创刊写了发刊词，他写道：“凡被雇的月薪劳动者都属于劳动阶级，所以商店里的伙友可以合（和）工厂矿山劳动者及交通劳动者成一个大团体，……是阶级战争底三大军团。”③可以说，《上海伙友》的创刊风格带有明显的红色印痕，倾向于宣传马克思主义。

1920年11月21日，《上海伙友》第7期刊登了特别启事：

仲渊、慕痴、颜启烈、邱伯年，和工商友谊会诸先生：

诸位来信都收到了，请于下星期三（即二十九号）午前九时枉驾法租界宝昌路渔阳里六号外国语学社，开一会议，以便面商关于《店员周刊》的一切进行的事。我们对于诸位来信未及一一作覆，附此道歉。

秀松、汉俊、独秀同白④

这是上海共产党早期组织主要成员陈独秀、李汉俊、俞秀松邀请颜启烈等人到外国语学社所在地协商创办杂志的事情。

由于这份刊物中的主办者工商友谊会成分比较复杂，不仅包括工人店

① ［苏］葛萨廖夫：《中国共产党的初期革命活动》，《党史资料》1953年第7期。
② ［苏］斯穆尔吉斯：《中国及其工人运动》，莫斯科1922年版，第39页。
③ 陈绍康编著：《上海共产主义小组》，知识出版社1988年版，第22页。
④ 《劳动界》第7册，1920年9月26日。

员，也包括一些中小资本家。不同倾向的团体的客观存在，必然体现在刊物思想上的调和。因此，在宣传无产阶级思想方面，《上海伙友》不如《劳动界》来得深刻和彻底。工商友谊会主持人童理璋等担心店员工人的觉醒，从第 8 期起，该会接办《上海伙友》，新青年社也就与他们脱离了关系。但前几期的《上海伙友》在团结和教育店员方面起到了很好的推动作用。

为推动上海工人运动的开展，1921 年 1 月上海共产党早期组织成立了职工运动委员会，具体由外国语学社秘书俞秀松和学员李启汉负责。职工运动委员会支持工人罢工斗争，《民国日报》《共产党》月刊等经常刊登上海工人罢工的报道。李汉俊以“汉俊”的笔名，在《民国日报》发表社论，替工人发声，驳斥诽谤工人的论调。他批评了那种认为“工人没有智识”的谬论，高度赞扬工人罢工的壮举，他写道：“这回工人居然一致团结起来了……我们对于中国社会之运动，所以有莫大希望也是在这里。”①罢工取得胜利后，李汉俊发表评论文章，“罢了三四天的工，一个落伍的也没有”，“工人这样成功，虽然是由于该公司和巴黎总公司处置得宜，也是因为罢工同人齐心、稳静之所致”②。陈独秀发表《告上海工人》，号召工人要加强团结，“政客学究大腹贾们既然都看不起工人，工人们便着实看得起工人们自己才好。别人看不起工人还不打紧，工人们看不起工人自己，那才是死路一条呵。工人们要看得起自己，便须大大的觉悟起来，大大的团结起来，大大的显出工人的威力来”③。

《共产党》月刊第 6 号，有文章写道：“最大的罢工就是春间电车工人同盟罢工，不过两三天工夫就把那些资本家吓得手慌脚乱，逼得他们不得(不)承认劳动者的要求条件。”文章认为罢工“是工人觉悟的起点”，1921 年上海劳动界“罢工的呼声，差不(多)天天都可以听见”④。上海共产党早期组织不仅支持中外企业工人的罢工，而且对店员工人向资方提出的正当

① 汉俊：《我对于罢工问题的感想》，《民国日报》，1921 年 3 月 5 日。

② 汉俊：《法租界电车罢工给我们的教训》，《民国日报》副刊《觉悟》，1921 年 3 月 8 日。

③ 只眼：《告上海工人(摘录)》，《劳动周刊》第 12 号，1921 年 11 月 5 日。

④ 《上海劳动界的趋势》，《共产党》第 6 号，1921 年 7 月 7 日。

要求也给予支持。1921 年 6 月，李汉俊在《平民》周刊发表《读永安公司(非股东)全体职员启事》，揭露永安公司资本家不分红利苛待店员的事件。他用马克思主义经济学说的观点，指出，无论什么事业，只有资本没有劳动是不会成立的，资本和劳动之间是没有轻重的，劝告资本家采纳伙友的要求，仿照先施公司的办法，对于伙友也分派红利并大声疾呼支持店员工人的合理要求。

组织工人集会，是教育和联络工人的一种好形式。上海共产党早期组织于 1921 年 4 月 17 日在外国语学社所在地，邀请工界商讨五一劳动节工人集会事宜，定名“纪念劳动节筹备委员会”，外国语学社教员陈望道、外国语学社学员李启汉等出席会议。这是上海共产党早期组织第一次组织工人集会庆祝自己的节目。筹备会向上海各报馆、学校、商会等机关团体发出庆祝五一的通知，决定 5 月 1 日全市工人停工，在上海公共体育场举行纪念大会。《民国日报》是这样报道的：

> 本届五一纪念，表面颇为冷淡。闻工人方面原拟于是日上午散发传单，下午由数处工厂之工人，集合某处再出发游行。乃是日上午散发传单时，闻为各巡捕房捕去数人，而该会曾假开会之渔阳里 6 号，亦为法捕房派探前往。①

法租界公董局《警务日报》4 月内有 4 次记载密探窥测会议的报告，多次提到“李启汉主持会议”②。法租界巡捕房为破坏“五一”节纪念活动，于 4 月 29 日搜查渔阳里 6 号，禁止人们集会和游行。原定 5 月 1 日召开庆祝大会的计划未能实行。但在 5 月 1 日当天，李启汉等和少数群众仍然走上街头，在沪西、闸北散发传单，动员工人组织起来，开展斗争。

维经斯基特别选在俄国十月革命胜利三周年之时，在《劳动界》周刊刊

---

① 《1921 年“劳动纪念日之上海”》，《民国日报》，1921 年 5 月 3 日。

② 《警务日报》(1920—1924)，韩罗以、吴贵芳编译，中共一大会址纪念馆保存。

发文章，号召中国的劳工农民要脱离中外资本的压制，免除军阀的痛苦，解放官吏所强加的负担，就应该互相联络起来一齐做俄国劳工农民所做的事，并呼吁，“劳工农民快觉悟罢！快着手解放自己罢！有勇敢有精神的俄国劳工农民啊！你们今天庆祝第三年年幼的劳工农民议会共和国了！我们这软弱的劳工农民还尚在水火中呵！”①他提出中国的劳工农民要向俄国劳工农民看齐，因为俄国劳工农民创造了解放劳工农民受苦的现行制度，立下了拯救贫人的法则。

为加强对工人运动的统一领导，中央局于1921年8月11日在上海成立了中国劳动组合书记部，这是党领导工人运动的第一个公开机构。

据驻赤塔赤色职工国际代表斯穆尔吉斯的信件记载：

> 共产主义者的代表大会在结束时选出了由四个人组成的中国共产党中央(临时)委员会。中国劳动组合书记部的总部主任就是其中之一。除了上面提到的总部主任外，中国劳动组合书记部还有六位同志(共七人)。这后几人，一个是工人，一个是在工厂做工的大学生，其余都是知识分子。中国劳动组合书记部是在今年八月十一日建立的，并在八月十六日对中国工人发表了关于自己的组织、目的等等的特别宣言，这个宣言刊登在中国劳动组合书记部机关刊物《劳动者》的创刊号上。由于中国劳动组合书记部是由中国共产党中央委员会的一名委员主持，所以党完全结合了自己的工作和领导了书记部。②

考虑到要加强和联络工作，中国劳动组合书记部于8月20日，出版机关刊物《劳动周刊》，编辑中包括了多位曾在外国语学社学习过的工作人员，“写稿最多的是李震瀛、李启汉、董锄平等，同时发表了不少工人读

---

① 吴廷康：《中国劳动者与劳农议会的俄国》，《劳动界》第13册，1920年11月7日。

② 中共中央党史研究室、中央档案馆编：《中国共产党第一次全国代表大会档案文献选编》，中共党史出版社2015年版，第33—34页。

者的稿件”①。《劳动周刊》是劳动组合书记部与全国工人团体开展联系，对工人进行宣传教育的重要阵地。

外国语学社作为上海共产党早期组织公开的革命活动场所，积极支持本社学员创建工会组织、开办工人夜校、组织工人集会等一系列革命工作，成为中国工会组织的摇篮和发源地，卓有成效的革命活动，促进了马克思主义和工人运动的结合，为以后开展工人运动积累了宝贵经验，在中国工运史上具有重要地位。

三、外国语学社在中共创建史中的地位

中国共产党的创建是一个历史过程。最早酝酿在中国建立共产党的是陈独秀和李大钊。李大钊是最早在中国传播马克思主义的先驱，陈独秀则最早在上海开始了中国共产党创建的实际活动。② 其集中的活动范围就在上海法租界渔阳里街区，公开的活动多安排在外国语学社所在地。

葛萨廖夫在《中国共产党的成立》中写道，1920 年年初，陈独秀在上海集合了少数几个人开展建党活动。在那时极端反动的情况之下，他们曾经用不同的方法去吸收年轻的革命者，他们在上海成立“外国语学校”，聚集了优秀的革命者，准备把他们分配在国内工作或以后派到莫斯科东方劳动者共产主义大学去学习。③

外国语学社是在上海共产党早期组织直接领导下创办起来的，其目的是让各地来沪青年有一个较安定的学习环境，学习革命理论知识和外国语（主要是俄语），然后挑选其中的优秀分子到十月革命的发生地俄国去，进一步系统学习马列主义学说，为中国的革命输送干部。学社既能给上海共

---

① 贺世友：《劳动周刊》，《党史资料丛刊》第 2 辑，上海人民出版社 1982 年版，第 176 页。

② 中共上海市委党史研究室：《1921—1933：中共中央在上海》，中共党史出版社 2006 年版，第 11 页。

③ ［苏］葛萨廖夫：《中国共产党的成立》，《“一大”前后：中国共产党第一次代表大会前后资料选编》（一），人民出版社 1980 年版，第 437 页。

产党早期组织的活动起一种掩护作用，又能让学员不仅懂理论懂外语，还能懂得怎样做革命工作。①

在中国共产党创建的整个过程中，都留下了外国语学社师生的身影。1920 年 5 月，陈独秀邀请邵力子、张东荪、李汉俊、戴季陶、沈玄庐、陈望道、施存统等人商讨成立“马克思主义研究会”。陈望道说 1920 年到上海后，他住在法租界三益里星期评论所在处，邵力子也在这里。“大家住得很近(都在法租界)，经常在一起，反复谈，越谈越觉得有组织中国共产党的必要，便组织了‘马克思主义研究会’……参加者有陈独秀、沈雁冰、李达、李汉俊、陈望道、邵力子等”②。上海的马克思主义研究会是中国出现最早的马克思主义革命团体之一，在这一团体的成员中，李汉俊、李达、陈望道、沈雁冰等早期革命者都是外国语学社的教员。

上海的马克思主义研究会成立后不久，以维经斯基为代表的共产国际代表团来华帮助开展建党工作，随团来华的翻译杨明斋，就是负责创办外国语学社的校长。据施存统回忆：陈独秀、俞秀松、李汉俊、施存统、陈公培五人，开会成立共产党，选举陈独秀为书记。并由上述五人起草党纲。③ 在这五人的名单中，俞秀松后来成为外国语学社的秘书，李汉俊担任外国语学社的法语教员。

维经斯基在上海给俄共(布)中央远东局海参崴分局的一份工作汇报中提到，他们在上海主要从事的工作是把中国各革命团体联合起来组成一个中心组织，“益群书店”(指新青年社)可以作为一个核心把这些革命团体团结起来，在上海有一位有很高威望和影响的教授(指陈独秀)，已写信给其他城市的革命团体，以便确定会议的议题以及会议的召开时间和地点。这

① 朱政：《外国语学社学员与世界语学者斯托比尼》，《上海革命史资料与研究》第 1 辑，开明出版社 1992 年版，第 179 页。

② 陈望道：《回忆党成立时期的一些情况》，《“一大”前后：中国共产党第一次代表大会前后资料选编》(二)，人民出版社 1980 年版，第 20 页。

③ 施存统：《中国共产党成立时期的几个问题》，《“一大”前后：中国共产党第一次代表大会前后资料选编》(二)，人民出版社 1980 年版，第 34 页。

次会议可能安排在 7 月举行。他们不仅要参加会议筹备工作，制定日程和决议，而且还要参加会议。① 时隔不久，维经斯基在上海召开“最积极的中国同志”会议，陈独秀、李达、李汉俊、沈玄庐等出席了会议，并在会上坚决主张建立中国共产党。这次会议为不久成立共产党早期组织奠定了基础。

上海共产党早期组织是中国第一个共产党组织，其成员主要是马克思主义研究会的骨干分子，他们是陈独秀、李汉俊、沈玄庐、陈望道、俞秀松、施存统(时在日本)、杨明斋、李达。此外，其成员还包括邵力子、沈雁冰、李启汉、林祖涵、李中、沈泽民、周佛海、袁振英、李季等。在上海共产党早期组织的成员中，有后来成为外国语学社管理人员的杨明斋、俞秀松；教务人员的李达、李汉俊、陈望道、沈雁冰；学员有李启汉、李中、袁振英等。

创办于 1920 年 9 月的外国语学社，由上海共产党早期组织成员杨明斋任校长，学社教师多是上海共产党早期组织成员。此外，还有来中国帮助建党的共产国际代表维经斯基的夫人库兹涅佐娃以及王元龄等。外国语学社培养了一批杰出的工会组织的领导者，李启汉、李中就是其中最杰出的代表。

当时在北京进行更具体的活动难度很大。经过了一段时间，北京共产党早期组织才在京汉路上的长辛店建立起工人夜校。开展这个工作遇到很大困难，特别是由于这里工人的思想比上海工人的思想要落后。从印刷各种鼓动性的刊物，出版报纸和开办学校来看，北京共产党早期组织的工作即使不在上海共产党早期组织的直接指导下，也是在它的建议之下进行的。当时，上海共产党早期组织为建立全国性质的共产党打下了坚实的基础。不论怎样，在 1920 年下半年开始的时候已经有了两个中国共产党早期

---

① 中共中央党史研究室第一研究部编译:《联共(布)、共产国际与中国国民革命运动》第 1 卷(1920—1925)，中共党史出版社 2020 年版，第 25 页。

组织，一个在上海，一个在北京。[①] 其后广州共产党早期组织成立。上海、北京、广州差不多包括了全中国各个方面的三个中心：上海是全中国的工商业和经济中心，北京主要是政治和大学校的中心，广州长期以来是中国革命运动的中心。中国共产党的创建自然要从这些地方开始。其后不久，湖北、湖南、山东各省也成立了党的早期组织。

随着各地早期党组织创建工作的相继完成，共产国际派来的代表维经斯基也圆满完成了自己的工作使命，在中国驻留了将近一年的时间后，于1921年春离开上海回国。接替他的是共产国际代表马林和共产国际远东书记处代表尼克尔斯基。他们在老渔阳里2号与代理书记李汉俊、李达进行了几次磋商，认为中国已具备召开会议的条件，建议尽快召开全国党的代表大会。上海共产党早期组织成员兼外国语学社教员李汉俊、李达分别写信给各地共产党早期组织、通知分派两名代表来上海出席党的全国代表大会。各地党组织接到邀请信后，积极响应上海党组织的建议，并以各自的方式选出各地的代表。正式会议在李书城和李汉俊的寓所，法租界望志路106号(今兴业路76号)举行。参会人员是来自各地共产党早期组织的13名代表，此外共产国际代表马林和尼克尔斯基也出席了会议。中共一大宣告了中国共产党正式成立。中国共产党的诞生具有伟大而深远的意义。正如毛泽东所讲："中国产生了共产党，这是开天辟地的大事变。"[②]自此，在党的领导下中国革命踏上了新征程。

外国语学社是在中国共产党创建的过程中，由上海共产党早期组织领导而创办起来的革命干部学校，为早期党组织开展建党活动提供了一个公开的场所。该校的兼职教员，比如李汉俊、李达、陈望道、杨明斋等都来自上海共产党早期组织，他们充分利用外国语学社宣传革命理论，开展建党活动。这所学校培养的大批革命青年，如李启汉、李中等学员由于革命

---

① ［苏］葛萨瘳夫：《中国共产党的成立》，《"一大"前后：中国共产党第一次代表大会前后资料选编》(一)，人民出版社1980年版，第439—440页。

② 《毛泽东选集》第4卷，人民出版社1991年版，第1514页。

斗争的需要，放弃了去苏俄留学的机会，义无反顾地投入到革命工作中，开始崭露头角，积极组织工会、开办工人夜校、宣传马克思主义。相当一部分外国语学社的学员从俄国学成回国后，立即投入到伟大的革命斗争，在党务、工运、青年、教育、军事等方面的工作岗位上担任要职，做出了重要贡献。刘少奇、罗亦农、任弼时、肖劲光、汪寿华、李启汉、柯庆施、王一飞等在外国语学社学习期间就开始加强革命斗争的锻炼，他们出色的组织才能和领导力与外国语学社的培养是分不开的。尽管外国语学社办学时间不长，但作为中国革命的红色摇篮和伟大建党精神的重要孕育地，在中国青年运动史、中国工人运动史以及中共创建史中具有重要历史地位。

参考文献

一、著作

1.《马克思恩格斯文集》第 4 卷，人民出版社 2009 年版。

2.《列宁选集》第 2 卷，人民出版社 2012 年版。

3.《列宁选集》第 4 卷，人民出版社 2012 年版。

4.《毛泽东选集》第 4 卷，人民出版社 1991 年版。

5.《孙中山选集》，人民出版社 1981 年版。

6.《陈独秀文集》第 1 卷，人民出版社 2013 年版。

7.《李大钊全集》第 3 卷，河北教育出版社 1999 年版。

8.《瞿秋白文集》第 1 卷，人民文学出版社 1985 年版。

9.《蔡和森文集》，人民出版社 1980 年版。

10.《董必武选集》，人民出版社 1985 年版。

11.《方志敏文集》，人民出版社 1985 年版。

12.《罗亦农文集》，人民出版社 2011 年版。

13.《肖劲光回忆录》，解放军出版社 1987 年版。

14.《包惠僧回忆录》，人民出版社 1983 年版。

15. 中共浙江省委党史研究室编：《俞秀松纪念文集》，当代中国出版社 1999 年版。

16. 瞿秋白：《饿乡纪程》，太白文艺出版社 1995 年版。

17.《俞秀松传》编委会编：《俞秀松传》，浙江人民出版社 2012 年版。

18. 中共中央党史研究室：《中国共产党历史》第 1 卷，中共党史出版社 2011 年版。

19. 中共中央党史研究室：《中国共产党的九十年》新民主主义革命时期，中共党史出版社、党建读物出版社 2016 年版。

20.《中国共产党简史》编写组编著：《中国共产党简史》，人民出版社、中共党史出版社 2021 年版。

21. 中央档案馆编：《中共党史报告选编》，中共中央党校出版社 1982 年版。

22. 张静如、王朝美编著：《中国共产党的创立》，河北人民出版社 1981 年版。

23. 夏东元主编：《二十世纪上海大博览》，文汇出版社 1995 年版。

24. 张静如等编：《五四以来历史人物笔名别名录》，陕西人民出版社 1986 年版。

25. 共青团上海市委员会编：《渔阳里的故事》，上海教育出版社 2004 年版。

26. 孙武霞、许俊基选编：《共产国际与中国革命资料选辑》(1919—1924)，人民出版社 1985 年版。

27. 田子渝：《李汉俊》，河北人民出版社 1997 年版。

28. 中共上海市委党史研究室：《中国共产党上海史(1920—1949)》，上海人民出版社 1999 年版。

29. 杨纪元：《李大钊研究论札》，中共中央党校出版社 1992 年版。

30. 中共上海市委党史研究室：《1921—1933：中共中央在上海》，中共党史出版社 2006 年版。

31. 中共一大会址纪念馆编：《中共建党前后革命活动留日档案选编》，上海人民出版社 2018 年版。

32. 中国社会科学院现代史研究室、中国革命博物馆党史研究室选编：《"一大"前后：中国共产党第一次代表大会前后资料选编》(一)，人民出版社 1980 年版。

33. 中国社会科学院现代史研究室、中国革命博物馆党史研究室选编：《“一大”前后：中国共产党第一次代表大会前后资料选编》(二)，人民出版社 1980 年版。

34. 中国社会科学院现代史研究室、中国革命博物馆党史研究室选编：《“一大”前后：中国共产党第一次代表大会前后资料选编》(三)，人民出版社 1984 年版。

35. “从五四运动到人民共和国成立”课题组：《胡绳论“从五四运动到人民共和国成立”》，社会科学文献出版社 2001 年版。

36. 倪兴祥主编：《中国共产党创建史辞典》，上海人民出版社 2006 年版。

37. 唐宝林：《陈独秀全传》，社会科学文献出版社 2013 年版。

38. 沙健孙主编：《中国共产党通史》第 1 卷，湖南教育出版社 1995 年版。

39. 杨亮功：《早期三十年的教学生活》，传记文学出版社 1980 年版。

40. 郭沫若：《革命春秋》，人民文学出版社 1979 年版。

41.《青运史资料与研究》第 1 辑，中国社会科学院青少年研究所青运史研究室 1982 年版。

42.《青运史资料与研究》第 2 辑，中国社会科学院青少年研究所青运史研究室 1983 年版。

43.《青运史资料与研究》第 3 辑，中国社会科学院青少年研究所青运史研究室 1983 年版。

44. 中国革命博物馆党史研究室编：《党史研究资料》第 1 辑，四川人民出版社 1980 年版。

45. 中国革命博物馆党史研究室编：《党史研究资料》第 2 辑，四川人民出版社 1981 年版。

46. 中国革命博物馆党史研究室编：《党史研究资料》第 3 辑，四川人民出版社 1982 年版。

47. 中国革命博物馆、湖南省博物馆编：《新民学会资料》，人民出版社 1980 年版。

48. 李蓉：《中共一大轶事》，人民出版社 2015 年版。

49. 李蓉：《中共二大轶事》，人民出版社 2015 年版。

50. 李蓉、叶成林：《中共四大轶事》，人民出版社 2015 年版。

51.《彭述之选集》第 1 卷，香港十月书屋 1983 年版。

52. 上海革命历史博物馆(筹)编：《上海革命史资料与研究》第 1 辑，开明出版社 1992 年版。

53. 中共"一大"会址纪念馆、上海革命历史博物馆筹备处编：《上海革命史料与研究》第 2 辑，上海三联书店 2002 年版。

54. 中共"一大"会址纪念馆、上海革命历史博物馆筹备处编：《上海革命史资料与研究》第 5 辑，上海古籍出版社 2005 年版。

55. 中共"一大"会址纪念馆、上海革命历史博物馆筹备处编：《上海革命史资料与研究》第 7 辑，上海古籍出版社 2007 年版。

56. 中共"一大"会址纪念馆、上海革命历史博物馆筹备处编：《上海革命史资料与研究》第 12 辑，上海古籍出版社 2012 年版。

57. 中共"一大"会址纪念馆、上海革命历史博物馆筹备处编：《上海革命史资料与研究》第 13 辑，上海古籍出版社 2013 年版。

58. 杨云若、杨奎松：《共产国际和中国革命》，上海人民出版社 1988 年版。

59. 周文琪、褚良如编著：《共产国际和中国共产党》，中共中央党校科研办公室 1986 年版。

60.《维经斯基在中国的有关资料》，中国社会科学出版社 1982 年版。

61. 廖盖隆等主编：《中国人名大辞典 · 当代人物卷》，上海辞书出版社 1992 年版。

62. 余世诚、张升善编著：《杨明斋》，中共党史资料出版社 1988 年版。

63. 黄修荣：《共产国际与中国革命关系史》上册，中共中央党校出版社 1989 年版。

64. 黄修荣、黄黎：《共产国际与中国共产党关系探源》上卷，人民出版社 2016 年版。

65. 徐友春主编：《民国人物大辞典》，河北人民出版社 1991 年版。

66.《马林在中国的有关资料》，人民出版社 1980 年版。

67. 张国焘：《我的回忆》第 1 册，东方出版社 1998 年版。

68.《党史资料丛刊》第 1 辑，上海人民出版社 1980 年版。

69.《党史资料丛刊》第 2 辑，上海人民出版社 1982 年版。

70. 中共中央党史研究室第一研究部译：《联共（布）、共产国际与中国国民革命运动》第 1 卷（1920—1925），北京图书馆出版社 1997 年版。

71. 中共中央党史研究室第一研究部编译：《联共（布）、共产国际与中国国民革命运动》第 1 卷（1920—1925），中共党史出版社 2020 年版。

72. 中国社会主义青年团中央旧址纪念馆编：《难以忘却的思念——纪念外国语学社创办 90 周年访谈录》，中共党史出版社 2012 年版。

73. 上海通社编：《上海研究资料》，上海书店出版 1984 年版。

74. 上海市档案馆编：《上海租界志》，上海社会科学院出版社 2001 年版。

75. 苏智良主编：《城市 · 空间与中共建党》，上海教育出版社 2018 年版。

76. 张仲礼主编：《近代上海城市研究（1840—1949 年）》，上海文艺出版社 2008 年版。

77. 马长林：《上海的租界》，天津教育出版社 2009 年版。

78.《上海青运史资料》第 3 辑，共青团上海市委青运史研究室 1984 年版。

79. 中共上海市卢湾区委党史研究室编：《老话上海法租界》，上海人民出版社 1994 年版。

80. 张羽、岳凤麟编：《一束洁白的花——缅怀曹靖华》，文化艺术出版社 1988 年版。

81. 李瑊主编：《渔阳里：红色征程的起点》，上海大学出版社 2018

年版。

82.《故事会》编辑部编：《魅力瑞金》，上海锦绣文章出版社 2012 年版。

83. 田汉雄等编著：《上海石库门里弄房屋简史》，学林出版社 2018 年版。

84. 赵李娜：《上海石库门生活习俗》，中州古籍出版社 2017 年版。

85. 程乃珊：《上海 FASHION》，上海辞书出版社 2005 年版。

86. 忻平：《从上海发现历史——现代化进程中的上海人及其社会生活（1927—1937）》，上海人民出版社 1996 年版。

87. 乐基伟主编：《寻踪觅影：静安“红色之旅”撷英》，上海辞书出版社 2006 年版。

88. 陈科美主编：《上海近代教育史》，上海教育出版社 2003 年版。

89. 叶永烈：《红色的起点：中国共产党建党始末》，四川人民出版社 2016 年版。

90.《中共“一大”资料汇编》，西安师专马列主义教研室党史组、西北大学政治理论系党史教研室西北大学出版社 1979 年版。

91. 项慧芳：《上海美法租界寻旧》，人民文学出版社 2017 年版。

92. 抱朴：《赤俄游记》，书林书局 2015 年版。

93. 沈建中：《陈独秀在上海》，中共党史出版社 2018 年版。

94.《任弼时》，湖南人民出版社 1979 年版。

95. 蔡庆新：《任弼时》，中央文献出版社 1999 年版。

96. 马德俊：《蒋光慈传》，安徽人民出版社 2001 年版。

97. 上海市作家协会编：《石库门里的红色秘密——党的诞生地·上海革命遗址系列故事》，上海人民出版社 2019 年版。

98. 汪原放：《回忆亚东图书馆》，学林出版社 1988 年版。

99. 徐雪筠等译编：《上海近代社会经济发展概况（1882—1931）——海关十年报告译编》，上海社会科学院出版社 1985 年版。

100. 王绍周等编：《里弄建筑》，上海科学技术文献出版社 1987 年版。

101. 中共中央党史研究室、中央档案馆编：《中国共产党第一次全国代表大会档案文献选编》，中共党史出版社 2015 年版。

102. 陈绍康编著：《上海共产主义小组》，知识出版社 1988 年版。

103. 陈国治、钱茂竹：《绍兴名人佳话》，新华出版社 1991 年版。

104. 范小方等：《戴季陶传》，团结出版社 2006 年版。

105. 中共嘉兴市委宣传部、嘉兴市社会科学界联合会、嘉兴学院红船精神研究中心：《中国共产党早期组织及其成员研究》，中共党史出版社 2013 年版。

106.《共产主义小组和党的"一大"资料汇编》，中国人民大学中共党史系资料室 1979 年版。

107. 莫斯科中山大学中国问题研究室编：《中国革命问题》第 1 卷，莫斯科 1927 年版。

108. 葛懋春等编：《无政府主义思想资料选》下册，北京大学出版社 1984 年版。

109. 中共上海市委党史研究室、中国社会主义青年团中央机关旧址纪念馆编：《觉悟渔阳里：上海社会主义青年团创建史料选辑》，上海人民出版社 2017 年版。

110. 齐卫平等：《中国共产党创建与上海》，上海人民出版社 2016 年版。

111. 陈达：《中国劳工问题》，商务印书馆 1929 年版。

112.《上海纺织工人运动史》编写组编：《上海纺织工人运动史》，中共党史出版社 1991 年版。

113. 吕芳文：《陈为人传》，人民出版社 1997 年版。

114. 中央档案馆编：《中共中央文件选集》第 1 册，中共中央党校出版社 1989 年版。

115. 黄圣凤：《韦素园传》，安徽文艺出版社 2020 年版。

116. 李曙新、刘承萱：《任作民和他的革命一家》，中共党史出版社 1999 年版。

117. 余沈阳主编:《王一飞传略 · 文存》，中共党史资料出版社 1988 年版。

118. 李新、陈铁健主编:《伟大的开端(1919—1923)》，中国社会科学出版社 1983 年版。

119. 周尚文主编:《中国共产党创建史》，上海人民出版社 1991 年版。

120. 中共一大会址纪念馆编:《中国共产党创建史研究》，上海人民出版社 2012 年版。

121. 中共上海市委党史研究室编:《伟大的起点：中国共产党是这样创立的》，上海人民出版社 2022 年版。

122. 熊月之主编:《上海名人名事名物大观》，上海人民出版社 2005 年版。

123. 本社编:《一大回忆录》，知识出版社 1980 年版。

124. 熊月之、高俊:《中共“一大”的历史空间》，北京师范大学出版社 2013 年版。

125. 任武雄著，倪兴祥编:《党史研究文集》，上海古籍出版社 2004 年版。

126. [日]石川祯浩:《中国共产党成立史》，袁广泉译，中国社会科学出版社 2006 年版。

127. [德]郭恒钰:《俄共中国革命秘档》(1920—1925)，台湾东大图书股份有限公司 1996 年版。

128. [苏] C. A. 达林:《中国回忆录(1921—1927)》，侯均初等译，中国社会科学出版社 1981 年版。

129. [美]费正清、赖肖尔编:《中国：传统与变革》，陈仲丹等译，江苏人民出版社 1992 年版。

130. [美]卜舫济:《上海租界略史》，岑德彰译，上海大东书局 1937 年版。

131. [匈]A. A. 缪列尔:《在革命的火焰中》，伊尔库茨克 1957 年版。

132. [美]莫里斯 · 迈斯纳:《李大钊与中国马克思主义的起源》，中共北京市委党史研究室编译组译，中共党史资料出版社 1989 年版。

133. [挪威]居纳尔·菲尔塞特等：《挪威人在上海 150 年》，朱荣法译，上海译文出版社 2001 年版。

134. [美]周策纵：《“五四”运动史》，陈永明等译，世界图书出版公司 2016 年版。

135. [美]萧邦奇：《血路——革命中国中的沈定一(玄庐)传奇》，周振彪译，江苏人民出版社 1999 年版。

136. [苏]缪勒尔：《在革命的烈火中》，伊尔库茨克 1957 年俄文版。

137. [法]梅朋、傅立德：《上海法租界史》，倪静兰译，上海社会科学院出版社 2007 年版。

138. [美]埃德加·斯诺：《西行漫记》，董乐山译，外语教学与研究出版社 2005 年版。

139. [苏]斯穆尔吉斯：《中国及其工人运动》，莫斯科 1922 年版。

140. [俄]维克托·乌索夫：《苏联情报机关在中国：20 世纪 20 年代》，赖铭传重译，焦广田、冯炜初译，解放军出版社 2007 年版。

141. 中共中央党史研究室第一研究部、中共湖南省委党史研究室、中共湖南省永州市委编：《李达与中国共产党的创建和马克思主义在中国的传播》，人民出版社 2013 年版。

142. 北京晚报《江山》特刊创作团队编著：《江山：百年中国史补白·寻梦》，人民出版社 2013 年版。

143. 曹立伟等编著：《感动中国的 100 位革命先烈》，花山文艺出版社 2010 年版。

144. 陈晨：《新渔阳里六号——中国共产主义青年团的起点》，上海人民出版社 2020 年版。

145. Hans J. van de Ven, *From Friend to Comrade: The Founding of the Chinese Communist Party, 1920 - 1927* (Berkeley: University of California Press, 1991), P. 59.

146. *Dossier 120C Shanghai Intelligence Bureau Minutes of Meeting, Octo-*

ber 1920, FO 228/3214.

147. *Dispatch No. 35 Dated 4th February 1921 from the British consulate-general at Shanghai to the British Legation in Peking, forwarding the Shanghai Intelligence Report for the Three Months ending 31st December 1920*, FO 228/3291.

二、文章

1. 习近平:《在纪念李大钊同志诞辰120周年座谈会上的讲话》,《人民日报》2009年10月29日。

2. 金冲及:《从辛亥革命到中国共产党的建立》,《党的文献》2011年第4期。

3. 尹洪伊:《吾人对于民国七年之希望》,《民国日报》(社论),1918年1月1日。

4.《劳动日纪念》,《星期评论》,1920年5月1日。

5.《中国共产主义的现状》,苏俄《真理报》,1922年7月30日。

6. 张静如等:《〈新青年〉对传播马克思主义的贡献》,《齐鲁学刊》1983年第2期。

7.《敬告青年》,《新青年》第6卷第5号,1919年5月15日。

8.《红色的新年》,《星期评论》第31号,1920年1月1日。

9. 刘建美、杨德山:《20世纪二三十年代中共东京支部始末》,《北京党史》2005年第5期。

10. 刘家贺:《"南陈北李,相约建党"若干阶段的探讨》,《中共党史研究》2000年第5期。

11.《本埠机器工会开会记》,《民国日报》,1920年10月6日。

12. 泽东:《陈独秀之被捕及营救》,《湘江评论》创刊号,1919年7月。

13. 存统:《"工读互助团"底实验和教训》,《星期评论》第48号(劳动日纪念号),1920年5月1日。

14.《存统复哲民》，《民国日报》副刊《觉悟》，1920 年 4 月 11 日。

15. 杨奎松：《从共产国际档案看中共上海发起组建立史实》，《中共党史研究》1996 年第 3 期。

16. 杨宏雨、肖妮：《〈星期评论〉——“五四”时期理论界的明星》，《同济大学学报》(社会科学版)2012 年第 5 期。

17. 苏智良：《近代上海这块方圆不足一平方公里的空间，何以成为中共“初心之地”》，上观新闻，2020 年 1 月 19 日。

18. 熊月之：《中共“一大”为什么选在上海法租界举行——一个城市社会史的考察》，《学术月刊》2011 年第 3 期。

19. 杨奎松：《陈独秀与共产国际——兼谈陈独秀的“右倾”问题》，《近代史研究》1999 年第 2 期。

20. 吴廷康：《中国劳动者与劳农议会的俄国》，《劳动界》第 13 册，1920 年 11 月 7 日。

21.《本志特别启事》，《新青年》第 8 卷第 1 号，1920 年 9 月 1 日。

22. 余世诚：《关于杨明斋生平事迹的调查》，《齐鲁学刊》1983 年第 4 期。

23. 李丹阳、刘建一：《霍·多洛夫与苏俄在华最早设立的电讯社》，《民国档案》2001 年第 3 期。

24.《中国社会主义青年团代表在青年共产国际第二次代表大会上的报告》，《青运史研究》1984 年第 3 期。

25. 李润波：《中国共产党创建初期二三事》，《北京档案》2011 年第 6 期。

26.《外国语学社招生广告》，《民国日报》，1920 年 9 月 28 日—10 月 2 日。

27.《外国语学社添招新班》，《民国日报》副刊《觉悟》，1921 年 5 月 20 日—7 月 15 日。

28. 柯六六：《柯庆施就读上海外国语学社前后》，《江淮文史》2008 年第 6 期。

29. 熊月之：《建议建立上海租界史信息库》，《档案与史学》2003 年第 1 期。

30. 金冲及：《开天辟地的大事变》，《毛泽东邓小平理论研究》2011 年第 6 期。

31. 邹振环：《西书中译的名著时代在上海形成的原因及其文化意义》，《复旦学报》1992 年第 2 期。

32. 金平：《上海眷恋》，《文学报》1990 年第 446 期。

33. 陈绍康：《毛泽东建党前后在上海》，《毛泽东邓小平理论研究》1993 年第 1 期。

34. 徐艳文：《上海传统民居石库门》，《资源与人居环境》2018 年第 8 期。

35.《老上海印记：石库门》，《青岛画报》2019 年第 5 期。

36.《马克思学说研究社章程》，《民国日报》副刊《觉悟》，1921 年 4 月 13 日。

37. 沈雁冰：《复杂而紧张的生活、学习与斗争》，《新文学史料》1979 年第 4 辑。

38.《自由批判与社会问题》，《民国日报》副刊《觉悟》，1920 年 5 月 30 日。

39. 只眼：《告上海工人(摘录)》，《劳动周刊》第 12 号，1921 年 11 月 5 日。

40. 张静如：《中共一大在上海召开是历史必然》，《党史研究与教学》2007 年第 3 期。

41.《1921 年“劳动纪念日之上海”》，《民国日报》，1921 年 5 月 3 日。

42.《中国共产党第一次全国代表大会会址和中国社会主义青年团中央机关旧址简介》，《文物》1961 年第 7 期。

43.《上海劳动界的趋势》，《共产党》第 6 号，1921 年 7 月 7 日。

44. 为人：《劳动歌》，《劳动界》第 20 册，1920 年 12 月 26 日。

45. 黄舜融：《沪西劳动状况》，《民国日报》副刊《觉悟》，1922 年 5 月

1 日。

46. 杨明斋讲演：《工人游艺会的益处》，《劳动界》第 20 册，1920 年 12 月 26 日。

47. 邵力子讲演：《现在工人的缺点》，《劳动界》第 20 册，1920 年 12 月 26 日。

48. 为人记录：《上海工人游艺会成立大会记》，《劳动界》第 20 册，1920 年 12 月 26 日。

49. 方徨整理：《李启汉》，《革命烈士传通讯》，1984 年第 5 期。

50. 汉俊：《〈劳动界〉发刊词：为甚么要印这个报?》，《劳动界》第 1 册，1920 年 8 月 15 日。

51. 我亦工人：《〈劳动者〉发刊词：劳动者呵》，《劳动者》，1920 年 10 月 3 日。

52. 心美：《〈劳动音〉发刊词：我们为什么出版这个〈劳动音〉呢?》，《劳动音》，1920 年 11 月 7 日。

53. 李中：《一个工人的宣言》，《劳动界》第 7 册，1920 年 9 月 26 日。

54. 任武雄：《关于俞秀松》，《党史研究资料》1980 年第 11 期。

55. 蕴良：《游俄通信》，长沙《大公报》，1922 年 2 月 4 日。

56. 陆米强：《中共建党前后四则重要史实辨证》(上)，《上海党史与党建》2005 年 2 月号。

57. 陆米强：《“中俄”和“华俄”通信社不能混为一谈》，《世纪》2004 年第 6 期。

58. 汉俊：《法租界电车罢工给我们的教训》，《民国日报》副刊《觉悟》，1921 年 3 月 8 日。

59. 汉俊：《我对于罢工问题的感想》，《民国日报》，1921 年 3 月 5 日。

60. 杨奎松：《共产国际为中共提供财政援助情况之考察》，《社会科学论坛》2004 年第 4 期。

61. [俄]K. B. 石克强整理，李玉贞译：《俄罗斯新发现的有关中共建党的文件》，《百年潮》2001 年第 12 期。

62. 江文君：《中共建党经费来源探秘》，《世纪》2012 年第 6 期。

63.《世界语学会追悼会纪》，《民国日报》，1921 年 4 月 11 日。

64.《世界语学社议订草章》，《民国日报》，1920 年 4 月 1 日。

65. 李丹阳、刘建一：《一个“安那其布尔什维克”的悲剧——斯托帕尼在上海》，《百年潮》2003 年第 3 期。

66. 刘少奇：《团结就是生命，团结就是力量，团结就是胜利》，《中国青年》1960 年第 24 期。

67. 李志学：《20 世纪 20 年代中国旅俄(苏)留学运动始末》，《俄罗斯中亚东欧研究》2009 年第 2 期。

68.《少年俄人自戕之检验》，《民国日报》，1921 年 3 月 31 日。

69. 张静如：《读〈袁振英传〉序所想到的》，《党史研究与教学》2014 年第 3 期。

70. 陈斌、唐莲英：《刘少奇如何成长为马克思主义者》，《解放日报》，2018 年 12 月 4 日。

71. 陈绍康：《俞秀松、施存统在建团中的地位与作用》，《中国青年研究》1992 年第 3 期。

72.《上海劳动状况》，《新青年》1920 年第 7 卷第 6 号。

73. 汉俊：《金钱与劳动》，《劳动界》第 2 册，1920 年 8 月 22 日。

74. 立达：《劳动者与社会主义》，《劳动界》第 16 册，1920 年 11 月 28 日。

75. 独秀：《真的工人团体》，《劳动界》第 2 册，1920 年 8 月 22 日。

76.《本埠机器工会开会记》(摘录)，《民国日报》，1920 年 10 月 6 日。

77.《上海机器工会开发起会纪略》，《劳动界》第 9 册，1920 年 10 月 10 日。

78.《美国 I. W. W 致上海机器工会书》，《劳动界》第 24 册，1921 年 1 月 23 日。

79.［苏］葛萨廖夫：《中国共产党的初期革命活动》，《党史资料》1953

年第 7 期。

80.［苏］K. B. 舍维廖夫：《中国共产党成立史》，《远东问题》1980 年第 4 期。

三、报刊文献

1.《新青年》第 2 卷第 5 号，1917 年 1 月 1 日。

2.《新青年》第 5 卷第 1 号，1918 年 7 月 15 日。

3.《新青年》第 5 卷第 5 号，1918 年 10 月 15 日。

4.《新青年》第 6 卷第 5 号，1919 年 5 月 15 日。

5.《新青年》第 6 卷第 6 号，1919 年 11 月 1 日。

6.《少年中国》第 1 卷第 7 期，1920 年 1 月 15 日。

7.《新青年》第 7 卷第 6 号，1920 年 5 月 1 日。

8.《劳动界》第 1 册，1920 年 8 月 15 日。

9.《民国日报》副刊《觉悟》，1920 年 8 月 16 日。

10.《劳动界》第 5 册，1920 年 9 月 20 日。

11.《劳动界》第 7 期，1920 年 9 月 26 日。

12.《上海伙友》第 7 期，1920 年 9 月 26 日。

13.《申报》，1920 年 10 月 16 日。

14.《民国日报》，1920 年 10 月 20 日。

15.《劳动界》第 13 册，1920 年 11 月 7 日。

16.《劳动界》第 15 期，1920 年 11 月 21 日。

17.《民国日报》，1920 年 12 月 20 日。

18.《新青年》第 9 卷第 1 号，1921 年 5 月 1 日。

19.《北京大学日刊》，1921 年 11 月 17 日。

20.《先驱》第 5 号，1922 年 4 月 1 日。

21.《先驱》第 8 号，1922 年 5 月 15 日。

22.《社会新闻》第 1 卷第 7 期，1932 年 10 月 22 日。

23.《共产国际月刊》，1936 年 7 月。

24.《警务日报》(1920—1924)，韩罗以、吴贵芳编译，中共一大会址纪念馆保存。

四、档案文件

1.《威廉斯基·西比利亚科夫就国外东亚人民工作给共产国际支委会的报告》，1920 年 9 月 1 日，莫斯科，《文件四》。

2. 俄罗斯国家社会政治历史档案馆：全宗 514，目录 1，卷宗 4。

3. 俄罗斯国家社会政治历史档案馆：全宗 495，目录 1，卷宗 225。

4. 俄罗斯国家社会政治历史档案馆：全宗 495，目录 154，卷宗 97。

5. 俄罗斯国家社会政治历史档案馆：全宗 495，目录 154，卷宗 105。

6. 俄罗斯国家社会政治历史档案馆：全宗 495，目录 154，卷宗 111。

7.《外右五区警察署送案表》法字第 12 号，北京市档案馆藏京师警察厅档案。

后　记

本书是我主持的2019年度上海市哲学社会科学规划“党的诞生地史料挖掘与建党精神研究”专项课题《外国语学社研究》（课题批准号2019ZJD029）的最终成果。

本书是我多年研究成果的结晶。2015年8月3日，上海市党史学会渔阳里历史文化研究会在中共一大会址纪念馆正式成立，我作为大会秘书处成员主持了本次成立大会。当时我正在沪上攻读博士学位，承蒙研究会王乾德名誉会长、李瑊会长、江爱群副会长等前辈提携，加入研究会，并开始对上海的建党活动中心——渔阳里街区，特别是外国语学社的研究。

外国语学社是中国共产党建党史上一个值得深入探讨的重要课题。在不到一年的时间里，学社因陋就简，将外语教学与马列主义教学相结合，探索实行半工半读的教育方式。外国语学社自办学之日起就由中国共产党早期组织的领导人参与授课，开创了办学要坚持党的领导、注重马列主义教育、加强革命实践锻炼的良好风气，对中国共产党早期学校建设起到了导向性的作用，成为中国共产党干部教育优良传统的重要源头。

在本课题的研究过程中，我发现那些毅然离开家庭和学校，来到外国语学社任教或求学的进步青年，大多出身于殷实人家，并非为求得功名利禄，而是为了拯救黎民于水火，甘愿为理想而奋斗，为真理而献身。建党先驱们的家国情怀和崇高品质时刻感染着我、激励着我，让我深刻领会了伟大建党精神的内涵和精髓，从中汲取砥砺前行的奋进力量。

本书的出版，离不开师长、同事、亲朋好友的帮助和支持，在此表示衷心感谢！

感谢我的博士生导师丁晓强教授，在繁忙的教学研究和行政事务中欣然为本书作序，让我感激不尽。丁老师学识渊博、治学严谨、为人谦逊，他潜心学术的求真品质和情系教育的奉献精神，令人敬佩。

感谢指导本书写作的专家、学者，你们对本书的框架结构、话语逻辑、著作规范等给予悉心指导，特别感谢浙江省社会科学院黄宇研究员、北京大学巩梅研究员、中国社会主义青年团中央机关旧址纪念馆洪颖哲馆长、施颖杰研究员的帮助。

感谢课题组所有成员在搜集史料、誊清初稿、校对引文等工作中所付出的辛勤劳动。

感谢给予我大力支持与帮助的单位领导，还要感谢我的同事以及家人的默默支持，为我创造了良好的工作氛围和宽松的写作环境。

最后，我还要感谢本书的责任编辑南先锋主任为本书的出版所付出的辛劳！

由于才疏学浅和水平有限，书中难免有纰漏和不当之处，敬请广大同仁和读者朋友不吝赐教。

陈安杰

2023 年秋于上海黄浦江畔